褚柏思著

中華文化史論集

中華書局印行

中華文化史論集目錄

新版序言

一

文化，文化是什麼東西？一般人多未能正視它，更談不上有什麼正確的認識了！但，民國後，五十年來，中國却在「文化」一詞下，遭遇了空前的大變動、大災難。這話怎麼說呢？要而言之。

民國八年，有所謂五四時期的「新文化運動」。有人譬之，認爲他們爲中國這個病人，請來了洋大夫：一位是賽先生（Science）一位是德先生（Democracy）；但也有人毀之，認爲他們也請來了馬克斯與共產主義。前面的兩位洋大夫，給中國帶來了大變動；後面的馬克斯及其所帶來的藥方，却給中國帶來了六十年的大戰亂、大災難——赤潮泛濫，神州陸沉，七億黃帝子孫做了共產黨的試驗品，工奴農奴，以及人海戰術中的人彈。

民國五十五年，共產黨的頭子毛匪澤東，又假借了文化，來了一個什麼「文化大革命」，以「紅衞兵」展開了對當權派劉匪少奇的奪權運動，因而誕育了其後的所謂「四人幫」，其實，毛匪爲主犯，應稱之爲「五人幫」。一九八〇年的今天，在共匪集團中，亦已流行了對毛匪的評語，「建國有錯，文革有罪。」指的便是「文化大革命。」

二

檢討這六十年來新文化運動的得失，救治共產黨「文化大革命」的過錯與罪惡，先總統　蔣公中正，開了一個藥方，那就是「中華文化復興運動」，中華文化的本質，原本是倫理、民主與科學的。國父的三民主義，便繼承了這個文化傳統，而彰顯了中華文化的本質，使其成爲三民主義的本質。

蔣公之言曰：

「三民主義之本質，爲倫理、民主與科學。……以科學爲建設民生主義的基礎，以民主爲實現民權主義的張本，以倫理來喚醒中華民族的靈魂……」

以上是民國四十一年七月七日，在台灣夏令講習會紀念週上講的。其後，五十五年中山樓中華文化堂落成，　蔣公發表了一篇「紀念文」，更明確地提出：

「我中華文化之基礎，一爲倫理，二爲民主，三爲科學。　國父發明三民主義，以繼承我中華民族之道統爲己任，乃使我五千年民族文化歷久而彌新，蓋我中華文化之精華，盡擷於此也。……故余篤信倫理、民主、科學，乃三民主義思想之本質，亦卽爲中華民族傳統文化之基石也。」

「蓋　國父建國之道，乃以倫理爲誠正修齊之本；以民主爲福國淑世之則；以科學爲正德利用厚生之實。是以三民主義之思想，乃以天地萬物一體之仁爲中心，則所謂性之德也，合外內之道也；故時措之宜也。……」

政府並明定十一月十二日爲「中華文化復興節」，旋卽成立「中華文化復興運動委員會」，並發行「中華文化復興月刊」，展開了這一個中華文化復興的大運動。

三

中華文化，本自優良，只要返本，便可開新；中華文化之本質，本來已有民主與科學，用不着請什麼洋大夫。至於馬克斯與共產主義，較之中華文化的大同思想，不知已幼稚了若干倍。 國父早已說過：民族主義，求世界大同；民權主義，求天下爲公；「眞正的民生主義，就是大同世界。」不過，共產黨只是反民族主義而事侵略，反民權主義而事專政獨裁；反民生主義而事獨佔而已！

五十四年，我們組團回國，爲 國父百年誕辰而祝賀。中華文化復興運動，是我們目見耳聞的大事。我曾有一書，是研究中華文化而分篇論述的。見聞了中華文化復興運動後，覺得應再從歷史上予以分門別類的探討，俾與其前的橫剖面，來一個縱橫交織，或能更顯現中華文化的本來面目。

數年後，得文數十篇，有人集之，請我出一本書，當時題名是「中國文化史論」。六十二年，我來美後，迄未見其出版，函詢該出版社，無答覆；託人查詢，多謂坊間已無此出版社，似已倒閉。年來，又增加了數文，其積益厚，增訂改編後，改名爲「中華文化史論集」。承台灣中華書局同意印行，除誌謝外，並略述民國後七十年來，文化一詞之重大影響，以及事之始末以爲序言。

中華民國六十九年十一月十二日，褚柏思序於美國洛城柏雪園。

原序

一

抗戰時期，外有日本軍閥的侵略，內有共黨匪幫的作亂，內憂外患，紛至沓來，眞是一個艱險的局面。民國三十一年，我工作於號稱戰時的文化城。附帶地辦了兩份雜誌：一爲國際問題周刋，一爲時代知識月報。在作家羣的屢次會談中，我們一致認爲：抗日戰爭，必然勝利，而且爲時不會太久；但，共產黨問題，却是嚴重的。因爲：它是一個思想的、文化的根本問題；且有國際共黨的支援。前者無形，不易捕捉，是一個心腹之患；後者有源，疏導之，無海爲壑；防堵之，終將泛濫。因而，我們研究了共產黨的這一個思想的文化的根本問題，批判之，結集之，而成爲「中國文化論集」一書。

勝利後，復員京滬。除創辦上海白雪出版社、南京論壇報外，更擬成立世界文化出版社。未幾，赤流泛濫，輾轉播遷，而流亡於海外。又十年，集所爲文而成「世界文化導論」一書。

二

旅居海外十六年，除教授文史外，仍繼續研究文化與文化史。我認爲：

共產黨這一個思想上、觀念上的邪說，是西方的文化分裂症。首先是：唯心論與唯物論的分裂，這一個分裂爲時已久，遠溯之，應該說到希臘時代。希臘哲學，爲西洋哲學的淵源，且有許多哲學的傾向，都是後來歐洲哲學的先導，而其初期卽有唯物、唯心的論爭。最早的哲學學者泰來斯（Thales, 624-554 B.C.）卽爲唯物論者，史稱他爲米勒都學派（Milesian School）的奠基石，他認爲：

一切萬有的根源，發端於水。

對此持反對意見的，即為畢達哥拉斯學派（Pythagorasian School），由畢達哥拉斯（Pythagoras, 570 B.C.）所主持，他的信徒，稱他為創造奇蹟的「神人」。他認為：萬有的根源為「數」，人們認識萬物，就是認識數。萬物是由面組成，面又由線組成，線又由點組成，因此，他們把萬有的實質，歸結為點、為數。這個學派，就由唯物論，走向了唯心論。

其後，希臘三哲：蘇格拉底（Socrates, 469-399B.C.）、柏拉圖（Plato, 427-347 B.C.）、亞里士多德（Aristotles, 384-322 B.C.）都是唯心論者，但與蘇格拉底同時的德模克利多（Domokritos, 470-380 B.C.）却是古代最偉大的唯物論者，他認為：世界的根源是原子（Atoms）。原子構成萬物，人類亦未例外，萬物有毀壞，但原子是永久的，不變的，無限的。（今日科學，已證明原子是可分的，它是由電子、原子核等所構成。——思註）

中世哲學，雖以信仰為研究之中心，人生觀的基調，不在於人，而在於神。神本主義，可為其思想的特徵。但亦有唯名論與唯實論之論爭。唯實論，明顯地帶有唯心論和形上學的色彩；而唯名論與之相反，則具有唯物論和經驗論的傾向。

近世哲學，開始於文藝復興運動，其特徵則為：理性人格之自覺，人本主義之要求，自由思想之勃興；但仍然是唯心、唯物之論爭。更壞的，則是產生了極端的馬克斯（Karl Marx, 1818-1883）辯證唯物論。辯證法，本亦始於希臘哲學，中經若干變化，至黑格爾（G.W.F. Hegel, 1770-1831），集其大成。馬克斯取黑格爾的辯證法，裝在唯物論的頭上，作為無產階級鬥爭的精神武器，以便建設共產主義，而奪取各國的統治權。

哲學家，本來是研究宇宙人生的；但到了馬克斯，却要改變宇宙人生了。一八四八年展開的現代哲學，一開始便是意欲改變世界的「共產黨宣言」；其後，仍然有唯物唯心的論爭，但已不重要。一九一七年，在落後地區、農業國家的俄國，產生了共產黨政權，由論爭而行動化—武裝鬥爭，而制度化—奪得政權，組織政府了！首先，改變了俄國，及其人民生活方式。已脫出了哲學的範疇；然而，他們仍然要假借馬克斯的辯證唯物論，利用馬克斯的無產階級鬥爭，與無產階級專政諸觀念，諸理論。共產黨控制了政府，更控制了人民的生活與思想。

一九四五年，第二次世界大戰後，蘇俄利用東歐各國的共產黨，赤化了波蘭、東德、捷克、羅馬尼亞、匈牙利、保加利亞，以及北歐波羅的海三國：拉脫維亞、愛沙尼亞、立陶宛等。（南斯拉夫戰前赤化）一九四九年，中國大陸赤化後，已改變世界四分之一或者五分之一了！

另一方面，由於個人主義，而發展了資本主義，與民主政治。但，資本主義的對立物，則爲社會主義；民主政治的對立物，則是階級專政。社會主義與階級專政，造成了蘇俄的共黨集團；資本主義與民主政治，則爲英、美的陣營。世界由於這一個思想的、文化的分歧而分裂。

三

中國，是一個另外的文化系統，自古至今，自中原至四疆，都是一貫的，也是一致的。它是一個「唯人論」，而且是人生論、民生論。它包括了「心」，也包括了「物」，沒有唯心論與唯物論的論爭；也沒有個人主義與社會主義的論爭；更不應該有共產黨埋葬資本主義的戰爭。然而，人爲的事實，與理論不符合，共產黨，首先在農民的俄國生了根，又在落後地區的東歐與中國大陸，移植了共產黨的這一棵毒草；在中國的環境中繁殖了，但那是盆栽。如果把它放在中國的土壤——文化中，可能短期內會枯萎的，因爲，中國的水土，是不適宜它的。

中國的水土——文化，除了前面，原則上提到的「唯人論」以外，較詳的內容，又是些什麼呢？本書的寫作，便是解答這個問題的。簡言之：中國文化，是人本位的，一切的一切，都是爲了「人」。沒有人，那裡還有心，那裡還有物？所以說：「天地之性，人爲貴」。人既得「天命之謂性」，生而爲人，便應該「率性」——發揮這一個人性，盡己之性，盡人之性，還要盡物之性，以贊天地之化育，與天地合一。這是易經、中庸、大學，所共同講明的。

基此，而有人道，「立人之道，曰仁與義」（易傳）以及「格致誠正修齊治平」的大學之道，「天命之謂性，率性之謂道」，「成己成物，性之德也，合外內之道也」的中庸之道。在人與人的關係上，便是異於禽獸的明人倫。不單在一個民族，一個國家之內如此，且進而主張「天下爲公」「世界大同」的人類主義；凡「天之所覆，地之所載」，無不和平共處，亦無不「萬物并育」，故能「峻極於天」（中庸）而「與天地同流」（孟子）。

同時，「人道敏政」，中國有極高明的政治哲學——大學之道；更有五千年的文化，三千年的學術，以及管教養衞齊全的政治、教育、經濟、軍事諸制度。民國初年，有人認爲中國所缺少的，是民主與科學；其實，在中國文化史上，亦有其思想與事實，詳見　國父所著三民主義諸書；只是較少整理與系統而已！　國父整理出三民主義與五權憲法。

在西方，英、美等國，有了自己的民主政治與科學技術，而忽略了，甚至侵略了他人的民族與民主，致被稱爲資本主義與帝國主義；蘇俄等國，有了自己的科學與技術，侵犯了他人的民主主義與民族主義，致被稱爲極權獨裁（自稱是無產階級專政），赤色帝國主義（自稱是世界革命）。這些，就中國文化的觀點看來，都有偏差，左與右亦都是錯誤。如果因爲這一個文化上的、觀念上的不同，而大動刀槍，「爭地以戰，殺人盈野，爭城以戰，殺人盈城」，眞是「率土地而食人肉，罪不容於死」了！

二十世紀以來，更殘酷了！第一次世界大戰，尚是海陸戰與化學戰；第二次世界大戰，便加多了空中戰與原子戰；今天更是毀滅人類的思想戰與核子戰了！照共黨的思想戰說，人的頭腦可以洗，人的思想可以改造，自由云乎哉？民主云乎哉？照核子戰說，一個數百萬人口的大城市，只要一枚核子彈，便可全部消滅！試問：這是什麼文化？什麼科學？人類又何貴乎有這樣的文化？這樣的科學？

那麼，怎麼辦呢？必須闡揚中國「人的文化」，發揮人性、人道、人倫、人類的中國文化，以及國父第二次融鑄的三民主義文化。務使西方人發揮人性，使人類和平相處，進而每一個國家，都須講求三民主義，務使人人明倫理、盡人倫；人人知民主、守人道、尊重他人；人人習科學，人人有技術，人人有職業，人人有飯吃，誰需要共產黨政府所賜予人民的那一碗粗飯——出賣了人性尊嚴與自由的一碗粗飯？同時，更須以　國父所發明的權能分立學說，以人民的四個政權，管理政府的五個治權。政府只能以五權替人民做事，而不能魚肉人民。

但，這一些，都須求之於中國文化。這一個中國文化，是有其歷史發展的，伏羲氏法天地而畫八卦，周公制禮作樂，孔子刪詩書、贊周易，周孔作了中國古代文化第一次的集大成； 國父繼承中國這一個優秀的道統，又復參綜了歐美的進化史，與政治制度，作了第二次的集大成：三民主義不僅爲今日中國所必需，且爲今日與明日人類所共同必需。因爲三民主義的本質是倫理、民主與科學；是人，誰能反人倫，反民主，反科學呢？這一些，都必須詳細研讀中國歷史，始能眞實瞭解；但汗牛充棟的中國歷史，不是一般人，尤其是外國人所能普遍閱讀的。無已，始就中國歷史中，擇其特別關係文化的，輯爲中華文化史論集一書，以爲青年勉，并以之正告西方人士，欲認識中國者。庶免以一知半解的「中國通」而歪曲了中國，影響了羣衆。是書成於中華文化復興運動的大時代，因而言之曰：「中華文化史論集」，並述其要義與始末，以爲序。

中華民國五十八年八月八日，褚柏思序於竹書樓。

一、緒論

㈠何謂文化？

文化Culture　是文治教化的簡稱。說苑指武：「凡武之興，為不服也；文化不改，然後加誅。」王融三月三日曲水詩序：「設神理以景俗，敷文化以柔遠。」

文化一詞，在現代，指人類社會由野蠻而至文明，其努力所得之成績，表現於各方面者，為科學、藝術、宗教、道德、法律、風俗、習慣等；其綜合體，則謂之文化。

文明Civilization 易乾文言：「見龍在田，天下文明。」疏：「陽氣在田，始生萬物，故天下有文章而光明也。」

文明一詞，在現代，指人類社會開化之狀態；用為形容詞，與野蠻相對待。

總之，文明，是一個階段；文化，可以包括人類生活的全體。人類生活，大別之，可分為物質的和精神的兩部份；因此，人類物質上和精神上的生活方式，都可納入文化的範圍之內，所以說文化的範圍，是異常廣泛的。

物質的生活，與精神的生活，是不可分的；亦是不可能單獨孤立的。基此，注意了物質生活的經濟，也應注意到管理經濟生活的政治；注意了精神生活的學術與文藝，也應注意到影響學術與文藝的教育與考選。推而廣之，文化，便是一個各部門、各方面的凝合整體。

文化的各部門，平面的敍述，可稱之爲文化學；立體的探討，便是文化史了。但，這一些亦不是可以孤立的，只是比重的說法，與重點的所在而已。因此，可以說：文化是指時空凝合的某一大羣的生活之各部門、各方面的整一全體。

文化，既然是人類生活的整一全體，又是時空交融的整一全體，因此，我們分類分段，橫剖縱割，既須兩者能配合，又須到達一較自然的綜合。

關此，錢穆教授曾有文化三階層，文化兩類型，文化七要素諸說，並且繪了一個圖，略示梗概：

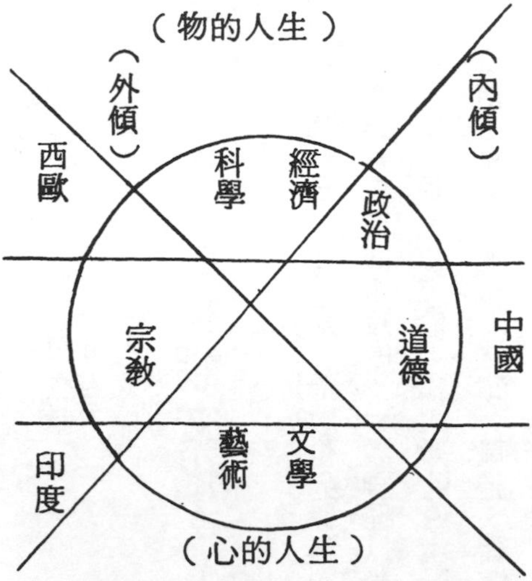

上表：中國所重，在政治、道德、文學、藝術諸部；西歐所重，在經濟、科學、宗教；印度所重，則在宗教、藝術、文學諸部。

一切文化，固然全從經濟人生出發，但由此內傾，則成爲中國型，偏重政治、道德、人文一面，由此外傾，則爲西歐型，偏重科學、宗教、自然一面。

他這一種說法，誠如他自己所說：文化學，尚是一門未成熟的新學問。他那一張圖表，也是試繪的，未定草。但，大體上，尚稱有理，能自圓其說。本書本擬上冊作縱的探討，下冊作橫的研究；但以章節的分配，而略事調整。

家庭制度，是中國文化的特色：一則，中國文化，只有個人、家、國、天下，而無社會，由個人的修身，經過齊家，而到治國平天下。再則，西洋文化，不是偏於個人主義，便是偏於社會主義，兩者觀念上的衝突，且引發了人類的鬥爭與戰爭，執兩用中，將來一定要借鑑於中國文化的家庭制度，因此特闢家庭制度一章。

(二)為何研究？

文化史，是一個綜合的、新興的學問；但，如果把它分析起來，似乎可以分為中國通史與經濟、政治、社會、道德、宗教、學術、文藝等史，去分別研究。果爾，何必又把它合起來再作一個全盤的研究呢？

首先，我們認為：今天人類分裂為個人主義與集團主義，共產主義與民主主義，鬥爭專政主義與和平自由主義等等，這一些觀念上、思想上、學說上的糾紛，都是文化上的問題。欲解開文化上的這一個死結，必須研究文化學，或者文化史。

說明朗一些，今天要反共，必須從文化學或文化史下工夫，始能像照妖鏡一樣，照出國際共產黨是什麼妖怪變化出來的；找到牠的主人，始能降服這個妖怪。也像探測隊一樣，追本溯源，始能探出國際共產黨這一個濁水溪，發源於何處？那一些汚水在中途滲加了進來，正本清源，反共始能澈底。

其次，如專從經濟上研究經濟，你將是一個經濟學者，而非文化學者。政治、經濟、道德、宗教，這些都是文化中的一方面，但文化是一個綜合的全體，包括了這些，綜合了這些，而又超越了這些，有它完整的總體之存在。

文化學，是研究人類生活的；是研究人類生活進化的。每一個人，都是生活在文化中。文化譬如一大流，個人人生只是此大流中的一滴水，大流可以決定此水滴之方位與路向；此水滴却無法決定此一大流之方位與路向。換言之，文化規範着個人人生，指導着個人人生，而有其超越的客觀存在。爲了人生的意義與價值，也應研究文化學，或者文化史。

第三，文化史，尤其是中國文化史，能昭告青年：中國文化創造之艱難與經過，中國文化之豐富與偉大，以啓迪青年人愛中國，愛中國文化；進而參加中華文化復興運動，甚至爲保衞中華文化，而戰爭，而不惜犧牲小我，以成全大我——中華文化。基此三義，是中國人，均應研究中國文化史！尤其是時代青年！

㈢怎樣研究？

文化，是一個超越的東西，也是一個抽象的名詞。文化，只是分別藏在一個民族的生活中，和各種宗教、學術、文學中，以及各種藝術品裏面。離開了這些東西，便無從談文化，更無從研究文化。要想研究中國文化，必須採取下面的辦法。

一、**從生活習慣中去研究**　先總統　蔣公指示「生活與倫理」等課程所學的例，都是中國文化精華之所在，作爲一個中國人，不單要實踐，更要去研究，去瞭解。這是一個有文化修養的中國人，不同於其他民族的人，其他國家人的地方。

二、從典籍史料中去研究　中國文化，本來是一個整體的，但細分之，有儒道釋三家之學，亦有儒道釋三家之教。此外更有「汗牛充棟」的史書與各人的專集、詩文集。清末，曾國藩曾就中國典籍史料中，選出三十二人及其著作；民國初年，梁啓超與胡適等，亦都曾開列過「國學書目」之類的東西。近來錢穆教授更簡化了，列舉復興中華文化，人人必讀的九部書。此九部書爲四書和老子、莊子，以及六祖壇經、近思錄、傳習錄等。

中國人，尤其是中國青年，應必讀此九種書；倘欲研究中國文化，必須進而深入中國典籍與史料。

三、從各種藝術品去研究　各種繪畫、雕刻、塑像或其他藝術品，最足以表現一個民族在某一個時代的文化。如南北朝時代，北魏的雲岡石窟、龍門造像等，均有文化上的價值。此外，各種畫本、各種雕刻，以及各種銅器、玉器、瓷器、漆器等，亦可供今人研究。

總之，文化是多方面的，中國文化史，又是歷史悠久的。在這樣一個既豐富，而又偉大的園地中，墾殖起來，是辛苦的；但收穫起來，也是豐贍的。凡是中國人，均應向此園地努力耕耘！

二、民族的發展

㈠民族的初型

民族和人種不同：人種論膚色，論骨骼，其同異一望而知；然歷時稍久，就可以漸漸混合；民族則論語言，論信仰，論風俗，雖然無形可見，然其威力甚大，同者雖分必求合，異者雖合必求分。所以，一個民族，其形成甚難。

民族和國家亦不同：「民族是由於天然力造成的，國家是用武力造成的。……換一句話說：自然力便是王道，用王道造成的團體，便是民族；武力就是覇道，用覇道造成的團體，便是國家。……我們研究許多不相同的人種，所以能結合成種種相同民族的道理，自然不能不歸功於血統、生活、語言、宗教和風俗習慣這五種力。」（民族主義第一講）

「民族主義，就是國族主義。」這一種說法，「在中國是適當的，在外國便不適當。因為：中國自秦漢而後，都是一個民族造成一個國家；外國有一個民族造成幾個國家，有一個國家之內有幾個民族的。」然而，「中國只有家族主義和宗族主義，沒有國族主義」，所以，「要救中國，想中國民族永遠存在：必要提倡民族主義。」（引文均同上）

那麼，中國民族怎樣形成的？內容如何以及怎樣提倡民族主義，恢復民族精神呢？分別論述如次：

約在四、五十萬年以前，中國北部已有人類出現，學者名之為「中國猿人」，通稱為「北京人」。他們穴居野處，茹毛飲血，但已知用「火」；他們是中國的原始居民，也可能是世界上最早的人類。此後，或為傳說中的天皇、地皇、人皇時代。

中國最早的「眞人」，學者名之為「山頂洞人」，他們已具有現代人的型態，其時間距今約二萬餘年。他們以漁獵為生，並有骨製的針，可知他們已有了衣服。此後，或為傳說中的有巢氏、燧人氏、伏羲氏、神農氏時代。尚書大傳，認為後列三人為三皇。

中國民族，主體是漢族，最初建國的也是漢族。漢族從什麼地方來的，現在還未得到定論，姑置而不議。有史可據的，是漢族開始在黃河流域謀發展。傳說中的太古時代，從略。這裡，擬從炎帝、黃帝說起，因為：中國人是承認均為炎黃子孫的。

炎帝神農氏，同他以前的有巢氏、燧人氏、伏羲氏，同樣的代表了生活演進的幾個階段：有巢氏，發明了構木為巢，是人類在體形上脫離獸類爬行的開始，而站起來，并發達了萬能的雙手。燧人氏，發明了鑽木取火，是人類生活上（食）脫離獸類茹毛飲血的開始，而發達了熟食。伏羲氏，發明了漁獵、畜牧，並制嫁娶、畫八卦，是漁獵階段的開始，亦開始有了家族制度，和代表自然現象的符號，亦可以說是文字（象形，會意）的開始。

神農氏，焚燒山林，故稱炎帝。發明耒耜，播種五穀，是農業階段的開始。中國文化開始於草原，是沒有遊牧階段的。所以，在文化類型上，一開始便是農業文化——安土重遷，和平待時。並定日中為市，以物易物，開始有了商業雛形——交易行為。傳說：伏羲、神農，均都於陳（河南淮陽），後來，神農徙魯，亦都於黃河之南。燧人、伏羲，風姓，神農姜姓。

黃帝，軒轅氏，姬姓。與炎帝同屬一族。當炎帝後代無力統治天下時，黃帝興起，敗炎帝後代榆罔於阪泉（察哈爾懷來），這是黃帝的民族統一戰爭。南方的九黎君長蚩尤北犯，兵敗被殺，這是黃帝的民族禦侮戰爭。北方的葷粥（就是後來的匈奴）南侵，經過猛烈戰鬥，葷粥敗北，這是另一次的民族禦侮戰爭。從此建國於有熊（河南新鄭）。黃帝初居河北，旋有河南，而至於江；東至於海，西至崆峒。不惟是國家的初型，也是民族的始基——漢族有了黃河流域的中國，他族分居四邊。相傳：黃帝把他以前的文化加以整理，而成生活上的衣裳、宮室（住）、舟車（行）、書契與醫藥（育）、音律（樂），人類生活的發明與工具，至是大備。此外，在文治上，有曆數、天文；在武事上，有弓矢、指南車，堪稱文化燦然矣！

黃帝有二十五子，唐（堯）、虞（舜）、夏（禹）、商（湯）、周（文、武）、秦，均為其後裔。從黃帝紀元（西元前二六九八年）到秦亡（西元前二〇七年），約計二千五百年，均為黃帝子孫的天下。民族、國家、文化，都是黃帝的漢族所創造與發展的。所以，黃帝被尊為中華民族的共同始祖。因此，建議：中國人能使用黃帝紀元，稱之為中元，以與耶穌紀元的西元對稱。

(二)民族的擴展

周初建國，大行封建，共七十一國，其中姬姓占了五十三國。封建制度是靠宗法制度來維繫的。宗法制度，是一種宗族組織法，封建無異宗族的擴大。周的周圍，是東夷、西戎、南蠻、北狄各族。

東征後，山東中部的奄被併滅，成爲魯、齊的封地，而齊國仍有萊夷之爭；魯有徐夷之戰；昭王後，徐夷、淮夷，叛服不常，到宣王時，纔告一段落。

南方以楚爲強，楚一名荆蠻。周屢伐楚，楚亦時常侵周，宣王大舉經略，始將其降服。召公封燕，以鎭「北國」，唐叔封唐（卽後之晉國），以禦狄人。成王伐鬼方，宣王征玁狁（葷粥）。穆王西征，懿王曾爲戎所逼。幽王時，西戎攻入鎬京，西周亡。

春秋時代，齊桓公「尊王攘夷」；尊王，就是擁護中央，攘夷，就是抵抗外族侵略。他曾北救燕國，大破山戎；援邢復衞，擊退狄人；伐楚更是大事。孔子曾說：「微管仲，吾其被髮左衽矣。」換言之，如果沒有管仲，中國要爲戎、狄所統治了。桓公之霸，實關係着漢族文化的存亡。

晉爲周的宗室，文公賡續尊王攘夷政策，首敗南侵的狄人，繼破北犯的楚人。亦有功的保衞中原民族文化，所以齊桓晉文幷稱。秦穆公稱霸西戎。其後，戰國七雄，漸及於山地；雜居的異族，亦漸同化於漢族。等到秦始皇滅六國，一天下，分爲三十六郡，以及後加的閩中等四郡，不僅疆域擴大，民族亦完成了從周到秦第一次的擴展。漢族以二千五百年的歷史，始摶成了周秦的大帝國，大一統。

漢繼秦業，打通了西域。西漢武帝時，張騫經略西域；東漢明帝時，班超出使西域，五十餘國一律內屬。三國時，諸葛亮平南蠻，蜀國因而富饒；孫權開發東南，得夷州（卽台灣）人數千。

五胡亂華，表面上，是漢族的悲哀與失敗；但就其華化來說，却是漢族實質上的擴展。鮮卑族拓跋氏的魏，統一了北方，孝文帝（西元四七一——四九九年）推行華化政策，重要的措施有：一、禁胡服、斷北語，二、通婚姻，三、改姓氏，拓跋改爲元，分賜舊族功臣一百十八姓。四、重文敎，五、行均田。從此胡人生活大變，胡漢血統混一。其後高歡、宇文泰，均能繼續華化政策。這可以說爲民族的第二次大擴展，大混合。

隋文帝楊堅爲漢人。李唐的開國者李淵，父系雖爲漢族，但其母獨孤氏，與鮮卑的關係甚深；其妻竇氏，亦係胡人。足見漢胡之徹底融合，至隋唐，已不能予以區分了。

隋唐的北方異族，爲新興的突厥。東突厥據大漠南北，西突厥據中亞地帶。隋以公主嫁東突厥啓民可汗。唐太宗貞觀三年（西元六二九年）俘東突厥頡利可汗，漠南盡爲唐有，分置十州。於是，四夷望風歸順，西北君長向太宗上天可汗大號，卽在此時。高宗顯慶二年（西元六五七年），西突厥爲蘇定方討平，西突厥亡，今俄屬中亞全入唐的版圖。

突厥亡後，回紇雄視塞北；雜胡安祿山，以胡人集團作亂，亂平。回紇以助戰有功，留駐長安，公然搶掠，後爲吐蕃、沙陀（突厥種）等所破，諸部皆潰。東胡種的契丹乘機興起，五代梁時，改國號曰遼（西元九一六年）。成爲匈奴、突厥以後的塞外大國。宋初，西北方，党項族的夏興起，與宋遼成鼎足之勢，但，遼夏亦均華化，政治制度，多與宋同，且亦自制文字，誦讀漢之典籍。宋政和五年（西元一一一五年），女眞興起，國號金；宣和七年（西元一一二五年）遼亡，其後，成爲宋金對峙的形勢。金亦華化，特別是在「屯田軍」制創行之後，互通婚姻，且已融而爲一。此可爲第三次的民族大擴展了！

宋寧宗開禧二年（西元一二〇六年），蒙古部族的鐵木眞，統一了蒙古，被推爲成吉思汗，卽元太祖。宋理宗寶慶三年（西元一二二七年），夏亡；又七年，金亡。宋理宗景定元年（西元一二六〇年），蒙古世祖忽必烈卽位於開平（今多倫），建元中統，又十一年，始改國號元。宋祥興二年（西元一二七九年），宋亡。

元至正二十八年（西元一三六八年）正月，漢人朱元璋卽帝位於應天（金陵），國號明，建元洪武，是爲明太祖。同年，入大都，順帝北走，結束其九十年的統治。但，太祖的民族政策，極爲高明而寬大，曾云：「蒙古、色目，雖非華夏族類，然同生天地之間，有能知禮義，願爲臣民者，與中國人撫養無異。」「有才能者，一體擢用。」又謂：「朕既爲天下主，華夷無間，姓氏無異，體字如一。」「蒙古、色目人，聽其與中國爲婚姻。」此文直可與張載之西銘比美，眞是「大哉乾元，萬物資始」；「天地之無不持載」矣！但是，從另一觀點看，留駐中原的蒙古、色目人亦皆漢化矣！

明末，東北的女眞再興，神宗萬曆四十四年（西元一六一六年），努爾哈赤正式稱汗，國號後金，建元天命，都於興京。思宗崇禎九年（西元一六三六年），皇太極改稱皇帝，改國號爲大清，建元崇德。清世祖順治元年（西元一六四四年），明思宗自縊死，清軍入據北京。清咸豐元年（西元一八五一年），漢人洪秀全建號太平天國，號召反清，惜乎未明民族大義，假借宗教迷信以惑衆，僅十四年而亡。光緒二十一年（西元一八九五年），中山先生起，始上繼明太祖，以「驅除韃虜，恢復中華，創立合衆政府」爲誓詞，除民族大義外，又增加了時代潮流的民權主義。翌年，於英國研究社會經濟問題，又增加了民生主義，而完成三民主義的革命理論。辛亥年（一九一一）武昌起義成功，中華民國誕生，中山先生被擧爲臨時大總統。以漢滿蒙回藏，稱五族共和，國旗爲紅黃藍白黑五色，代表五族，至是第四次的民族大融合經元明清也成功了！今後應合稱中華民族，不應再分稱了！

(三)精神與主義

中國，最早便有民族精神，譬如：黃帝時的三次戰爭，敗炎帝後代的戰爭，是民族統一戰爭，殺蚩尤、逐葷粥，都是民族的禦侮戰爭。其後，誠如孟子所說的：「周公兼夷狄，而百姓寧；孔子成春秋，而亂臣賊子懼。詩云：戎狄是膺，荊舒是懲，則莫我敢承。」（滕文公）從此，中國便有了所謂春秋大義。

西晉時代，有流寇起多勾結胡人，顚覆晉室；但是這些奸匪、部隊多爲胡人所收編，罪魁也次第爲胡人所殺戮，沒有一個是成功的。五代時，石敬塘，依賴契丹的援助，取得政權，割幽薊十六州後，復自稱「兒皇帝」，眞是無恥之尤。其結果，亦被逼憂憤而死。北宋末年，金人立張邦昌爲楚帝，旋又立劉豫爲齊帝，前者賜死，後者被廢。南宋末年的降將，明末的貳臣，亦都沒有什麼好下場。這是什麼原因呢？這是民族精神的春秋大義，以及「孔曰成仁，孟曰取義」所造成的。民族精神、民族大義，好像洪爐一樣，凡是背叛民族精神、民族大義的，不拘他是漢奸流寇，抑或降將、貳臣，沒有不被焚燒的。

中華民族，立於天地之間，幾近萬年（從伏羲氏說起），其間雖屢有異族的侵略，漢奸的叛亂，但其結果無不屈服於中國的民族精神。　國父上繼孔子的民族大義，而提倡現代化的民族主義。他認爲：恢復民族精神，才可以恢復民族主義；恢復民族主義，才可以恢復民族地位。那麼，民族主義是什麼呢？照中國說，民族主義就是國族主義，因爲中國自秦漢而後，都是一個民族造成一個國家的。

其內容，便是：(1)「求中國之自由平等」；(2)對於弱小民族，要扶持他；對於列強要抵抗他；還要消滅帝國主義。

至於恢復民族地位的方法，主要的有：(1)恢復固有的道德——忠孝仁愛信義和平，有道德，國家才能長治久安；(2)恢復固有的知識——格致誠正修齊治平為中國最好的政治哲學；(3)恢復固有的能力——外國現在最重要的東西，如指南針、印刷術、火藥，都是中國從前發明的；至於人類所享受衣食住行的種種設備，也是我們從前發明的。

然而我們也不要自滿，恢復了一切國粹後，還要學歐美之所長，然後才能和歐美並駕齊驅。外國的長處是科學，要迎頭趕上，不要跟在後面。迎頭趕上，可以減少兩百多年的光陰，且可後來居上。猗歟盛哉！中國民族的光榮歷史及其燦爛前途。

三、國家的演進

㈠國家的初建

中國開國，最早應該說是黃帝。距今約四六六六年，建國於黃河南岸有熊（河南新鄭）。他是在三次大戰勝利後乘時興起的，他的領域：東至海，西至崆峒（甘肅平涼西），南至江，北與葷粥（即後之匈奴）爲鄰。

黃帝，初居河北，大約以遊牧爲業；其後，他建都河南，繼承了從漁獵逕進農耕的農業時代；但他仍然是「遷徙往來無常處，以師兵爲營衞」（史記），仍保留着遊牧的風俗習慣，這大概是初期尚未定型的現象吧？

其後，他的文化進步神速，相傳黃帝時代已發明了衣裳、宮室、舟車、書契與醫術、音律諸生活上的工具。此外，文治有曆數、天文，武器有弓矢、指南車等，國家的形態粗具了。

唐堯、虞舜，都是他的子孫。他們的都城都是太原（此依漢書地理志，後人以爲在平陽，誤），這二代的政績，最爲後人稱道的，便是傳賢的「禪讓政治」。據尚書及史記，堯在位七十年，年老倦勤，欲讓位於四岳；四岳辭謝，堯命博舉貴戚和疏遠隱逸的人，衆以舜告。堯乃妻以二女，以觀其內；使九男事之，以觀其外。又試以司徒之職，知其賢，乃命其攝政，而卒授之以天下。

堯崩，三年之喪畢，舜避堯之子丹朱於南河之南。諸侯朝覲訟獄的，不之丹朱而之舜；謳歌的，亦不謳歌丹朱而謳歌舜。舜不獲已，始回堯的舊都即天子位。

舜攝政時，使禹治水。禹先巡行四方，審定山川形勢，然後導江淮河濟而注之海，百姓乃得安居，九州亦均來貢。當時輔佐舜的人，以禹之功最大，其人亦最賢，因而薦禹於天。舜崩之後，禹亦避舜之子商均。諸侯亦皆去商均而朝禹，禹乃即天子位。

儒家所傳：堯、舜、禹的禪讓，和禹治水的事，大略如此。但亦有疑之者，關此，孟子曾有幾段雄辯，他說：「昔者，堯薦舜於天，而天受之；暴之於民，而民受之。故曰：天不言，以行與事，示之而已矣。……使之主祭，而百神享之，是天受之；使之主事，而事治，百姓安之，是民受之也。天與之，人與之，故曰：天子不能以天下與人。」

「昔者，舜薦禹於天，十有七年，舜崩，三年之喪畢，禹避舜之子於陽城，天下之民從之，若堯崩之後，不從堯之子而從舜也。禹薦益於天，七年，禹崩，三年之喪畢，益避禹之子於箕山之陰，朝覲訟獄者不之益，而之啓，曰：吾君之子也；謳歌者，不謳歌益而謳歌啓，曰：吾君之子也。」

因此，孟子的結論是：「天與賢，則與賢；天與子，則與子。」（以上均萬章）又說：「堯以不得舜，爲己憂；舜以不得禹、皋陶，爲己憂。……爲天下得人者，謂之仁。是故，以天下與人易，爲天下得人難。」（滕文公）其後，經夏商周三代，中國國家形態始定。

㈡國家的定型

夏，是中國第一個王朝，都於陽翟（河南禹縣），又曾都安邑（山西夏縣）或平陽，將中國分爲九州，並將九黎、三苗平服，綏定了長江中游。啓立，敗有扈氏，夏之勢力，因之西展；少康中興，重建夏朝，勢力東展。亦中國歷史上第一次的中興大業。

夏代的政敎，具見於墨子一書，因爲墨子「棄周道而用夏政。」（見淮南子要略訓）夏時，政敎出於明堂。明堂行政的要義，在於順時行令，孔子雖行周道，但仍主「行夏之時」。學校制度，夏代小學曰校，大學曰學，「校者敎也」，小學是行鄉射禮、鄉飲酒禮之地，都是明禮讓、示秩序的；至於大學，則「春秋敎以禮樂，多夏敎以詩書。」（禮記、文王世子）此外，五行之說，亦源於夏代，又將四時的功能，比附木火金水四行的作用，土則爲四時生物之功所憑藉。又有五方、五色、五帝諸說。

湯以諸侯而放共主夏桀於南巢，開中國革命之第一聲，時爲西元前一七五一年，國號商，盤庚時遷於殷（河南安陽小屯），所以，亦稱殷。近代一八九八年，發現殷墟的甲骨文，又稱爲「卜辭」或「貞卜文字」，人們據此更確認了殷是中國信史的開始。

商代的政敎，首先，値得注意的，是王位繼承法，以「兄終弟及」爲原則，但限於嫡子。其次，或爲姓氏之分，姓是共號，代表同族；氏爲分稱，代表同支。封建諸侯之制，由來已久，商代有侯伯子男之分。曆法，至殷商更爲完善，其法以十二月爲一年或一歲，小月二十九日，大月三十日，三百六十五日又四分之一爲一年，而以餘日置閏。一年分春夏秋多四時。

商人尙鬼，發展了「貞卜文字」的甲骨文；或亦發展了商業，所以，後人叫做買賣的人爲「商人」，叫這一種經濟行為，為「商業」。商代不全是物物相易，海貝為主要的貨幣，間亦使用小塊的玉環。周滅殷後，周公允許殷人駕着牛車到遠處服賈，亦可說明殷人是長於貿易的。

武王克殷，時為西元前一一一一年，武王定都於鎬（陝西長安縣西南），周公東征，擴展了東方領域，為適應新環境，營建東都洛邑（洛陽），名為成周；而以鎬京為宗周。因為：疆域擴大，須加強統制，而大行封建，共七十一國，又以宗法制度，維繫封建制度。

區別諸侯尊卑的是爵，而封地之大小，即因爵而異。白虎通義：周爵五等（公侯伯子男），殷爵三等，而地則同為三等。地的大小，今文家說，公侯皆方百里，伯七十里，子男五十里，不能五十里者，不達於天子，附於諸侯，曰附庸。古文家所說，加大約五倍，論者以東周以後，列國都擴大了，立說者乃斟酌其情形而立言。

列國的互相兼幷，非一朝一夕之故。向來說，夏時萬國，殷時三千，周初千八百，春秋時百四十，這固然是約計之辭，然而，國之由多而少，則是不誣的。春秋時，大國為五覇；戰國時，大國為七雄。大國互爭雄長，先滅小國，再滅次國，於是，天下至秦而一統了！

在官制上，內官，今文家說：三公，九卿，二十七大夫，八十一元士。三公之職，為司馬、司徒、司空，九卿以下，無說。古文家說則以太師、太傅、太保為三公，少師、少傅、少保為三孤，皆坐而論道，無職事。冢宰、司徒、宗伯、司馬、司寇、司空為六卿，分掌全國的政事。

其地方區畫，周禮以五家為比，五比為閭，四閭為族，五族為黨，五黨為州，五州為鄉。其編制以五起數，和軍制相應。尚書大傳，以八起數，和井田之制相合。大約前者行於鄉，後者行於野。古時政教不分，在學校制度上，簡言之，誠如孟子所說的：「夏曰校，殷曰序，周曰庠，學則三代共之，皆所以明人倫也。」至於師，非現任之官吏，作之君者作之師；即退休之官吏，尚書大傳略：「大夫士，七十而致仕，老於鄉里，大夫爲父師，士爲少師。」所以，孔子最稱美周代，而說：「周監於二代，郁郁乎文哉，吾從周。」（八佾）

中國國家的形態，至西周，已大致定型。周公制禮作樂，營建東都告成後二年（西元前一一〇〇年），西方希臘史方開始。

㈢國家的統一

周顯王十年（西元前三五九年），秦孝公以法家之術而變法，積一百三十八年的奮鬥與演變，至西元前二二一年，秦統一了天下，而稱皇帝，把分散的中國，第一次摶成了大一統的中國。亦使其「車同軌，書同文。」中央集權的君主政體，亦從此開始。

中央以丞相總理庶政，輔佐皇帝，有左右之分；太尉主兵事，文武分治；御史大夫，爲丞相之副，司糾察，爲監察制度之始。此亦可以說是中國政治史上，最早的三權分立制。地方制度，由封建進而爲郡縣，郡置郡守，大縣置縣令，小縣置縣長，均由朝廷任命。秦制，本來可以成爲法治國家，惜其施行暴政，僅二世而亡耳！

漢興，劉邦以平民而做皇帝，初都洛陽，旋遷長安。漢初，反秦暴政，而行黃老治術，是一個維持現狀的局勢。武帝（西元前一四〇—八七年）是一位雄才大略的英主，外耀國威，內興文治，尤其是獨尊儒術，罷黜百家，更穩定了中國的疆域和政教規模。在經濟政策上，更多改革：一爲幣制，統一通貨發行；二爲徵收鹽稅與鐵酒公賣；三爲貿易國營，行均輸平準法。此外，造太初曆，以寅月爲歲首，自太初元年（西元前一〇四年）施行，即現在的陰曆，相傳曾爲夏代所行。

王莽篡漢，在春秋大義上說，是亂臣賊子的不忠；但其改制，亦有可稱述者，如：一、土地國有，二、禁止買賣奴婢，三、推廣國營事業，祇十四年而亡。光武中興，東漢（西元二五—二一四年）不到二百年，除尊崇節義，敦勵名實，革新社會風氣外，在政教上，無可稱述。魏、晉、宋、齊、梁、陳六朝，不僅「文衰」，而且國家分裂，但在民族上，卻有所融合，已另論述，不贅。

隋以北周的餘蔭，滅陳，而統一全國（西元五八九—六一四年），雖僅二十五年，但下啓唐代，而開隋唐盛世，媲美秦漢。隋的政制，是中央集權制，仍置尚書、中書、門下三省。唐承此制，中書令與侍中，爲宰相；尚書省，總攬政務，不設尚書令，而以左右僕射主之，同爲宰相。左右僕射之下，置吏、戶、禮、兵、刑、工六部。他官如加「同中書門下三品」，或「平章事」、「知政事」、「參知機務」等銜，也等於宰相。所以，唐代宰相，不祇一人，且將職權分而爲三：審議、糾核、執行，等於今天的行政三聯制了！

科舉，爲隋唐的新制度，隋置秀才科與進士科。至唐，其制更完備：一由學校挑選，曰生徒；二由州縣保舉，曰鄉貢；三由天子詔徵，曰制舉。科目甚多，而以「明經」「進士」爲重要。此後施行了近一千三百年。一則取才任官有比較客觀的標準，二則政權不致爲私人集團所壟斷，三則機會均等。明代，文體改爲八股，束縛了應試者的思想才智，消磨了讀書人的志氣精力，阻礙了文化政治的進步，末流所至，弊害更多。

宋代，王安石的變法，理論上，大致是正確的，惜乎，在實行上得不到正人君子的合作，而又引發了黨爭，因而政教敗壞。明初廢丞相，政事分隸六部，但總其成者爲皇帝，專制政體，澈底建立。同時，更改大都督府爲五軍都督府，後按行政區域，設十三道監察御史，分散了軍權與監察權，皇帝卻掌握了軍權。明初封建之制，貽害尤烈。封子弟於要地，共計二十五王。雖定制不許干預政治，但均得節制諸將，威權尤重。因而有燕王之靖難，兵陷京城，遷都北京的後果。其後，擅自改衞，遂有「土木之變」，及其後的外患。

清代，承漢族四千餘年的開疆拓土，以及政教設施，國家的型式，大體完備。祇是雍正時別立軍機處之後，內閣等於虛設，大學士等於虛銜，比前更專制，亦更軍事化，軍機大臣有如宰相，然亦祇是皇帝的親信私屬而已！

(四) 國家現代化

一九一二年，亞洲出現了第一個民主共和國——中華民國。不僅五族共和，且是一個民有、民治、民享的現代國家。建國者爲　中山先生，故國人尊稱之爲中華民國國父。他的建國理論是三民主義、五權憲法，經他十四年的奮鬥，以及其後　蔣總統的繼續領導，又三年，內除軍閥，統一全國，又十七年，外抗日本之侵略，廢除不平等條約，收穫抗戰勝利，躋身四強之列，民國三十六年，公布憲法；三十七年，實施憲政，三民主義與五權憲法，均已列入憲法，見諸憲政。　蔣中正先生，當選第一屆總統，中國現代化的建國，已告成功！只差內部民生主義的實現了！惜乎！共產黨叛變，俄國侵略，又入於反共抗俄的時期了。

在五權憲法上「用人民的四個政權，來管理政府的五個治權」（民權第六講）所規定的國家形態，列表如次：

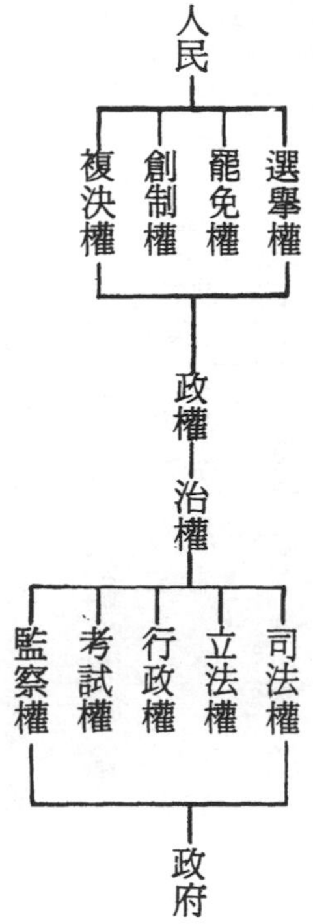

至於三十六年元旦國民政府公布，十二月廿五日施行的中華民國憲法，所規定的國家型態，表列之應如次：

中央政府

- 國民大會——依本憲法之規定，代表全國國民行使政權
- 總統（國家元首）
  - 司法院——爲國家最高司法機關
  - 立法院——爲國家最高立法機關
  - 行政院——爲國家最高行政機關
  - 考試院——爲國家最高考試機關
  - 監察院——爲國家最高監察機關
  - （統率三軍）
    - 陸軍
    - 海軍
    - 空軍
    - ——其組織以法律定之

四、疆域的開拓

美國獨立之初，僅有十三州，今天是五十州的大國與強國了！美國疆域的開拓，是由於金錢的收買。其他諸大國版圖的擴展，多由於帝國主義方式的侵略。惟獨中國疆域的開拓，異乎歐美諸大國。簡言之，中國疆域的開拓，由於文化，由於王道的文化。不僅沒有亡人國家，滅人種族；而且「柔遠人，懷諸侯」，又「繼絕世，舉廢國。」（均見中庸）茲分陸疆、海洋，略述如次：

㈠陸疆的開拓

黃帝軒轅氏，建國於西元前二六九八年，建都於有熊（河南新鄭）。他的疆域，東至海，西至崆峒（甘肅平涼西），南至江，北至涿鹿（察哈爾涿鹿縣）。（見史記）

禹治洪水，「掘地而注之海，驅蛇龍而放之菹，水由地中行，江淮河漢是也。」（孟子滕文公），尚書禹貢分天下爲九州：一、冀州，二、兗州，三、青州，四、徐州，五、揚州，六、荊州，七、豫州，八、梁州，九、雍州。其疆域，東至海，西至積石山（青海），南過長江，而至荊州（湖南衡陽），北有冀州（包括今遼寧）。

秦一天下，初分三十六郡，後平定百越，又置四郡：閩中、南海、桂林、象郡。東南的開拓，最爲成功。從此，不僅東到海，南亦到海了！且囊括了海南島，據日本地圖說：海南島，即於秦時入中國版圖。

漢代，元封三年（西紀前一〇八年）東北納入朝鮮，分之爲四郡：樂浪、臨屯、玄菟、眞番，以後歷代歸屬中國，直到清宣統二年（西元一九一〇年）始被日本併吞。北加幽州、朔方，西北通疏勒，達葱嶺。西南設永昌郡，今雲南省保山縣北。東南，包括了海洋中的台灣、澎湖、琉球羣島（此依中國歷代疆域形勢史圖）。

南北朝時代，北朝元魏則把西北邊擴展到烏拉山，與北極海；東北囊括了堪察加半島和庫頁島，而達白令海。

唐代疆域，與漢代略同。但有二特點：一、四夷酋長，尊唐太宗爲天可汗，等於共主。二、太宗初年設六都護府，統治各地，其名稱與所在地，述之如左：

安東都護府，設平壤，今朝鮮北部，管轄朝鮮以東地區。

安南都護府，設交州，今越南河內，管轄交趾以南地區。

安西都護府，設龜茲，今新疆庫車，管轄天山以南地區。

安北都護府，設金山，今科布多，管轄大漠以北（外蒙古）地區。

北庭都護府，設庭州，今新疆廸化，管轄天山以北地區。

單于都護府，設雲中，今綏遠歸綏，管轄大漠以南（內蒙古）地區。

照這樣看來，唐代雖沒有南北朝合起來大，但比秦漢，大的多了！同時，西方遠至中亞，全入唐的版圖，波斯（今伊朗）王受册封爲王。而五天竺亦入獻不絕，東羅馬亦七次入貢。南洋一帶，除安南、眞臘（高棉）、墮和羅（緬甸泰國一帶）、盤盤、狼牙修（均在馬來半島）、訶陵（爪哇）、室利佛逝（蘇門答臘）、婆利（婆羅州）等，均爲唐的貢國。

元代，東北至白令海，北至北極海，西北至波羅的海，西至愛琴海，西南至印度河的終點喀剌基和波斯灣，南至緬甸中部和越南占城。不僅是中國歷史上空前的、橫跨歐亞的大帝國，而且統制俄羅斯二百四十二年（西元一二三八年，拔都破之，建立欽察汗國；一四八〇年，莫斯科維大公始宣布獨立。東起吉爾吉斯草原，西到匈牙利，有歐洲東北全部，和莫斯科地方）。

清代，除將內部改爲十八省外，東北設立三省，西域改稱新疆省（乾隆時）。台灣澎湖，亦改設台灣省。東過黃海、東海，而包台澎琉球羣島；南過南海，而括新加坡；西有阿富汗、布哈爾、哈薩克，北過庫倫，而有鮮卑利亞；東北至鄂霍次克海，而包庫頁島。中國地圖，如秋海棠葉之形，便是指此時的。

民國以後，分全國爲二十八省，二地方；第二次世界大戰後，台灣光復，東北改爲九省，因此，我國爲三十五省，二地方，一特別區，十三院轄市，面積一千一百四十一萬方公里，人口十億（五十七年，美國時報如此宣稱），是亞洲第一大國。

東北角的朝鮮半島，先總統　蔣公於開羅會議時（一九四三年十一月），力爭其戰後之獨立，此今日大韓民國於戰後之所由建立也！至於戰後的日本，　蔣公力行中華文化之大仁、大智、大勇，不念舊惡，不要賠款，亦未割地，復主張維持其天皇制度，以作戰後日本之安定力！一九五二年四月，中國與日本，單獨訂立合約，是一個空前的王道和約。這一些，不都是「舉廢興絕」的最近事實嗎？

㈡海洋的發展

秦始皇三十三年（西元前二一四年），第二次南征，始收東南沿海各地，以爲南海（廣東番禺）、桂林（廣西桂林）、象郡（越南河內），正式納入中國版圖。秦末大亂，南海郡尉任囂擬保境觀變，會病且死，即以後事委龍川（廣東龍川）令趙佗（趙國眞定人，今河北正定）。秦亡，趙佗自立爲南越武王，進號爲帝。

漢興，文帝時，力事懷柔，趙佗取消帝號，稱臣奉貢。後南越相呂嘉抗命，武帝令路博德等進討，於元鼎六年（西元前一一一年），會師番禺，俘呂嘉，南越再度收入中國版圖，將三郡改爲九郡，交阯、九眞、日南（今順化）三郡均在越南北部。從此，開始南海交通，亦開始海外經略。當時凡從事海外航行的，均自此出發，經今馬來半島，遠至印度的黃支國（在南洋西南方）。南海國家，前來互市入貢的，有撣國（緬甸）、葉調（爪哇）、天竺（印度）等。在東面，朝鮮、台灣、澎湖、琉球羣島，亦入中國版圖。日本於漢光武帝時入貢稱臣。

東漢末年，交州日南郡象林縣自立爲林邑國，一再北犯。隋煬帝大業元年（西元六〇五），將其討平，曾於其地置三郡；更向海洋開拓，加多了赤土（馬來半島的森哥剌，近暹羅灣）、眞臘（柬埔寨）、婆利（婆羅州）等。

唐與東海、南海各國的關係尤深，威名最著，所以，南洋各地，均呼中國爲唐，除前述各地外，又擴展了室利佛逝（蘇門答臘）等，均爲唐的貢國。唐代文化四被，而以朝鮮、日本受惠爲厚。百濟、高麗與新羅，各遣子弟入長安太學。日本於隋時卽派學生來留學，唐代尤盛，所以日本唐化，最爲徹底。日本與新羅，均係唐代仿製漢字。日本史上，所謂「大化革新」（西元六四五—六四九年），就是「唐化運動」。

元代的版圖，東達太平洋，西抵多瑙河，北至北冰洋，南迄尼羅河流域一帶（韋爾斯世界史綱）。這樣的一幅版圖，始是中國的「天然疆界」（National boundaries，法國路易十四之論）。

明成祖時，鄭和七下西洋（卽今南洋的西區與印度洋），他所率領的是一個武裝的使節團，亦可名爲海上遠征隊，多至二萬七八千人，船隻約六十艘，大者長四十餘丈，闊十八丈。最初三次的航程，不出今中南半島、馬來半島、爪哇、蘇門答臘、印度、錫蘭等地；第四次以後，則遠至波斯灣、紅海，及非州東岸的木骨都束等處。總計鄭和所到及招諭的國家，凡三十五國。中國人在海洋上的活動，至鄭和達到了頂峯，南海幾成中國人的另一世界。

明末，鄭成功開發台灣（西元一六六二—一六八三年），篳路藍縷，以啓山林。淸康熙二十二年（西元一六八三年），淸人得台灣，而澎湖、琉球羣島，皆入版圖，初屬福建省，光緒十一年設省；至光緒二十一年（西元一八九五年），又二百一十二年，有如此之經營，始有今日之台灣。中間雖有日本人五十年之割據，但民國三十四年十月二十五日，台灣光復，重入中國版圖，因而負下了中華民國反共抗俄，反攻復國的自由基地。

淸代，在南洋，又增加了一個新加坡。暹羅，占中南半島的中部，於淸代始藩屬於中國。在南海中，非律賓西南有三個小島，稱蘇綠羣島，西南婆羅州東北一部份，也屬蘇綠。於乾隆五年入貢，成爲中國的屬地。今天，新加坡獨立建國，百分九十以上的華人，不卽等於中國人的新國家嗎？這一些，都是中華文化力量自然形成的，沒有一兵一卒武力的進佔或者侵略。

(三)海陸的形勢

中國，立國於亞洲的中部，太平洋的西岸。氣候多屬溫帶，僅南方一小部份屬熱帶。從北緯四度，到五十四度。地大物博，天賦獨厚。它有大陸的雄偉精神，也有海洋的超特意量。 國父實業計劃一書，論之甚詳。

首先，他主張在中國沿海建築三大世界港，曰北方大港（在渤海沿岸），曰東方大港（在杭州灣北岸），曰南方大港（卽廣州），其規模之大，當使其與美國之紐約相比倫。由此三大世界港，鐵路網遍達於全國。東亞大陸之陸權，與西太平洋之海權，以此三大世界港爲樞紐，交流匯合，融爲一體。

由北方大港出發之鐵路，經外蒙古之庫倫，與西伯利亞鐵道相銜接，經莫斯科而至柏林，巴黎與倫敦。

由東方大港出發之鐵道，通過海都（南京，亦稱金陵）與陸都（蘭州，亦稱金城）直達新疆伊犂，與中亞鐵道相銜接，由此經中東區域，而至土耳其之伊斯坦堡，再前進則橫貫歐洲，而至巴黎與倫敦。

由南方大港出發之鐵道，通過昆明，向西經印度之新德里，伊拉克之報達，埃及之開羅，折而南下，縱貫東非洲，而達南非洲之好望角（卽地角市）。

這是一個合亞歐非三大陸爲一體的全球觀念，也可以說，是一個全球戰略。不僅如此，且有：

一、新多倫運動　多倫卽元之上都。他說：「對於被裁百餘萬之兵，祇以北方大港與多倫間遼濶之地區，已足以安置之。……而多倫將爲發展極北移民之基矣。」又說：「倘將來多倫、庫倫間鐵路完成，……其供給分配區域，當較紐約爲大，窮其究竟，必成將來歐亞路綫之確實終點，而兩大陸於以連爲一氣。」既有蘭州之陸都以馭內，復有此新多倫之國際都市，以聯絡兩大陸，大陸之精神雄偉矣！

二、太平洋時代　國父說：「海權之競爭，由地中海移於大西洋，今則由大西洋移於太平洋矣。……蓋太平洋之重心，卽中國也。爭太平洋之海權，卽爭中國之門戶權耳。誰握此門戶，則有此堂奧，有此寶藏也，人方以我爲爭，我豈能付之不知不問乎？」爲了應付這一個太平洋時代，除三大世界港外，尙有二十八港之構想：二等港四處，三等港九處，漁業港十五處。且以南京爲首都，總領此三十一港，海國之意量超特矣！

然而，此一大塊優美之土地，固天賦之獨厚，亦我先賢篳路藍縷，以啓山林，創造之功也！中華文化，有此地理上、歷史上之背景，又焉得不豐富哉？美國以五十州組成今日世界第一強國，今日中國以此三十五省，三十一港，一千一百萬方公里，十億人口，如果好自爲之，二十一世紀，是中國世紀，豈誇言哉？但是，此係文化力量形成的，仍須以文化力量維持之，并發揚光大之！

五、語言的統一

㈠語言的分類

中國境內的語言，照現行世界語言的分類來說，可分為五個語族：

一、漢藏語族

1. 漢語系

①北方官話區　②西南官話區　③下江官話區　④吳語區

⑤客家語區　⑥贛語區　⑦閩北語區　⑧閩南語區

⑨粵語區　⑩湘語區　⑪徽語區

2. 洞泰語系

3. 苗傜語系

4. 藏緬語系

二、南亞語族

三、阿爾泰語族

四、印歐語族

五、南島語族（高山族）

看了上面這個簡表，可以知道：中國語言，實在複雜的很。

中國人口，據美國紐約時報說，今已為十億。一向說，百分之九十以上是漢人，他們都是操漢語的（通常稱為中國語）。那麼，漢語系的詳細情形如何呢？

1.**北方官話**　大致說，淮河與終南山以北，至長城一帶，及東北，是它的主要區域。它的主要特點，是：古代的濁塞擦音、濁擦音，都變為清音，大致分陰平、陽平、上、去四聲，入聲歸併以上諸類。

2.**西南官話**　遍布於四川、雲南、貴州、湖北的大部份，湖南西部，以及廣西的東北部。

3.**下江官話**　江蘇北部、安徽中部，兼及湖北與江西的一小部份。

4.**粵語**　分布在廣東、廣西，兼及海外。

5**閩語**　閩南語，以福建的南部與廈門為中心，並至台灣；閩北語，以福州為中心，通行於閩江流域一帶。此外六種，說明從略。

(二)特質與特點

所謂「中國語」，通常卽指「漢語」，是漢藏語族中的一支。它的特點，通常被認為：單音節的、孤立的，或分析的；在語音方面，除了具有聲母韻母之外，還用不同的聲調來區別意義。

關於漢語是單音節的，並不是說所有的詞，或多數的詞，都是單音節性的；事實上，現代中國語中不少的詞，都是複音節的，如「我們」、「國家」、「社會」、「學校」等。我們只是說漢語中最小的語言單位，絕大多數是單音節的，如「我」、「們」（複數語尾）、「國」、「家」、「社」、「會」、「學」、「校」等，都是最小的語言單位。只有少數的例子，是用雙音節構成最小的語言單位，如「琵琶」、「玫瑰」、「蝴蝶」等。此外，還可以說單音節是音韻的單位，其結構是嚴格地由漢語的音韻規律所決定，並且用作「詞」和「句」構成的基礎。例如，每一音節，通常可具有某些聲母，主要元音，韻尾和聲調。

至於中國語的孤立性，是指中國語不用，或極少用語法上的形態變化。例如「唱」字，英語有第三人稱的Sing, Sings，過去式的Sang，過去分詞的Sung，現在分詞的Singing諸變化；但中國語只用一個「唱」字，而沒有語形變化。又如名詞的「書」、「桌子」，通常也沒有單複數，以及主格、賓格等區別。

中國語的聲調，根據韻書的區分，有平、上、去、入四種，入聲有不同於平、上、去三聲的韻尾。現代中國方言的聲調，雖有差異，大致上，和古代的聲調相當。例如，古代的平聲，在現代方言中，大都分為陰平、陽平兩類，上去入三聲，分類就不一律了。現代中國語各方言中，具備聲調從四個到八、九個，或更多不等。

過去，中國語言發展的趨勢，大致如下：1.語音的單純化，2.複合成份的增多，3.助名詞的增多。此三種，有互相調劑的作用，比如：語音單純化，恐有含混不清之弊；但，複合成份和助名詞增多，即可以增加語言的清晰性了！因此，中國語言的前途是光明的，一方面簡單化，另一方面也清晰化了！

中國有五千年的歷史，其語言的發展，自亦各有其特點，如果從歷史的觀點研究中國語法，大體上，可以分爲古代語法和近代語法兩部份。至於中古時代，唐宋的「古文」運動，只是一種對古代語法的摹擬，並不能代表當時的語言。近代語法，可以現代的國語爲主，上溯唐宋以降的白話，特別注意語法之歷史的變遷。

古代語，大體可分爲四期：

一、殷周時期　包括殷後期（此就文獻而作如此分割）和西周，重要的材料，殷代甲骨文爲一系，西周全文爲一系。

二、周秦時期　包括東周和秦代，重要材料，論語、孟子爲一系，左傳、國語爲一系。此外，諸子百家亦須參考。

三、兩漢時期　重要的材料，爲漢代的經史，漢末的佛經等。

四、六朝時期　此期包括魏晉宋齊梁陳，以及北朝。重要材料，爲三國誌等史書，以及詩、文、佛經等。

近代語，包括隋唐宋元明清六個朝代。隋唐，以佛經與禪宗語錄爲主；兩宋，以理學家的語錄爲主；元代，以元曲、評話小說爲主；明清，以小說爲主。尤其是要重用以北平話爲主的紅樓夢、兒女英雄傳等書。

這一個劃分，只是爲了研究的方便。須知：時代是不可分的；語言的發展，也是逐漸演變的。此外，地域的差別，作者性習的差別，以及文體的差別等，亦須分別予以注意。

㈢語言的語法

所謂語法，就是語言的法則。西洋古代的語法，包括三部份：⑴音韻學，⑵形態學，⑶造句法。關於音韻學，在中國，始於南朝時的齊、梁，然沈約之書不傳；今言小學者，研究音與韻，約分三派：⑴古韻之學，研究古代韻文及漢儒音讀之例者；⑵等韻之學，研究反切及字母之法，區爲牙、脣、舌、齒、喉諸音，以呼吸之不同，區爲各等者。⑶廣韻之學，區別四聲各爲一紐，而紐之中又合音近之字爲一韻者。陰時夫之韻府羣玉，分一百六韻，後此詩韻多從之，是爲今韻。清康熙時，敕撰音韻闡微；乾隆時，又敕撰音韻述微。私人著述，以顧炎武的音學五書最著名。

至於形態學，屬於字形；造句法，屬於文法，容俟文字章，另論之。近人專門研究語法的，而又較有成績的，當推趙元任氏，已出版的，有國語入門導論，是完全以口語爲主的。正在寫作中的，尚有國語語法一書，相信此書對於國語語法，一定有較多的貢獻。

㈣語言與文化

「語言，是人類約定俗成，自成體系的一些口中發出的聲音符號，作爲彼此間主要的交換工具用的。」（布洛：語言分析一書）

「文化表現於精神方面的，如：宗教、禮俗、社會組織等，都與語言脫不了關係，因爲它們的形式，是基於各個成員間的彼此交換。要了解這些，只有觀察他們與此有關的話言，以及跟那些話有關的行動。……現在的人類學家都說：不懂一個部族的語言，就沒有法子明白他的文化。」（董同龢語言學講義）

從上引二文看來，語言與文化的關係，是密切的。分開來說，約有如下的數義：

一、**從語彙上可以觀察文化**　如古代對於祭祀，很是注重，「國之大事，在祀與戎。」「禘」、「祫」、「祼」、「礿」、「禬」、「禖」等字，在後代也隨着那些祭祀儀式的廢棄，而變成了死字。另一方面，由於新事物或新觀念的產生或輸入，而增加了新的語彙。新事物如：「火車」、「電話」、「維他命」、「高爾夫」等；新觀念如：「本能」、「直覺」、「邏輯」、「民主政治」等。此外，又有地域的不同，氣候的差異，也各有其不同的語彙，如北方的「炕」與「風帽」等；南方的「冲涼」與「木屐」、「荔枝」等。

二、**從語彙上可以考察思想**　德國的洪波爾特（Von Humbololdt）認爲：「語言的語法構造，是代表使用此語言的民族，關於思維結構的見解，語言是隨伴着思維的。」美國學者，亦有此類研究。人類學社，曾爲此邀集專家座談，幷由哈利荷傑（Harry Hoijer）主編成語言與文化一書。

格拉尼（M.Granet）從詩經的語彙，研究中國的思想，著有「中國語言與思想之特點」一書。他說：「中國人抱的概念，顯著的有具體底性格。幾乎一切的單語，都是表示個別底觀念，表示在特殊而可能的一個局面之下，所知覺的存在樣式。這個語彙，不是滿足分類、抽象、概括的觀念之必要，不是滿足明白判別，對於論理底構成所須的資料而活動之觀念之必要；完全是相反的，是滿足特殊化，個別化，繪畫底東西之必要。中國人的精神，本質底，是由綜合的作用，由具體之直觀而活動的。」（中國人之思維方法，中譯本）

總之，由於中國語言的單音節和孤立的、分析的，而趨於簡明，厭惡煩瑣。因此，發達了論語體的儒家思想，道德經體的道家思想，和語錄體的禪宗思想。一度曾發光的先秦名學，墨家辯學，便漸漸的黯淡下去了！西洋式的邏輯，以及認識論，在中國都是不適合的；短於語言上的詭辯，當然，也不長於文字上的戲論了！

六、文字的發展

㈠文與字

文字，合起來，是一個詞；分開來，文是文，字是字，卻是兩樣性質，各有不同的。說文解字敍上說：「倉頡之初作書，蓋依類象形，故謂之文；其後，形聲相益，卽謂之字。文者，物象之本，字者孳乳而浸多也。」鄭樵又說：「獨體爲文，合體爲字。」基此，分說如次

（一）**獨體爲文**　照「依類象形」說，如日、月、鳥等，當初都是象日、月、鳥的形狀的；這是有實體可象的；如無實體可象，也可以用抽象方式來表示，比如「不」，形容一個鳥向上飛不下來，所以，說文說：「鳥飛不下來也」。「至」，形容一個鳥向下飛到了地上，所以，說文說：「鳥飛至地也。」

因此，可以說：凡是象形，不論是實體或者抽象，都是獨體的，且是中國文字構造的根本，除了說：「獨體爲文」，也叫做「初文」。

（二）**合體爲字**　後來，人事日繁，象形之技窮，於是，又想出「形聲相益」的方法來。所謂形聲相益，它的方法也有兩種：一種是形同形相益；一種是形同聲相益。

（1）形同形相益　如人言爲信，止戈爲武，這都是形同形相配合的，由形上領悟出意思來的。

（2）形同聲相益　如木是象形，木的種類很多，同木有關係的東西，如果要一一象形，既不可能分別清楚，事實上也做不到。如柏、楓、梧、桐、檢等，都是一種樹木；橋、桌、椅、檻、楣等，都是木料做的。因此，一邊由形符的木表示它的類別；一邊由聲符表示它的聲音，這是由形同聲相配合而表示出意思來的。

不論「形與形相益」，「形與聲相益」，都是由兩個以上的初文，相配合成功的，所以說「合體爲字。」

(二)文字學

文字學，顧名思義，是研究文與字的。但從周代起，「八歲入小學，保氏敎國子先以六書。」（說文解字敍）因此，講究文字的構造，與文字的運用之六書，是在小學敎的，所以，就叫這一種學問爲「小學」。

民初，章太炎氏說：六書，固然是小學的基本，然而，周禮所說的小學，主爲六藝：禮樂射御書數。六書僅書之書，還有其他五藝，故小學可以包括六書，而六書不能占有小學全部。所以，他把「小學」改名爲文字學，使其名正而言順。

文字學的內容，有些什麼呢？須知：凡是一個文，或者一個字，必定要包括「形」、「音」、「義」三者，才能起作用。形，是留存紙上的；聲，是配合語言的；義，是傳達意思的。這三者，是有連帶關係的，所以文字學的要點，是在於辨認文字的形體，知道文字的聲音，瞭解文字的意義；更要進而研究它的起源構造，同變遷的情形。這裡先說六書，再說形音義。

六書之說，原本周官，著於七略，大章於說文解字。周禮地官保氏職云：「保氏掌諫王惡，而養國子以道，乃教之六藝：一曰五禮，二曰六樂，三曰五射，四曰五御，五曰六書，六曰九數。」鄭司農云：「六書：象形、會意、轉注、處事、假借、諧聲也。」

班固漢書藝文志小學家云：「古者八歲入小學，故周官保氏掌養國子，教以六書，謂象形、象事、象意、象聲、轉注、假借：造字之本也。」許慎說文解字敍云：「周禮：八歲入小學，保氏教國子，先以六書。一曰指事，上下是也；二曰象形，日月是也；三曰形聲，江河是也；四曰會意，武信是也；五曰轉注，考老是也；六曰假借，令長是也。」

民初，錢玄同撰六書新說，予以歸類：「一曰指事，二曰象形，此為單體的圖象文字；三曰會意，此為合體的圖象文字；皆離音而制形，故這三書，可統於象形。四曰假借，此為純音標文字；五曰轉注，六曰形聲，此為半音標文字，皆準音以定形。」（黎錦熙國語辭典序）

中國文字，構造的原理是六書，而六書便具備了形音義。因此，研究中國文字，必須注意字形、字音、字義三方面。茲分述之：

一、字形　研究字形，以說文與訓詁為主。說文解字一書，漢許慎撰，凡三十卷，以小篆為主，凡九千三百五十三文；古籀文錄為重文，凡一千一百六十三，共分五百四十部，推究六書之義，為言小學所宗。歷代注釋許書者，以清段玉裁說文解字注最精；以民初丁福保說文解字詁林並補遺，都千餘卷，最博。

「訓詁」一詞，解作字義的訓釋，其法亦分音訓、形訓與義訓。這裡專說形訓。如左傳「止戈爲武」，「反正爲乏」之類，都是形訓。總之，研究字形者，必須：上考金石甲骨，下至漢碑，詳其形聲配合，或語根所在，證明字形構造的來源變化的原因，以明其本義及其與轉注假借的關係。

二、字音　研究字音，屬音韻學。說文與訓詁，都可以助之，但其主體，仍在音韻學。音韻之說，始於齊梁，然沈約之書不傳。今之言音韻者，約分三派：一爲古韻之學，二爲等韻之學，三爲廣韻之學。清代，康熙敕撰的音韻闡微，乾隆敕撰的音韻述微，以及顧炎武的音學五書，都是此中的要籍。

至於說文的諧聲字，訓詁的音訓，如：論語，政者正也。荀子，君，羣也。劉熙釋名一書，多爲音訓。欲研究字音，必須詳細分析聲類韻類，再旁求各地方言，證明語音變化的定例，以審定每一字的根源，及其正確的讀音。

三、字義　字義之學，專於訓詁。詁本作故，而訓詁，原本多作訓故。漢時，訓詁之學，盛極一時；爾雅，尤爲訓詁專書，後之作者，有孔鮒小雅爾，揚雄方言，劉熙釋名，張揖廣雅，陸佃埤雅，方以智通雅，阮元經籍纂詁等。

研究字義者，應以訓詁、說文爲主。從字形與字音上，訓釋其意義。此三者，過去各有所偏重，因而有形音義之分，其實，有連帶的關係，是不可分的。章太炎曾集其大成，把形音義融會貫通以後，再加以深切的研究，利用語言與文字的關係，從聲音部份尋出許多語根，證明意義的來源，字形的演變。他的文始、新方言、小學答問，都是空前的著作。

㈢文字的演變

中國文字，最早的，應說是伏羲的八卦。周易繫辭下傳云：「古者庖犧氏之王天下也，仰則觀象於天，俯則觀法於地，觀鳥獸之文，與地之宜，近取諸身，遠取諸物，於是始作八卦，以通神明之德，以類萬物之情。」

八卦是：☰乾，代表天；☷坤，代表地；☳為震，代表雷；☶為艮，代表山；☲離，代表火；☵坎，代表水；☱為兌，代表澤；☴為巽，代表風；八卦係由「⚊」與「⚋」這一個陰陽之象，「☰」三連而象天，「☷」六斷而象地。這些符號，可以說，是最早的象形文字，圖畫文字。

黃帝軒轅氏興，命史官倉頡就其前代表自然現象的符號，予以改進，便是後人所說的創造文字了！凡事多是演進的，而不是突生的。歷史的文字記載，流傳下來最早的，當是尚書的堯典了。到了周朝，才有比較詳細的記載。許慎說文解字敘云：

「及宣王太史籀，著大篆十五篇，與古文或異。至孔子書六經，左丘明述春秋傳，皆以古文，厥意可得而說。其後諸侯力政，不統於王，惡禮樂之害己，而皆去其典籍，分為七國。田疇易晦，車涂易軌，律令易法，衣冠異制，言語異聲，文字異形。

「秦始皇帝初兼天下，丞相李斯乃奏同之，罷其不與秦文合者。斯作倉頡篇，中車府令趙高作爰歷篇，太史令胡母敬作博學篇，皆取史籀大篆或頗省改，所謂小篆者也。是時……初有隸書，以趣約易，而古文由此絕矣。自爾秦書有八體：一曰大篆，二曰小篆，三曰刻符，四曰蟲書，五曰摹印，六曰署書，七曰殳書，八曰隸書。漢興，有草書。……」

隸書，晉以後，又名八分。正書者，隸書之變體，蓋始於魏，晉稱楷書；眞書之稱，或由於南北朝。草，有章草、今草之分，其在漢代，尚具波磔，以一字自爲起訖者，爲章草；晉以後，盤繞連綿，以一行或一節，爲起訖者，爲今草。

草書之外，更有行書，始於誰，說者不一；但一般多認爲始於漢代。宣和書譜云：「自隸法掃地，眞幾於拘，草幾於放，介乎兩者之間者，行書有焉。」總之，春秋以前，爲古文；秦代，爲篆隸；至魏晉，眞草楷行諸書體，均已具備矣！王羲之，更能在書法上，變化出神入化，而稱書聖，容另論之。

㈣ 文字與文化

語言，是音聲的發展；文字，是形象的演進。二者，都是意義的代表，而文字更具備了符號作用。在時間上，可以傳之後世；在空間上，可以傳諸遠方。因此，文字，不僅與文化的關係密切，且可以憑藉各代的史料，考察各代的文化。關於字音與語言，已另詳，這裡專說字形與字義。

（一）從字形上可以考察古代文化　中國文字，因爲不是拼音制，除了語言而外，從字形上，亦可以考察古代的文化。德人高本漢說：「對於古代中國文化的發生，也有許多可以供側面的觀察，中國至少從西元前第三千年的中葉起，是一種勤勞的耕種民族，所以田字和畺字，都給示我們以一個簡單適切的描畫。古代鄉村社會，一個有趣的觀念，從這個井字上，也可以看出來，井字，現在指汲水的井，這個字的古式井，表明怎樣的八家組成一村，共耕中央的公田，以代納稅，而汲水的井，也在中央的地方。還有許多字，是表明高等文化的原質。」（中國語與中國文，中譯本）

（二）**從文字上可以考察各代思想**　中國文字的「男」字，代表力田（卽耕田）；女字，象形盤坐織布。男耕女織，便是古代的農業社會。其後，文字紀載於典籍，從東周的子學，可以考察諸子百家的思想；從漢代的經學，可以考察儒家的思想；從魏晉的玄學，可以考察道家的思想；從南北朝和隋唐的佛學，可以考察佛家的思想；從宋明的理學與心學，可以考察新儒家的思想。此外；道德宗教，政治經濟，風俗習慣等，無一不可從文字上、典籍上，考察出來。

同時，由於中國文字的方體型，因而產生了平仄與音韻；更因而產生了特殊的中國文學，如對偶的聯語、駢文與詩詞等，這是他國所沒有的。分說如次：

（一）**練習四聲**　四聲，就是平上去入。唐元和韻語：「平聲哀而安，上聲厲而擧；去聲清而遠，入聲直而促。」明人更有一個口訣：「平聲平道莫低昂，上聲高呼用力強；去聲分明哀遠道，入聲短促急收藏。」四聲之記號爲平聲，記在字的左下方；去聲，記在字的左上角；去聲，記在字的右上角；入聲，記在字的右下角。例如東董凍篤，詩矢試矢，文吻問物，情靜淨夕等。

（二）**辨別平仄**　平爲平聲，上去入爲仄聲。如雲雨、年歲、奴僕、朋友、房屋、珍寶、圖畫、文字、楊柳、花卉、禽鳥、雙兩、奇獨等，上一字爲平，下一字爲仄。

（三）**選擇韻脚**　坊間流行的詩韻大全，詩韻合璧等，先分平上去入四聲，再分上平下平各十五韻，上聲二十九韻，去聲三十韻，入聲十七韻。例如：平聲在「東」韻，上聲一定在「董」韻，去聲一定在「送」韻，入聲一定在「屋韻」，倘若作古詩，可以轉韻；近體詩，絕對不能通轉。詞韻與詩韻，雖有別；然其源出於詩韻，蓋詞韻乃取詩韻分合而成。平入二聲，單獨押；上去二聲，可以通押。故填詞之韻，較寬於詩韻。這一些，束縛了中國詩人千餘年，今天似應廢棄了；但作爲一個中國人，對此亦應略有所知，因詩詞乃中國文學的雙葩也！亦中國文學的珍寶也！

七、各家道德論

今天，人類的災害，主要的原因，便是由於國際共黨，毀滅了道德，破壞了倫理。視人如物，把人變成了禽獸。挽救人類免於浩刼之道，主要的，便是昌明道德，提倡倫理。關此，中國文化是特長的，也是豐富的。分說如次：

(一)儒家道德論

中國文化主流雖有三，但源遠流長，影響最大的，仍是儒家。儒家，從孔子起，一直到今天，沒有間斷過。中間也許有退隱時期，那只是由在朝到在野，且為時亦甚暫！基此以述儒家的道德論。

一、孔子　孔子的言論，記述於論語的，首為「仁」字，朱註曰：「仁者，愛之理，心之德也。」又曰：「蓋仁，性也；孝弟是用也。性中只有仁義禮智四者而已，曷嘗有孝弟來，然仁主於愛，愛莫大於愛親，故曰：孝弟也者，其為仁之本歟？」程子曰：「仁者，天下之正理，失正理，則無序而不和。」朱註「依於仁」曰：「仁則私欲盡去，而心德之全也。」

心德之全，為「仁」；分之，則為萬事、萬行，孝弟與義禮智信，其著者也。論語上所記問「孝」，亦甚多；此外，更有一部體系完整的孝經，是孔子答曾子問，而被記錄下來的。在開宗明義章上，子曰：「夫孝，德之本也，教之所由生也。……夫孝，始於事親，中於事君，終於立身。」在明王，則「以孝治天下」；在聖人，則是：「天地之性，人爲貴；人之行，莫大於孝。」因此，後人有「百行孝爲先」之說。

二、曾子　曾子，記述了孝經，而又記述了孔學之全的大學篇，把一個人從內發揚到外，就其前半部說，「本屬於道德的範圍」；但，就其全說，則是一部政治哲學。從孔子到宋儒，「他們正心，誠意和修身的功夫，更爲謹嚴，現在中國人便不講究了」。（民族主義第六講）

三、孟子　孟子私淑孔子，而受學於子思。子思以孔門心法「中庸」，授之孟子，因此，他到處說「仁義」，梁惠王章曰：「未有仁，而遺其親者也；未有義，而後其君者也。」仁者，孝也；義者，忠也。其後，他善養浩然之氣，「其爲氣也，配義與道」；「是集義所生者，非義襲而取之也。」又說：「夫義，路也；禮，門也。」「仁，人心也；義，人路也。」而君臣、父子、兄弟之間，均須「懷仁義以相接」。「心之所同然者，何也？謂理也，義也。」最重要的，是：「舍生以取義。」此外，他又說：「士，窮不失義。」「居仁由義，大人之事備矣。」總之，「仁義禮智，根於心。」

四、荀子　孔子禮樂之論，至荀子作禮論、樂論，始獲彰顯而成學派。他說：「禮義者，聖人之所生也。」「聖人積思慮習僞，故以生禮義而起法度。」他雖上繼了孔子的一體，而能「隆禮義」；但，另一方面，他却主張「殺詩書」，而下啓了法家，韓非、李斯，都是他的弟子。

總之，孔子說仁，顏淵其心三月不違仁；說孝，曾子傳述之，以爲孝經；說中，子思傳述之，以爲中庸；說義，與詩書，孟子傳述之；說禮，與禮樂，荀子傳述之。顏曾思孟荀，各得聖人之一體。合之，始足以見孔子之全，儒家的整體。這一些，也就是儒家的道德論，——皆以修身爲本，亦皆以心性爲源。

㈡道家道德論

一、老子　老子一書，亦稱道德經，但，他這個「道」「德」二字很難講，司馬談已經說：「其辭難知」了！在老子書中，開首就說：「道可道，非常道」，它的意思，就是：道，是不可說的，可說，便不是道了，這是不落言詮的。可是，他也有一個解釋，他說：「有物混成，先天地生，寂兮寥兮，獨立而不改，周行而不殆，可以爲天下母，吾不知其名，字之曰道。」又說：「道常無爲，而無不爲；」「道法自然。」

至於「德」，他說：「上德不德，是以有德；下德不失德，是以無德。上德無爲，而無以爲；下德爲之，而有以爲。……故失道而後德，失德而後仁，失仁而後義；失義而後禮。夫禮者，忠信之薄，而亂之首也。」故太上以道德爲尊，而仁義次之，禮爲不道德，不仁義者而設，所以，說：禮約於事前，法禁於事後，愈下而愈衰矣！因此，魏晉清談之士說：「禮豈爲吾輩設也。」一般人亦說：禮不下庶人，刑不及大夫。

又說：「道生之，德畜之，物形之，勢成之。是以萬物莫不尊道而貴德。」在他，或以道德無形，乃因物以形。故又說：「修之於身，其德乃眞；修之於家，其德乃餘；修之於鄉，其德乃長；修之於國，其德乃豐；修之於天下，其德乃普。」總之，他這一個道德論，仍是「玄」的、「自然」的。與今人所說的道德，容有不同，然而，它亦可以「修」，亦可以有用於家國天下。

二、莊子　莊子，是超人生的，因而更多注意了宇宙，他以齊物論的智慧，謀達逍遙遊的境界。他雖有養生主、人間世、德充符、大宗師、應帝王諸人生界，但是，他仍是「安時而處順」，以道樞「得其環中，以應無窮」，一切聽其自然的，以是更無人生界的所謂道德論。所以，朱熹說：「老子猶要做事，在莊子都不要了。」（語類卷一）

此外，楊朱「為我，是無君也」；且「恣耳目之所娛，窮意慮之所為」（列子楊朱篇），是一個縱欲的享樂派；列子學本黃老，「及其治身接物，務崇不競」。其書頗行於西漢孝景時，及後遺落，未有傳者；劉向集校而傳之。以均無人生的道德論，略之如上。

㈢佛家道德論

佛家，有五乘之說：人乘、天乘、聲聞乘、緣覺乘、菩薩乘。除去人天乘，聲聞與緣覺，又稱小乘；菩薩乘，又稱大乘。天乘，神秘，多迷信；小乘，隱遁，多出世，均與中國文化、風俗習慣不契、失傳。在中國，只有人乘與菩薩乘。分論如次：

一、人乘　善法，原為五戒；五戒通於儒家的五常，不殺生，仁也；不偷盜，義也；不邪淫，禮也；不妄語，信也；不飲酒，智也。今又擴而充之，為十善。十戒是：一、殺，二、盜，三、邪淫，為身之三惡業；四、惡口，五、兩舌，六、妄言，七、綺語，為口的四惡業；八、貪，九、瞋，十癡，為意之三惡業。戒之使無，謂之十戒；戒行清淨，謂之十善。

二、菩薩乘　菩薩乘，主悲智雙修。上求菩提，為智；下化衆生，為悲。菩提心、大悲心，仍需要修菩薩行。否則，等於畫餅。所謂菩薩行，就是六度，表列之如次：

六度	布施—寬厚待人	利人的事行	完成佛果
	持戒—嚴謹律己		
	忍辱—堅忍克難	無畏的精神	
	精進—勇毅進取		
	禪定—情意鍛鍊	內心的修養	
	智慧—理智培植		

此外，佛家的善生經，亦講「以五事敬順父母」；「以五事敬奉師長」；夫婦相敬，各以五事；對於朋友，則講「四親可親」，「四怨如親」。地藏經有佛門孝經之稱；父母恩難報經之外，心地觀經，亦有報恩品。君臣之道，有大薩遮尼乾子受記經的王論品，又有孛經。儒家有五倫，佛家亦禮六方。父子、師弟、夫婦、親友、主僕及沙門之道，是為佛教的六方，應日日作禮。

(四)道德現代化

一、國父的參綜　國父講演民族主義時，曾說：「講到中國固有的道德，中國人，至今不能忘記的，首是忠孝，次是仁愛，其次是信義，其次是和平。………以為從前講忠字，是對於君的，所謂忠君，現在民國沒有君主，……我們的忠字可不可以用之於國呢？……說忠於民是可不可呢？忠於事，又是可不可呢？我們做一件事，總要始終不渝，做到成功；如果做不成功，就是把性命犧牲，亦所不

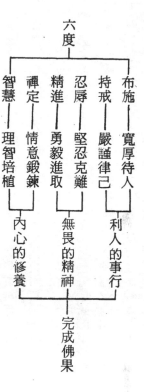

惜，這便是忠。………」這不僅把中國的道德，綜合爲八德，且予以新意義，而現代化了！

二、總統的補充　民國二十一年　蔣公改管子的四維爲：「禮義廉恥，國之四維；四維既張，國乃復興。」二十三年，乃擴充此義，倡爲新生活運動；二十八年，新生活運動五周年紀念時，復於廣播中對四維之解釋，更賦以非常時期的新意義。他說：

「禮者，理也。………現在就應該由『規規矩矩的態度』，進爲『嚴嚴整整的紀律』………

「義者，宜也。………現在就應該由『正正當當的行爲』，進爲『慷慷慨慨的犧牲』………

「廉者，明也。………現在就應該由『清清白白的辨別』，進爲『實實在在的節約』………

「恥者，知也。………現在就應該由『切切實實的覺悟』，進爲『轟轟烈烈的奮鬭』………

民族有八德，國家有四維，民族與國家，乃可復興。「國者，人之積也。」民族與國家，都有了道德；個人當然也有了道德。每一個人，都能有如此高尚的道德；這一個人，不便是一個賢人或者君子嗎？讀中國文化史，談中國文化復興運動，除恢復固有的道德外，還應有新意義，而能現代化。否則，那是「食古不化」的復古，而不是復興；文化復興運動，所重的，是復興，而不是復古，此不可不辨。

中國，過去，教育未普及，讀書的人，多數能守儒家的道德論，而入孝出弟，「言忠信，行篤敬」（衞靈公）；「敬而無失，與人恭而有禮。」（顏淵）因此，中國有「禮義之邦」的聲譽！未能讀書的農工商賈，亦受此感染，而有君子之風。東漢後，佛教西來，道教興起，展開了民間的社會教育，雖販夫走卒，亦知「諸惡莫作，衆善奉行」了！近代，教育普及了，情形如何？

今天，共產黨的殺人如割草，子鬬爭其父，妻清算其夫，這一個沒有倫理的禽獸世界，是違背中國文化的；不僅此也，就是西方各國的「嬉皮」等，亦需要中國文化的救治，尤其是迫切地需要着中國的道德論。本文之作，由於悲天憫人，旨在救世。

八、宗教的形成

㈠宗教的情操

中國人，開始活動於黃河上游，中國的西北部，一方面，氣候比較寒冷；另一方面，太古時代，洪水爲患，謀生不易；因此，人們比較講求實際，而少幻想。但，洪荒時代，人同獸爭，所用的是氣力；第二個時期，太古時代，是人同天爭，於是發生了神權。這是人類進化的公例，中國人雖然少幻想，但亦未能例外。

書舜典：「有能典朕三禮，」馬融注曰：「三禮，天神、地祇、人鬼之禮。」隋書禮儀志：「唐虞之世，祭天爲天禮，祭地爲地禮，祭宗廟爲人禮。」

殷商時代，便以尙鬼著稱。他們認爲：「國之大事，在祀與戎。」第一件，是祭祀鬼神，第二件，便是打仗。在祭祀中，祖先之外，山川風雨等神祇，和主宰百神的上帝，均在祭祀之列。周初，制禮作樂，均在事神，說文徐灝箋曰：「禮之名，起於事神。引申爲凡禮儀之稱。」

周禮地官大司徒：「以五禮防萬民之僞，而敎之中。」注：「五禮，謂吉、凶、賓、軍、嘉。」吉禮，卽祭祀之禮，周禮春官大宗伯：「以吉禮事邦國之鬼神示。」凶禮，哀邦國之憂；賓禮，賓見之禮，以賓禮親邦國；軍禮，軍中之禮，以軍禮同邦國；嘉禮，以嘉禮親萬民（今謂嘉禮，僅就婚禮而言）。

荀子禮論，則講禮之三本，曰：「禮有三本：天地者，生之本也；先祖者，類之本也；君師者，治之本也。」後世以先祖爲親，變更秩序，排之爲：「天地君親師」，這一個神主牌，地遍全中國，時歷千餘年。這便是中國人的普遍宗教；換言之，則應說之爲宗教情操，絕無西方式的宗教組織與宗教儀式。

至於鬼，中國人認爲：「人死曰鬼」（說文、禮祭法）；又，祭義：衆生必死，死必歸土，此之謂鬼。」說苑修文篇曰，「神者，天地之本，而爲萬物之始也。」春秋時代的墨子，是主張明鬼的，他說：「上尊天，中事鬼神，下愛人。」雖然，他有做教主的可能，但，墨子從未想像過死後的天堂與地獄，所以，他依然是中國的一個學派，而未能成爲西方式的宗教。

㈡儒教與禮教

儒，本指有道術之士。漢書司馬相如傳注：「凡有道術皆爲儒」。儒家之稱，最早見於漢初司馬談的「六家要旨」，他分古代學術爲陰陽、儒、墨、名、法、道德等六家。東漢班固作漢書，藝文志始說：「儒家者流，蓋出於司徒之官，助人君順陰陽，明教化者也。游文於六經之中，留意於仁義之際，祖述堯舜，憲章文武，宗師仲尼，以重其言，於道爲最高。」

孔子，是中國第一個學術思想集大成者，只說過儒——君子儒與小人儒，儒行——禮記儒行篇，而未說過儒家，更未說過儒教。儒家之說，始於漢；儒教之說，或在佛教傳入中國，道教創立之後，儒士比照佛道二教而立名。

戰國末期，荀子作儒效篇，又作禮論樂論，隆禮義而殺詩書，偏重了儒學的一派，特別注重了禮。禮喪服四制：「禮以治之，義以正之，孝子弟弟貞婦，皆可得而察焉。」史記田單傳：「貞女不更二夫」，漢劉向因而撰烈女傳。宋儒更提倡了「餓死事小，失節事大。」以及褒揚婦女的能以禮自守者，以及貞女、貞婦之貞節牌坊。世人稱此為禮教，並無宗教組織與宗教儀式。

儒家對於生死與鬼神，有些什麼見解呢？首先，孔子說：「未能事人，焉能事鬼；未知生，焉知死。」又說：「敬鬼神而遠之，可謂知矣。」因此，「子不語：怪、力、亂、神。」但，對於父母以及祖先的死生之際如何呢？他認為應該：「生事之以禮，死葬之以禮，祭之以禮。」「愼終追遠，民德歸厚矣。」「祭如在，祭神如神在。」「非其鬼而祭之，諂也。」（以上均見論語）

孔子對於人的生死，歸之於禮；對於鬼神，則歸之於祭，祭祀，吉禮也，亦可以說，歸之於禮。後人說儒家為儒教，或禮教，這一些義理，或亦有所影響。此後二千五百年來，中國人的宗教情操，便是如此。尤其是士大夫。

神之至尊者，為天，「天命之謂性」，有天命，然後有人性。人類之至尊者，為君，又稱天子。「誠者，天之道也；誠之者，人之道也。」「唯天下至誠，為能盡其性；能盡人性、物性，則可以贊天地之化育，與天地參矣。」「成己仁也，成物知也，性之德也。」（以上皆見中庸）

天與地配，易經更說之為乾坤。彖曰：「大哉乾元，萬物資始，乃統天；至哉坤元，萬物資生，乃順承天。」象曰：「天行健，君子以自强不息；地勢坤，君子以厚德載物。」繫辭上傳：「易與天地準，故能彌綸天地之道，仰以觀於天文，俯以察於地理，是故知幽明之故；原始反終，故知死生之說；精氣爲物，游魂爲變，是知鬼神之情狀。」下傳：「易之爲書也，廣大悉備，有天道焉，有人道焉，有地道焉，兼三才而兩之，故六。六者非他也，三才之道也。」以此，說卦傳能說：「立天之道，曰陰與陽；立地之道，曰柔與剛；立人之道，曰仁與義。」人法天，這一些都是「天人合一」之道，因此儒家士君子，雖有宗教情操，而無宗教迷信。

儒家，亦有上帝之說，詩大雅大明：「上帝臨汝」；孝經：「昔者，周公郊祀后稷以配天，宗祀文王以配上帝。」此一上帝，等於天帝，是天的代表者。所以，後世多說「天」；少說上帝。此與西方人之尊崇上帝爲神，以立上帝教者不同。

近來，學人多有主張：使儒家成爲儒教，以便普及民間，弘傳儒家教化者。且有倣照佛教，爲之立教理行證者。果能成爲事實，對於中國文化之復興與普遍，當更有所助益！

㈢道教

道教，或淵源於戰國時代的陰陽家，以及秦代的方士。東漢明帝永平八年，派蔡愔等使西域求佛法，沛人張陵又名道陵拜江州令，自稱爲張良九世孫，後棄官隱居，入江西龍虎山，習煉丹符咒之術，從學者頗衆。道陵死，子衡傳其術，衡子魯，以鬼神之說惑民，稱五斗米道，據漢中幾三十年，黃巾賊張角等皆附之，後敗，降曹操，封閬中侯，尋卒。

東晉時，葛洪著抱朴子，道教始理論化。但，尚未稱道教，僅稱天師道，孫恩、盧循等，曾假之以作亂，因之士大夫諱言天師道。南朝齊梁間，陶弘景於齊高帝時，拜左衞殿中將軍，入梁，與武帝亦友善，隱居山中，武帝時顧問之，因此，人稱之爲「山中宰相」，著有帝代年曆，古今刀劍錄，眞誥，眞靈位業圖等。天師教因之在江南復興。

北朝道教尤盛，寇謙之爲中心人物。一切規模儀式經典，多出其手，道教之名，始立。奉老子李聃爲教主，張道陵爲大宗。魏太武帝大加崇奉，爲起天師道場，道教成爲魏的國教；北周武帝且令遍立道觀。幾與南朝的佛教，平分了當時的天下。道教的宗教化，寇謙之的功勞最多！

唐朝李氏，以道教教主爲李耳，特別尊崇道教。高宗乾封元年，尊老子爲太上玄元皇帝。玄宗開元二十五年，尊莊周爲南華眞人，其書號南華眞經。天寶元年，詔告天下。

宋時，金道士王重陽，初立三教平等會，以儒教之忠孝，佛教之戒律，與道教之丹鼎派，鎔爲一爐。旋改稱全眞教，又稱道教的全眞派，以與道教的正一派（張道陵一系），分傳南北。元人統治中原，全眞派固然盛行，對正一派，亦甚扶植，封其時之張天演爲輔漢天師。

明洪武初，改封正一派後裔張正常爲正一嗣教護國闡祖通誠崇道宏德大眞人。秩二品，子孫衍襲。清初仍之，乾隆時革其封號，改秩正五品，迄民國始廢。明代，白蓮教之反元；清代，義和團之排外；今天，大陸上的太乙道，一貫道之反共產，都與道教有關。

道教，爲什麼要依附於道家呢？論者咸認爲：此與漢初的尊崇道家，依託黃老有關。儒家託始於堯舜，墨家託始於夏禹，道家更託始於黃帝。黃帝爲中華民族之祖，亦爲中華文化之始。何況傳說中的黃帝，已「乘龍上仙」呢？（見史記封禪書）晉書，黃帝爲五天帝之一，「坐太微中，含樞紐之神也。」（天文志）（餘四，爲東方之青帝，南方之赤帝，西方之白帝，北方之黑帝。）

老子、莊子諸書，雖列入道藏，但道藏不止於道家之書，宋眞宗時，校正道書，王欽若等薦張君房司其事，因擇要以成「雲笈七籤」一書，凡一百二十二卷。以洞眞爲上乘，洞元爲中乘，洞神爲下乘。又太元、太平、太清爲三輔經，又正一、法文、遍陳三乘，別爲一部，共七部。明有道藏二刻，凡五千五百册，道士白雲霽有道藏目錄評經四卷，分三洞、四輔，十二類。

四佛敎

佛敎，原是天竺的宗敎。敎主爲釋迦牟尼（西元前六二三—五四二年），十九歲，以有感於人的生老病死四苦而出家，遊訪五年，又苦行六年，於三十歲得道。旋入世說法度生五十年，八十歲示寂。其聲聞弟子分爲上座部與大衆部，五百年內，一再分裂，都爲二十部，且均爲小乘佛敎。

五百年後，有馬鳴菩薩興世，外攘異敎，內抑小乘，獨揚大乘至敎。至龍樹、提婆，漸偏重闡揚大乘空宗；無著、世親，漸偏重闡揚大乘有宗，然實際的行爲上與組織上，仍保持小乘學派的態度。至一千年後，密宗興起，大小乘均告衰敝，而眞正的大乘佛敎，遂始終未能成爲印度的民族文化。

佛敎，傳入中國，據史書所記，始於東漢明帝永平十年（西元六十七年），但民間之有佛敎，當較此爲早。其後，入魏晉的玄學時代，更符契了大乘佛敎的空宗，因此，首先開展了玄妙微遠的三論宗，以及恬淡高逸的山林佛敎。又以中國民族的重生懷死，畏神敬祖的宗敎情操，以及少幻想，重實行的社會風習，而流行了廬山派禪觀行的淨土宗。至隋，三論宗衍而爲天臺宗，禪觀行衍而爲華嚴宗；至唐，始衍出中國佛教最特色的禪宗。

唐僧玄奘三藏，留學天竺，傳來了唯識宗；開元時，三大士傳來了密宗，但均與中國民族特性不契，唐後無傳。至於以僧尼事行之所依，而開展的律宗，頗有益於中華佛教，除僧尼外，亦與廣大之民間無大關涉。

中國的大乘佛教，雖有三藏的經律論，亦有唐代最盛時的大乘八宗：性（三論）相（唯識）臺（天臺）賢（賢首）此四者，謂之佛學；以及禪（禪觀）淨（淨土）律（律宗）密（密宗），此四者，謂之佛法。以及教外別傳的禪宗（六祖惠能下出臨濟、潙仰、曹洞、雲門、法眼五家；至宋，臨濟又分出二派：楊岐與黃龍。但晚明潙仰、雲門、法眼皆失傳；故遞傳至今，只有臨濟，曹洞二家了！）時至今日，各宗派雖仍有名義上的寺院，然而，實質上均已衰敝不堪矣！

佛教，本是一個理智的宗教，要由學理上修智，觀行上修慧，是一個講究學行並重的宗教；另一方面，也是一個大悲的宗教，要入世救人度生，廣行菩薩道。除了精神上的拔苦與樂，更要作物質上的慈悲救濟，「諸惡莫作，衆善奉行。」然而，今天如何呢？這是值得檢討與復興的。

(五)結語

在中華文化復興運動的今天，除學術、道德等外，宗教是一個重要的力量。儒家與儒教，以及佛教的性相臺賢和禪宗等，多行於士大夫階層；道教與佛教的淨土宗，則是民間的二大宗教，且都有導人爲善的功能，但須徹底革新，除去迷信的那一部份。佛教的佛學，更有學術上、哲學上的價值，應能使之與佛法分頭復興，殊途同歸以弘佛教。

道教與道家，亦應分頭復興，道家仍歸隊於中國學術與哲學；道教，應淘汰那些丹鼎與符籙，有害而迷信的一部份，接續全眞派三教歸一之義理，向前繼續努力，期能成一眞正的天道教，與儒教的人道教，佛教的超天人宗教，分頭發展，各有領域，亦可各擅勝場。

九、特有的經學

經學，亦中國所特有。爲什麼這一部份的書籍，叫做「經書」；這一部份的學問，叫做「經學」呢？釋名釋典藝曰：「經，徑也，常典也，如徑路無所不通，可常用也。」文心雕龍宗經篇曰：「經也者，恒久之至道，不刊之鴻敎也。」孝經序疏引皇侃曰：「經者，常也，法也。」玉海四十一引鄭玄孝經注曰：「經者，不易之稱。」這些解說，都是漢以後尊經者之談。此外，亦有多說。玆分述之於後。

(一)六經

六經之說，最早見於莊子天運篇。孔子謂老聃曰：「丘治詩、書、易、禮、樂、春秋六經以爲文。」天下篇，更解其義曰：「詩以道志，書以道事，禮以道行，樂以道和，易以道陰陽，春秋以道名分。」

孔子，並未綜言六經，散見於論語的，亦只有「子所雅言：詩、書、執禮」（述而）；以及「子曰：興於詩，立於禮、成於樂。」（泰伯）「加我數年，五十以學易。」的五經而已。孟子一書，始有：「孔子作春秋，而亂臣賊子懼。」（滕文公下）以及「孔子曰：知我者，其惟春秋乎？罪我者，其惟春秋乎？」至是，六經之說始備。但樂經，秦後不傳。古文家，認爲：亡於秦火；今文家，則說：樂本無經。

孔子主學思並重：「學而不思則罔，思而不學則殆。」他的弟子，子夏偏於學，爲「傳經之儒」；曾子偏於思，爲「傳道之儒」。子夏之傳，至戰國而有荀子，西漢初期，五經之傳，大都出於子夏、荀子的一系。曾子之傳，有子思、孟子；所以，宋代理學家，自承爲孔、曾、思、孟道統之傳。

秦焚書，幸未波及博士官所職，故至漢惠帝四年，除挾書之禁後，諸經皆先後出現。當時諸老儒所傳之經，以人不同，分爲若干派，所謂西漢今文五經十四博士，或謂慶氏禮不在內，或謂穀梁傳不在內，或謂京氏易不在內，因爲如在內，便已超出十四之數了！但總而言之，仍稱五經，武帝，建元五年，置五經博士，五經之名始定。其後，宣帝「甘露三年，詔諸儒講五經同異。」

西漢末，劉歆校書，發現許多古文經，大加提倡。於是經學上遂起重大的紛爭。直到東漢末鄭玄出。今古文經之爭始漸息。但東漢後，帝王的信任，學者的信仰，已漸傾向於古文經。

今文經與古文經的區別，第一、今文經，由宿儒口授，用當時通行文字隸書寫定；古文經，是用篆文（蝌蚪文）寫的；第二、今文家，重在微言大義；古文家，詳於章句訓詁。

南北朝時，經學也隨政治而成分立的局面。此一分立，非向之今文與古文，而爲混同今古文的鄭玄、王肅二派，南朝宗王，北朝宗鄭。隋統一天下，經學也統一了。唐人作疏，詩用鄭箋，三禮皆用鄭注。孔穎達撰五經正義，即今注疏之五經。

㈡十三經

唐以三禮、三傳，合詩、書、易爲九經，至文宗開成間（西元八三六——八四〇年）又益以孝經、論語、爾雅爲十二經。宋代，列孟子於經部，十三經之名始立。茲將十三經注疏列表如次：

㈠周易正義十卷——魏王弼韓康伯注，唐孔穎達等正義。
㈡尚書正義二十卷——漢孔安國傳，唐孔穎達等正義。
㈢毛詩正義七十卷——漢毛公傳，鄭玄箋，唐孔穎達等正義。
㈣周禮注疏四十二卷——漢鄭玄注，唐賈公彥疏。
㈤儀禮注疏五十卷——漢鄭玄注，唐賈公彥疏。
㈥禮記正義六十三卷——漢鄭玄注，唐孔穎達等正義。
㈦春秋左傳正義六十卷——晉杜預注，唐孔穎達等正義。
㈧春秋公羊傳注疏廿八卷——漢何休注，唐徐彥疏。
㈨春秋穀梁傳注疏二十卷——晉范寧注，唐楊士勛疏。
㈩論語注疏二十卷——魏何晏等注，宋邢昺疏。
⑾孝經注疏九卷——唐玄宗注，宋邢昺疏。
⑿爾雅注疏十卷——晉郭樸注，宋邢昺疏。
⒀孟子注疏十四卷——漢趙岐注，宋孫奭疏。

宋人經注，除程子易傳，蔡沈書集傳，歐陽修詩本義外，值得大書特書者，則爲朱熹取禮記中大學中庸二篇，與論語孟子的四書集注。

(1)大學經一章，傳十章，程子以之爲初學入德之門。

⑵中庸共三十二章，程子曰：「此篇乃孔門傳授心法」。

⑶論語二十章。程子曰：「凡看論語，非但欲理會文字，須要識得聖賢氣象。」

⑷孟子七章。論孟二書之注，重在義理闡發，大有功於儒學。

從此，人們多說四書五經，五經，仍然是：詩、書、禮、易、春秋。如照十三經說，已取出論語、孟子，應說之四書十一經。如果說爾雅，是一部字典，工具書，應將之剔除，說爲四書十經，或較適當，否則，稱它爲十四經，最好。精印之，以贈友邦，在文化交流上，當更顯簡明而精要。

㈢清代經學

清代經學，不僅超唐宋，甚且軼兩漢，實是經學史中的黃金時代。梁啓超著清代學術概論，說它「以復古而得解放」，幷把清代經學，分爲四期，擇要述之，如次：

一爲啓蒙期，由明以後宋之古，對於王學得解放。代表人物，爲顧炎武、胡渭、閻若璩，而顧炎武爲其盟主。顧氏攻擊王學甚力，且倡「經學卽理學」之說。胡氏的易圖明辨，掃除宋儒先天諸圖道士式的易學。閻氏的尙書古文疏證，力辨梅本古文尙書之僞，喚起清代經學家求眞的精神。

二爲全盛期，由宋以復漢唐之古，對於程朱得解放。代表人物爲爲惠棟與戴震。本期學風，有一特點，對於宋學，置之不論不議之列，而專心致志於經學體系的建立，因而形成學派。惠棟爲吳派，戴震爲皖派。

吳派的開山，是惠周惕、惠士奇、惠棟，祖孫三代，後繼者有江聲、王鳴盛、錢大昕、汪中、江藩等。此派特長，在於輯佚。

皖派的領袖是戴震，前有江永，後有段玉裁、王念孫、王引之和末期的俞樾、孫詒讓、章炳麟等。此派精於小學，長於訓詁。

其實，二派並沒有師弟標榜，分門別派的事實，所以說二派者，不過後學以他們治學有所不同而已。合而論之，惠氏尊聞好博，戴氏深刻斷制。惠氏獨尊漢學，幾有「凡漢必是」的觀念；戴氏則綜形名，任裁斷；惠氏惟努力於訓詁考據，戴氏則於此外，尚能獨創學說，如孟子字義疏證。此二派，可以稱爲清學的正統派。

三爲蛻分期，由東漢復西漢之古，對於許鄭之學得解放。前期正統派的經學，還是承東漢末鄭玄、許愼遺風，混合今古文的。此期，今文經學復興，代表人物，爲劉逢祿、康有爲等。劉逢祿受學於治公羊傳有心得的莊存與，並大疑左傳，今文經學因而有復興之象。莊劉都是常州人，所以稱之爲「常州派」。

康有爲著新學僞經考，以攻擊古文經，認爲都出於劉歆所僞造。劉歆曾仕新莽，故貶之爲新學，而有別於漢學。又著孔子改制考，說五經皆孔子所作。孔子作五經，旨在託古改制；於是經學得一大解放。

同時，正統派殿軍章炳麟，與康氏互相排詆。西漢末、東漢初，今古經文的激烈論諍，又重演於此時。

四爲衰落期，由西漢復先秦之古，對於一切傳注得解放。康氏謂孔子託古改制與諸子同；使居諸子之上，定於一尊的孔子，降級與諸子平列，於是，對於孔子，亦得解放；經書亦自無特殊地位了！加以西方思想潮流的冲擊，於是，經學入衰落期。民初，廢止了學校的讀經；民國八年，吶喊了打倒孔家店。追究禍首，康氏或不能辭其咎，但亦大勢之所趨歟？

㈣經今古文

經，今古文之諍，在經學史上，是一件大事，且從西漢末，一直到清末。如此重大的事件，自不能不提出來，再加以特別的說明。首先，把現存的十三經中的版本表列如次：

1. 易經——今存的費氏易，是古文本。
2. 書經——尙書是古文本，但今文二十八篇，亦存其中。
3. 詩經——今傳者爲毛詩，是古文本。
4. 周禮——此書只有古文，沒有今文。
5. 儀禮——今存者，僅今文十七篇。
6. 禮記——一般學者，視爲古文本，但王制篇，今文家多宗之。
7. 左傳——左傳及其所宗的春秋經，是古文。
8. 公羊穀梁——此二傳，及其所宗的春秋經，是今文。
9. 論語——今存者，爲張侯論，乃魯論、齊論的綜合本，二者皆今文。
10. 孝經——唐玄宗御注本，是今文。

11.爾雅——無今古文之別，但其所錄，以古文說爲多。

12.孟子——無今古文之分。

兩漢，總而言之，都是經學時代；但分而言之，西漢是今文經的全盛時代，東漢則是古文經的全盛時代。學者，亦各嚴守家法；鄭玄遍註羣經，始兼采今古文，不拘家法。直至清朝道光之世，今文經始再復興。

今古文之爭，表面上是版本問題，但更重要的，則是他們的主張：

第一、所列六經秩序不同：今文家是：「詩、書、禮、樂、易、春秋」，從莊子天下篇起，都是如此。古文家是：「易、書、詩、禮、樂、春秋」，從漢學藝文志起，便是如此。這一個秩序，表示了他們的觀點，今文家以爲：六經是孔子作以教人的，故以程度淺深爲序。古文家以爲：六經是周公的舊典，故以時代先後爲序。

第二、對於孔子看法不同：今文家以六經爲孔子所作，如周易本爲卜筮之書，經孔子傳贊後，成了一部哲理書，而孔子便是一個哲學家。如尚書、周禮與春秋等，都是孔子託古改制之作，政治家也；作六經以教萬民，以教後世，教育家也。無王者之位，而有王者之制作，故謂素王。總之，孔子是一個有內聖外王之道的哲人、聖人、大作家。古文家，以孔子述而不作，只是一個史學家，所尊在周公而非孔子。

第三、所說古代制度不同：如說中央官制，今文家以爲天子立三公(司徒、司馬、司空)、九卿、二十七大夫、八十一元士，凡百二十官；無世卿，有選舉。古文家以爲天子立三公(太師、太傅、太保）三孤（亦曰三少：少師、少傅、少保）皆無屬官；六卿（冢宰、司徒、宗伯、司馬、司寇、司空）各有屬官，凡萬二千官，有世卿，無選擧。大抵今文家，以孟子、王制爲主；古文家以周禮爲主。

第四、對於六經說法不同：今文家說，樂本無書；古文家說，樂本有經，亡於秦火。今文家，說詩三百十一篇，其中六篇是笙詩，只有樂曲而無歌辭；古文家，說此六篇，經秦火而亡。此外，對於緯書，今文家，以爲孔子的微言大義，間有存者；古文家，則斥爲誣妄，全不可信。

經今古文家，既然有這樣多的不同，對於中國的歷史與學術，恐怕亦各有所影響吧？擇要言之，約有：

1. 影響史學者　今文家以爲：尚書所記堯舜之治，都是孔子託古改制的理想，歷史是進化的，並不是今不如古，因而啓廸了進化的歷史觀。古文家以爲：堯舜之治是事實，周禮也是周公致太平的書，且曾見諸實行，因而顯示了退化的歷史觀。

2. 影響學術者　今文家，尤其是清代，在中國學術思想上，自有其價值與功績，周予同說：「就普通的影響說，在消極方面，能發揚懷疑的精神；在積極方面，能鼓勵創造的勇氣。就實際的結果說，在消極方面，使孔子與先秦諸子平列；在積極方面，使中國學術，在考證學、理學之外，闢一新境地。」而古文家，實事求是之客觀的近於科學方法的研究精神，亦值得稱道；其結果爲：古籍之整理，文字學之建立。

總之，站在中華文化的立場上，經學的研究，是應該提倡的，尤其是四書十經的精印。至於經今古文之爭，只是歷史上的一個陳迹，今後學者，不宜再蹈舊轍，鄭玄的混同精神，是可取的。孔子仍應定於一尊，進化的歷史觀，科學方法的研究精神，均應發揚。凡是好的，都應保存；否則，均應揚棄，不必問它是今文經或古文經了！

十、史學的發展

(一)史書

中國史書，以有五千年的歷史，三千年的史書，因而是異常的豐富。從黃帝起，便有史官，世官注：「黃帝之世，始立史官，蒼頡沮誦居其職；夏商時，分置左右，故曰：左史記言，右史記事。」孟子離婁：「晉之乘，楚之檮杌，魯之春秋。」由此可知：周時列國亦各有史。秦焚書，主要的是焚各國之史。魏晉以降，修史者有秘書、著作等職。明以後，修史屬之翰苑諸臣，故翰林亦稱太史。

留傳下來的史書，第一部應該是孔子所作的春秋。孟子曰：「世衰道微，邪說暴行又作，臣弒其君者有之，子弒其父者有之，孔子懼作春秋；春秋，天子之事也。」又曰：「王者之迹熄而詩亡，詩亡然後春秋作。……其事則齊桓、晉文，其文則史，其義則丘竊取之矣。」據此，魯之春秋，止有其事其文；其義，則是孔子創立。孔子作春秋，起魯隱公元年（西元前七二二年）訖魯哀公十四年（西元前四八一年），計二百四十二年，世因稱此時代曰春秋。從此爲中國創造了一類史書——編年體。

漢武帝時，司馬遷作了一部史記，以人物爲主體，後人稱此爲紀傳體，平常亦稱此體爲「正史」，現在大家所說的正史，共有二十五部，故又稱「二十五史」。此爲第二類。

第三類，是紀事本末體，這是一種以事爲主體的史書，在這一代史書中，最著名的是宋代袁樞（

西元一一三一——一二〇五年）所編撰的「通鑑紀事本末」。

現在，將正史的二十五史列表如次：

書　名	著　者	著作時代
①史記	司馬遷	西漢
②漢書	班　固	東漢
③後漢書	范　曄	宋（南朝）
④三國志	陳　壽	晉
⑤晉書	房玄齡等	唐
⑥宋書	沈　約	梁
⑦齊書	蕭子顯	梁
⑧梁書	姚思廉等	唐
⑨陳書	同　右	唐
⑩魏書	魏　收	北齊
⑪北齊書	李百藥	唐
⑫周書	令狐德棻	唐
⑬隋書	魏　徵等	唐
⑭南史	李延壽	唐
⑮北史	李延壽	唐
⑯舊唐書	劉　昫	後晉
⑰新唐書	宋　祁等	宋
⑱舊五代史	薛居正等	宋
⑲新五代史	歐陽修	宋
⑳宋史	脫脫等	元
㉑遼史	同　右	元
㉒金史	同　右	元
㉓元史	宋　濂	明
㉔新元史	柯劭忞	民國
㉕明史	張廷玉等	清

此外尚有：

一、國別史 以國之界限而分別爲史者，謂之國別史，以「國語」爲最早，凡分八國。與國語體例相類者，有戰國策，分十二國。海通以後，國別史遂多。

二、專史 我國最早的專史，是尚書中的禹貢（地理史）；其次是周禮中的職方氏。記政令最早的專史，是漢官儀與漢官舊儀。記人物的專史，是晏子春秋。記風俗最早的，是應劭的風俗通。記時令最早的，是禮記的月令。記學術的專史，至清始有黃宗羲的明儒學案。此書和全祖望的宋元學案，完成了三朝（西元九六〇—一六四四年）七百年學術的總記錄。在專史中，以唐杜佑通典，宋鄭樵通志，元馬端臨文獻通考的三通爲最著；加各部續書，有六通之名；再加清代之通志、通典、通考，合稱九通。

三、雜史 雜史，又分成兩類：⑴筆記⑵考訂或補綴正史之書。

㈡史學

中國最古的典籍，爲六經。六經之中，最有史學意義與價值的，是春秋。章學誠說：「古無史學，其以史見長者，大抵深於春秋者也。」故曰：「史學本於春秋」；又曰：「史學所以經世，固非空言著述也。且如六經同出孔子，先儒以爲其功莫大於春秋，正以其切合當時人事耳。」

此外，則爲國語與世本，梁啓超中國歷史研究法：「史學界最初有組織之名者，則於春秋戰國間得二書焉：一曰左丘之國語，二曰不知撰人之世本。」

西漢之史記，唐劉知幾史通列之爲六家之一，章學誠稱之曰：「子長、孟堅不作，而專門之史學衰。」梁啓超亦說：「諸體雖非皆遷所自創，而遷實集其大成，兼綜諸體而調和之，使互相補充而各盡其用，此足徵遷組織力之强，而文章技術之妙也。」

東漢的漢書，爲斷代史之祖，故史通亦列爲六家之一，章學誠曰：「遷書一變而爲班氏之斷代，遷書通變化，而班氏守繩墨，以示包括也。」斷代爲史，實卽班氏之史學。

唐人劉知幾作史通一書，分史爲六家二體，表之如次：

六家		二體
①尚書家	記言之史	
②春秋家	記事之史	編年體
③左傳家	編年之史	編年體
④國語家	國別之史	
⑤史記家	紀傳之通史	紀傳體
⑥漢書家	紀傳之斷代史	紀傳體

宋司馬光作資治通鑑而有偉大的編年之通史。梁啓超曰：「吾國史學界，稱前後兩司馬。」宋袁樞創製紀事本末體，號通鑑紀事本末，孝宗讀之，而感嘆曰：「治道盡在是矣」。梁任公亦評之曰：「夫欲求史蹟之原因結果，以爲鑑往知來之用，非以事爲主不可。故紀事本末體，於吾儕之理想的新史，最爲相近，抑亦舊史界進化之極軌也。」

清人章學誠，著文史通義一書。他自序中稱：「吾於史學，自信發凡起例，多爲後世開山。而人乃擬吾於劉知幾，不知劉言史法，吾言史意；劉議舘閣纂修，吾議一家著述。」

清代對於史學之貢獻，尚有二大類：

一、特例的創製所謂特例的創製，乃是取史書中一小項目而成專書，著名的作品，如：顧祖禹的讀史方輿紀要，係特創的地理史學觀，以地理爲經，以歷史爲緯，實爲空前的著作。又如黃宗羲的明儒學案，在整個歷史中，專提出明代理學與心學來作專史，是學史之首創。此外尚有年表、劄記等。

二、類書的編製一爲表志之補續，如萬斯同的歷代史表等；二爲文史的考證，如錢大昕的二十二史考異等；三爲方志的重修，四爲年譜的流行；五爲外史的研究，如洪鈞的元史釋文證補等。

清末康有爲，出版了「孔子改制考」一書，他不僅消極的否定了上古的史實，且憑籍公羊三世，禮運大同小康諸說，來論斷中國史是進化的。由據亂而進爲大同，故又著「大同書」。

民初，梁啓超，發表「新史學」一文，却替「史學」打定了獨立的基礎。一方面，使史學與經學分了家，而成爲一種專門的、獨立的學問；另一方面，又爲新史學下了一個定義：「敍述人羣進化之現象而求得其公理與公例。」

㈢歷史哲學

歷史是紀錄「人羣進化之現象」的；史學，則是敍述「人羣進化之現象」，而求得並說明「人羣進化之公理與公例」的。歷史哲學，是從歷史事實中求出因果關係，以發現其統制人類生活的法則的；

但亦有人說之爲「歷史的看法」，簡稱之爲「史觀」。

馬克斯以唯物史觀，看出一部人類史，是階級鬥爭史。發展成爲他的階級鬥爭論，以及暴力革命論，世界革命論，幷謂此爲共產主義。從此，共產主義這一個邪說，跳出了德國的疆界，以及空想的社會主義，而世界化，而戰爭化！今天，全世界人類的災害，便由此一觀念而造成。

國父中山先生（西元一八六四——一九二四年）於中國文化中，首先看到了大學八條目，是世界上最優美的政治哲學。進而提出了西方型的、現代化的歷史哲學——民生史觀。

他批判階級戰爭的歷史觀，是「倒果爲因」，至於唯物史觀，更是「錯誤物質是歷史的中心，所以有了種種的紛亂。」破斥以後，建立了他的歷史哲學，「民生是種種歷史活動的中心，好像天空以內的重心一樣。」（民生主義第一講）

這一個民生史觀，到先總統　蔣公手中，有着更詳盡的發揮與說明，他說：「民生哲學，承認精神與物質，均爲本體中的一部份。宇宙的本體，應是心物合一的。」打破了西方哲學家聚訟不決的大難題，也建立了民生哲學的宇宙論、本體論。接着又批判了唯物史觀與唯心史觀，都是一偏之見，惟有精神與物質幷存，才能說明人生的全部與歷史的眞象。而得出一個結論曰：「三民主義的最高原理，是民生哲學。」

又說：「唯物史觀，在形式上，假冒哲學唯物論的招牌，在實質上，却是階級鬥爭的心理武器，其鋒刄是指向我們民族文化，家族倫理，和國民道德，而最後更要摧毀人類理性。……因之更可以證明唯物史觀，決不是宇宙的眞理，亦不是人生與歷史的眞實意義。」（反共抗俄基本論）

十一、獨有的子學

子學，是中國獨有的名詞；也是中國特有的學術。發生成長於中國學術史上，黃金時代的周秦之際。孔子集上古時代學術之大成，而開其下的諸子百家。首出墨子，便曾「學儒者之業，受孔子之術。」（淮南子要略）而儒家亦以「宗師仲尼」（漢書藝文志）而興起。其後，儒分而為八，墨離而為三（韓非子顯學）；再加上楊朱等學說，遂形成諸子百家蠭起的局面。分開來說，約有：

㈠莊子天下篇

子學之論，以莊子天下篇為最早。它首論「鄒魯之士」，這是指孔子、孟子的。此後，平均六派

1. **墨翟、禽滑釐**：「不侈於後世，不靡於萬物，不暉於數度，以繩墨自矯而備世之急，古之道術，有在於是者，墨翟、禽滑釐，聞其風而悅之。」并批評他：「其行難為也，恐其不可以為聖人之道！反天下之心，天下不堪；墨子雖能獨任，奈天下何？離於天下，其去王也遠矣！」

2. **宋鈃、尹文**：「不累於俗，不飾於物，不苟於人，不忮於衆。願天下之安寧，以活民命，人我之養，畢足而止，以此白心。古之道術，有在於是者，宋鈃、尹文，聞其風而悅之。」

3. **彭蒙、田駢、愼到**：「公而不當，易而無私，決然無主，趣物而不兩，不顧於慮，不謀於

知，於物無擇，與之俱往。古之道術，有在於是者，彭蒙、田駢、愼到，聞其風而悅之。」

4.關尹、老聃：「以本爲精，以物爲粗，以有積爲不足，澹然獨與神明居，古之道術，有在於是者，關尹、老聃，聞其風而悅之。」并讚美他們：「古之博大眞人哉？」

5.莊周：「芴漠無形，變化無常，死與生與？天地並與？神明往與？芒乎何之？忽乎何適？萬物畢羅，莫足以歸。古之道術，有在於是者，莊周聞其風而悅之。」其自許者，則是：「獨與天地精神往來」的天人。

6.惠施：「惠施多方，其書五車，其道舛駁，其言也不中。……惜乎！惠施之才，駘蕩而不得。」（與莊子同時的孟子，只闢楊朱、墨翟二家。）

㈡荀子非十二子篇

荀子所非的十二子，近人亦把他們分爲六組：一、它嚻、魏牟，二、陳仲、史鰌，三、墨翟、宋鈃，四、田駢、愼到，五、惠施、鄧析，六、子思、孟軻。

戰國時代，學術之分類，只以個人分，尚未形成學派。但，有一特點，他們都一致尊崇孔子。莊子說：「詩以道志，書以道事，禮以道行，樂以道和，易以道陰陽，春秋以道名分。其數散於天下；而設於中國者，百家之學，時或稱道之。」并譽之爲「內聖外王之道」，「天地之純，古人之大體。」「配神明，醇天地，育萬物，和天下，澤及百姓。」

荀子說：「孔子仁智，且不蔽；……故德與周公齊，名與三王並，此不蔽之福也。」周孔之稱，或始於此。

基此，而說：孔子開其下的諸子百家。孔子得其備，而有其全。其後，諸子百家起，道術始爲天下裂，百家往而不返矣！

㈢六家要旨

漢興，司馬談仕爲太史令，始分古代學術爲陰陽、儒、墨、名、法、道德等，「乃論六家之要旨」。（史記太史公自序）但是，他最推崇道家，其言曰：

「道家使人精神專一，動合無形，贍足萬物。其爲術也，因陰陽之大順，采儒墨之善，撮名法之要。與時遷移，應物變化，立俗施事，無所不宜。指約而易操，事少而功多。……道家無爲，又曰無不爲。其實易行，其辭難知。其術以虛無爲本，以因循爲用，無成事，無常形，故能究萬物之情，不爲物先，不爲物後，故能爲萬物主。有法無法，因時爲業；有度無度，因物與合。故曰：聖人不朽，時變是守。虛者，道之常也；因者，君之綱也。羣臣并至，使各自明也。……乃合大道，混混冥冥，光燿天下，復返無名。」（同上）

西漢末，成帝時，詔劉向校經傳、諸子、詩賦，向條其篇目，撮其指意，錄而奏之。會向卒，其子歆總羣書，而奏其七略：輯略、六藝略、諸子略、詩賦略、兵書略、術數略、方技略。但諸子家數，或如前，或啓後，以其書已佚，不得詳矣！

(四)九流十家

東漢明帝時，班固爲郎，典校祕書，續父彪所著漢書，積思二十餘年乃成，爲世所重。漢書中藝文志，是以七略爲藍本的。藝文志云：「孔子既沒，諸弟子各編成一家之言，凡爲九：一曰儒家流，二曰道家流，三曰陰陽家流，四曰法家流，五曰名家流，六曰墨家流，七曰縱橫家流，八曰雜家流，九曰農家流。」又云：「諸子十家，其可觀者九家而已。」按九家如上，加小說家，則爲十家。

藝文志，復將諸子之學的淵源，予以敍說，曰：

「儒家者流，蓋出於司徒之官，助人君順陰陽，明教化者也。游文於六經之中，留意於仁義之際，祖述堯舜，憲章文武，宗師仲尼，以重其言，於道最爲高。」

「道家者流，蓋出於史官，歷記成敗存亡禍福古今之道，然後知秉要執本，清虛以自守，卑弱以自持，此君人南面之術也。」

「陰陽家者流，蓋出於羲和之官，敬順昊天，曆象日月星辰，敬授民時，此其所長也。」

「法家者流，蓋出於理官，信賞必罰，以輔禮治。易曰：先王以明罰飭法，此其所長也。」

「名家者流，蓋出於禮官。古者名位不同，禮亦異數。孔子曰：必也正名乎？名不正，則言不順；言不順，則事不成。此其所長也。」

「墨家者流，蓋出於清廟之守，茅屋采椽，是以貴儉；養三老五更，是以兼愛；選士大射，是以上賢；宗祀嚴父，是以右鬼；順四時而行，是以非命；以孝視天下，是以上同。」

「縱橫家者流，蓋出於行人之官。孔子曰：誦詩三百，使於四方，不能專對，雖多，亦奚以爲？又曰：使乎使乎！言其當權事制宜，受命而不受辭，此其所長也。」

「雜家者流，蓋出於議官。兼儒墨，合名法，知國體之有此，見王治之無不貫；此其所長也。」

「農家者流，蓋出於農稷之官。播百穀，勸耕桑，以足衣食。故八政一曰食，二曰貨。孔子曰：所重民食，此其所長也。」

「小說家者流，蓋出於稗官。街談巷議，道聽途說者之所造也。孔子曰：雖小道，必有可觀者焉，致遠恐泥，是以君子弗爲也，然亦弗滅也。閭里小知者之所及，亦使綴而不忘；如或一言可采，此亦芻蕘狂夫之議也。」

(五)子學的盛衰

子學盛於春秋戰國時代，其原因，一般說來，有四：

一、政治制度的蛻變　從唐虞二帝，經夏商周三代，二千年來的封建制度，到平王東遷，已面臨了崩潰的邊緣。春秋五霸、戰國七雄，都是「以力假仁」的霸主，他們已在爭奪領導權了；東周徒擁天子的虛名而已！春秋戰國時代，是由封建制度蛻變爲郡縣制的大時代。

二、經濟制度的蛻變　春秋時，已進入商業經濟。弦高以一牛販，能却秦救鄭；子貢以一商人，與諸侯抗禮。戰國時，呂不韋以一大賈，竟致身卿相。商業興，富人階級亦隨之而起了。

三、社會方面的蛻變　由於封建，而有貴族；由於商業，而誕富人。庶人可一變而富，自亦可一變而貴。春秋時，甯戚以一飯牛之庶人，而仕於齊；戰國時，范睢、蘇秦、孫臏、白起等，均以布衣而致將相。貴族沒落，社會組織乃根本動搖。

四、教育方面的蛻變　平王東遷，王綱失墜，而政治、社會發生大變化；王官失學，孔子開私人講學之風，而教育亦劇變，由貴族專有的教育，普及於平民。「知識即權力」，因而平民之有知識者，能以布衣而致卿相。更由此而使諸子百家齊鳴！

子學，沒落於秦漢之際，其原因，亦可分為四點，予以論述：

一、本身的缺陷　比如墨子，以其極端的自苦，莊子已說他：「其行難為也」，「不足以為聖人之道」。戰國末期，墨家已蛻變為「俠」。（韓非說他們「俠以武犯禁」。）

二、本身的蛻變　陰陽家，蛻變為方士。道家，退隱的一部份，蛻變為隱士；權術的一部份，蛻變為法家。法家，來於儒家的禮義派，蛻變而為吏，漢武尊儒後，斂其殘酷，而後歸於儒家。

三、經學的興起　秦火詩書後，漢代興起了經學。皓首窮經，訓詁多於述作，因而窒息了富有創作精神的子學。

四、文學的興起　戰國時，屈原以離騷興起了辭賦。孔子譏之為「小道」的，成了大國。文人相率模仿，學風因而丕變。富有「至精之政論，至深之哲理」的子學，文以載道，又各欲以其道易天下的子學，逐漸衰落了！

嬴秦，是法家的時代；漢初，是道家的天下；武帝尊儒後，始是儒家的局面。但，此一儒家，已非先秦儒家了！新儒家，「兼儒墨，合名法」，且「因陰陽之大順」，采道家之要旨，已雜揉了太史公所說的六家。至於縱橫家，以無列國之紛爭，而無用武之地，又以其誦詩也，漸流而爲文學家之賦。農家與小說家，亦逐漸專業化。雜家，來自儒墨名法，亦入於新儒家了！所可惜的，是名家的未能更學術化，否則，二千年前，中國便可有西洋式的邏輯了！

× × × ×

子書的分立，雖濫觴於諸子略；但眞正的區分，則始於魏，秘書監荀勖，總括羣書，分爲四部，子書入乙部。隋書經籍志，將子書入丙部。經史子集四部，至隋始定。清乾隆時，始刋四庫全書，歷十年而成。分之爲十四類：儒家、兵家、法家、農家、醫家、天文算法、術數、藝術、譜錄、雜家、類書、小說家、釋家、道家等。今目錄家多從之，但非精確之論。

十二、理則學的演變

凡有文化的民族與地區，必有學術，而學術之基本，則為名學。只是名詞不同，性質略異而已。時至今日，世界上的文化區域，大別之，可有中國、印度、西洋（歐美）的三大系。在中國，孔子稱之為「正名」，秦漢稱之為「名家」，現代，國父稱之為理則學。在印度，稱之為因明學，唐代，傳入中國，今亦為中國所獨有。在西洋，稱之為邏輯、辯證法，與認識論。今談中國文化中名學的演進，分說如次：

㈠周代的名學

1.孔子的正名　論語記孔子之言曰：「必也正名乎？」「夫名不正，則言不順，言不順，則事不成；事不成，則禮樂不興，禮樂不興，則刑罰不中；刑罰不中，則民無所措手足。……」（子路編）其後，孔子作「春秋」以正名，使「君君、臣臣、父父、子子」，因此，孟子說：「孔子成春秋，而亂臣賊子懼」；莊子亦說：「春秋以道名分」。這是事行的、政治的。其後，孟子「好辯」，演進出辯論術；荀子作「正名論」、「解蔽論」、「辨惑論」等，漸入學術，而有體系。

2.墨家的墨辯　墨子亦孔子之徒，語出淮南子，其言曰：「墨子學儒者之業，受孔子之術。」

墨子有墨經一書，內分經上下，經說上下，大小取等六篇。晉代魯勝爲之注釋，稱之爲「墨辯」，然此注釋，旋亦失傳。清代孫貽讓（仲容）作「墨子閒詁」，墨辯始再顯。其中有「辯之七法」①，「言之三表」②，「知之五路」③等。名學至是漸趨詳密。

3.名家的名學

名家之名，始見於漢書藝文志，著者有七家，擇要略說如次：

甲、鄧析子　鄭國人，約與子產同時，遺著稱「鄧析子」，內有「循名責實論」諸篇。

乙、尹文子　其時無可考，其書疑晉宋人所僞託。內有「形名論」、「名法論」諸篇。

丙、公孫龍子　趙人，亦說魏人，字子秉，曾爲平原君客。其說存六篇，以白馬、堅白二篇著名，餘爲指物、通變、名實、跡府。

丁、惠施　宋人，與莊子爲友，曾相梁惠王。其說僅存莊子天下篇中。莊子稱之曰：「儒墨楊秉四，與夫子爲五」。秉，卽公孫龍；夫子，卽指惠施。秉以「堅白論」著，惠施以「同異辯」名。因而有「堅白同異之辯」的並稱。

4.法家的形名

法家亦有多人，其書或傳，多係後人僞託；或不傳，則無可據。惟韓非子一書，較眞確，且可以代表當時法家的學說。韓非子之於名學，一方面使名與形同參，另一方面，則是歸納法的試用，略說如次：

形名論　其言曰：「用一之道，以名爲首。……形名同參，用其所生，二者誠信，下乃貢情。……」（揚權第八）王先謙注曰：「形，事也；循事以求名，則其名可知也。」此外尚有：

「有言者自爲名，有事者自爲形。形名同參，君乃無事焉」（主道第五）。

「君操其名，臣效其形，形名同參，上下調和也。」（揚權第八）

「凡治之極，下不能得，周合形名，民乃守職。」（同上）

中國古代，學者重在仕，仕以政治、經濟爲主。簡言之，則爲：上致君於堯舜，下澤民得衣食。都須見諸事行，而不顧徒托空言。所謂「道」，亦卽堯舜之道，所謂「學術」，亦多爲人臣之學，君人南面之術。與西方純學術性的邏輯知識論，自不能完全相同，此不可不辨。

㈡唐代的因明學

因明學，乃天竺五明之一，餘四爲內明、聲明、醫方明、工巧明。因明學，爲足目所首創。足目爲天竺古代六大哲學第二派——尼牙耶派之開祖。其時代，據考證，約在今天五千年以前，依傳說：九句因、十四過類，實創自足目。九句因，就論法之應用，以訂「因」之正名。十四過類，在駁斥他說中所說之誤謬。

近代西方人，調查得尼牙耶派的論式，就是五分作法，與彌勒、龍樹、無著世親等所列的論式，大致相同。雖傳世親改五分作法爲三支作法，而「如實論」中，仍援用五分作法。

因明，雖創自足目，但疏稱因明原爲佛說，解深密經略見端倪；而改革因明的，都係佛教大師，如彌勒瑜伽師地論之十五卷，龍樹之方便心論，及迴諍論，無著顯揚之第十卷，雜集之十六卷，及世親之如實論等。

佛滅將及千年，陳那論師出，將古因明改革後，稱新因明。陳那的新因明著作，有數十部之多。

其弟子商羯羅主紹宏斯學，著爲因明入正理論。其後，護法、清辯諸論師，無不精深因明學。

唐貞觀間，玄奘大師留學印度，就衆稱戒賢、勝軍諸論師，學習因明。歸國後，譯傳陳那的「因明正理門論」，商羯羅主的「因明入正理論」；復以要義，教授窺基，基師因此成爲因明學專家，作「因明入正理論疏」，後世稱之爲大疏。之後，慧沼、智周、道邑、如理諸師，均擅因明，且有著述。但以唐武宗滅佛，論疏多數被焚燒，現猶存在而完整的，僅此大疏一卷。

元明後，唐疏失傳，學者多失依據。清末，始於日本取回唐疏，重刋於世，因而復興了因明學，也連帶地復興了法相唯識學。楊仁山居士倡之在先，其門下歐陽漸（竟無）居士弘傳於後；并創「內學院」與「唯識大學」於南京。與當時在北方平津間講論「法相唯識學」的韓清淨居士，合稱南歐北韓。

楊仁山的另一弟子太虛和尚，創辦衆多佛學院，盛弘唯識學與因明學，且有專著傳世。其後，虛大師弟子慈航法師，亦有因明學語體釋行世，接引青年更多。

周代名學，墨家與法家（韓非子），已有了歸納法的初級；唐代因明學，更類似了西洋的演繹法。至於辯證法，具見於周易一書。如「陰陽與太極」，「否極泰來」，「剝極必復」，「窮則變，變則通」，以及「元亨利貞」，「貞下起元」等，無一不是辯證思想。不過，中國先賢，多重行而不重言，是以少有人對它作專業的研究，尤其是不願意拘於形式，說什麼「三段論法」，談什麼「正反合」了。

㈢現代的理則學

中國，周代有名家，後人稱之爲「名學」；西洋，此學名詞較雜，譯傳家有譯其音，爲「邏輯」（Logic）的，亦有譯其義爲「論理學」、「辯學」、「名學」的。民國七年，中山先生著「孫文學說」時，始於第三章「以作文爲證」中，先說譯名之不當曰：

「近人有以此學用於推理特多，故有翻爲論理學者，有翻爲辯學者，有翻爲名學者，皆未得其至當也。

「夫推論者，乃邏輯之一部份；而辯者，又不過推理之一端，而其範圍尤小，更不足以概括邏輯矣！至於嚴又陵所翻之名學，則更爲遼東白豕也。夫名學者，乃「那曼尼利森」（Nominimalism）而非邏輯也。此學爲歐洲中世紀時理學二大思潮之一，其他之一，名曰實學。此二大思潮，至十一世紀時，大起爭論，至十二世紀之中葉乃止，從此名學之傳習，亦因之而息。

「近代間有復倡斯學者，穆勒氏即其健將也。然穆勒亦不過以名理而演邏輯耳，而未嘗名其書爲名學也。其書之原名，爲「邏輯之系統」。嚴又陵氏翻之爲名學者，無乃以穆氏之書，言名理之事獨多，遂以名學而統邏輯乎？夫名學者，亦爲邏輯之一端耳。」

「凡以論理學、辯學、名學，而譯邏輯者，皆如華僑之稱西班牙爲呂宋也。夫呂宋者，南洋羣島之一也。……夫以學者之眼光觀之，則言西班牙以括呂宋可也。而言呂宋以括西班牙不可也。乃華僑初不知有西班牙，而只知有呂宋，故以稱之。今之譯邏輯以一偏之名者，無乃類是乎？」次說應譯何名曰：

「然則，邏輯究爲何物？當譯以何名而後妥？作者於此，並欲有所商榷也。凡稍涉獵乎邏輯者，莫不知此爲諸學諸事之規則，爲思想云爲之門徑也。人類由之而不知其道者衆矣，而中國則至今尙未有其名，吾以爲當譯之爲理則者也。」

邏輯，正名爲理則以後，進而應該怎麼樣呢？

國父接着說：「夫斯學（理則學——思註）至今尙未大發明，故專治此學者所持之故，亦莫衷一是，而此外學者之對於理則之學，則大部如陶淵明之讀書，不求甚解而已！惟人類之禀賦，其方寸自具有理則之感覺，故能文之士，研精構思，而作成不朽之文章，則無不暗合於理則者，而叩其造詣之道，則彼亦不知其何由也。……」

國父正名以後，並無理則學的專著，其內容如何？須從其全部著述中，分別疏釋之。

在西洋邏輯中，有傳統邏輯的演繹法。「孫文學說」，以「文理」二字，說明邏輯的意義，顯然是演繹法的應用。

至於「孫文學說」第六章「能知必能行」所云：「當今科學昌明之世，凡造作事物者，必先求知而後乃敢從事於行，所以然者，蓋欲免錯誤而防費時失事，以收事半功倍之效也。是故凡能從知識而構成意像，從意像而生出條理，本條理而籌備計畫，按計畫而用功夫，則無論其事物如何精妙，工程如何浩大，無不指日可以樂成者也。……」是又歸納法的運用了。

此外，他又是一個邏輯實證主義者。因爲現代邏輯實證主義者，如羅素（B. Russell）等，便認爲：一切不能證明的命題，皆是無意義的。國父亦甚注意實證，一方面，教人「知而後行」；但另一方面，亦教人「不知而行」。行，便是指一切能夠證明的意義。

或問辯證法，在國父遺教中情形如何？國父雖未明言辯證法，但亦使用了辯證法。

在民族主義中，他說舊道德與新文化衝突對立時，一面主張從根救起，一面又要迎頭趕上，這樣合理的統一起來，造成切合中國現代需要的文化，便是一種辯證法的應用。

在民權主義中，關於民權與政府的矛盾，他主張人民有權，政府有能，權能分立，而統一於憲法內，這當然也是辯證法對立的統一。因此他說：「現在講民權的國家，最怕的是得到了一個萬能政府，人民沒有方法去節制它；最好的是：得一個萬能政府，完全歸人民使用，爲人民謀幸福。」

在民生主義中，關於階級鬥爭的矛盾，國父主張：矛盾的統一，階級的協調，並認爲：物種以競爭爲原則，人類應以互助爲原則，且爲一種理性所指導。其他尚有多種，不再一一陳述。

先總統　蔣公繼志述事，對於辯證法，曾有所論評。他認爲：

㈠黑格爾的辯證法，「是一種辯證邏輯」，其方式爲「正反合」，「合」爲「正」，正又有「反」，兩者相對，又復有「合」。這種正反對立而生「合」的活動，黑格爾稱之爲「揚棄」（Aufheben）。宇宙萬物，因不斷的「揚棄」，達於無窮。黑氏認爲：宇宙是思維的反映，思維的發展，最後必達到絕對理念；世界的演進，最後必達到理性的世界。

「總之，二元論的一切矛盾，在黑格爾看來，無不可以用辯證方法為之解決。黑氏認為：辯證過程中的「活動力」（或「實在」），能使一切矛盾概念，變為邏輯的統一。就是說：最後的矛盾，將由「絕對理念」，為之調和解決。這個絕對理念，乃一最高的範疇，也就是「存在」發展的最高階段。這便是黑格爾要用「正反合」的辯證法則，去解決其同時哲人所共同追求的各大問題的本意。」

㈡中國先哲們亦有辯證思想。先總統　蔣公說：『中國先哲，遠在三千年以前，易經所謂『一陰一陽之謂道』，就是陽為『正』，陰為『反』，太極為『合』的意思。而且易經三易之說：『不易、變易與簡易』的哲理，遠較現在辯證法『正反合』之說，為高明而淵博得多。其他如老子所謂：『有無相生，難易相成』，書經：『危微精一中』的精義，以至於名家的學說等等，無不是辯證法的原理。……以及大學裏『物有本末，事有終始，知所先後，則近道矣。』等古訓，更是值得我們取法的。」（解決共產主義思想與方法的根本問題）。

辯證法，只是一個方法論，無所謂是非與善惡。這個方法論，西洋有，中國也有，可以學習，也應該學習。但，馬克斯取唯物論與辯證法合起來，而稱唯物唯辯法以後，且付諸行動，而欲改造世界時，却變成邪惡了！因而先總統　蔣公嚴正地批判了它。首先，他批判了唯物辯證法的根本弱點有二：一是唯物辯證法為雙足朝天的倒立系統；二是反精神、反生命、反天理、反人性的。

接下去，他批判了唯物辯證法對基本法則應用的荒謬，他說：

「先看共匪應用矛盾律。

「共產匪徒說：『如果把任何一個現象，看作是與周圍現象密切聯繫而不可分離的，把它看作是受周圍現象所制約的，那它就能被瞭解，被論證了。』（史達林語）這自然是對於矛盾對立說的一種引伸，因爲一物爲他物，一現象爲他現象所「制約」，就是承認一切事物，均有其內在的矛盾，而永遠無法協調和諧，可是天下萬事萬物，果眞如此嗎？

「在我們看來，天下一切事物，固與其周圍現象，有密切的關係，但都是彼此協調、和諧幷行不悖的，它們不需要經過矛盾統一的機械式的過程，其本身已具有一種「中和」的本能，來求其均衡發展和互不相害的。……

「再論共匪應用否定律。

「共產匪徒們，因爲相信：『否定的否定，是自然、社會和人類思惟具有最普遍、最擴大作用的發展法則。』（恩格斯語）因此肯定『自然界中一面始終有某種東西在產生和發展，一面始終有某種東西在敗壞和衰頹。』（史達林語）基於這一思惟法則，共產匪徒，遂視自然界的一切事物，都是彼此鬥爭，互相殘害，一個否定一個的。……

「我們只要仰觀宇宙，俯察萬物，就可證明：天地間，隨時隨處，都表現着一種『否極泰來』，和『剝極必復』的大循環、大圓轉的現象存在。……今天原子科學家，又認宇宙一切皆『質與能互變』的活動，在在都是證明事物有生滅，宇宙大能却無增減的眞理，是誰亦無法否定的。而共匪『否定之否定』的謬論，乃是完全違背眞理、違反科學的。……

「再說共匪應用『質變律』。

「共匪的質變律，是用來說明事物的發展。他們以爲：新事物的發生，決不限於同一事物單純的量的變化。故『質』與『量』的問題，同時提了出來。他們以爲：量的變化，在某種程度時，『量』還是『量』，但超過了一定的程度，纔有『質』的變化。『量』的變化，是漸次的，連續的變化；『質』的變化，却是突然的、飛躍的變化。因此，共產匪徒說：『應該把發展過程視爲前進的、上升的運動；它是由舊質態發展到新質態，由簡單發展到複雜，由低級發展到高級的過程』。（史達林語）

「自然，我們並不否認物種的進化，是由簡而繁，由微而顯」；但絕不承認共匪「質變一定由於量的漸變」，及其「質變是循環規律式進行的」……等等謬說。我們認爲：「質變即量變，量變即質變」，而斷然反對共匪所謂：「量變爲漸變，質變爲突變」。……

「尤其當原子學說業已確立的今天，科學家認爲：物種之差異，乃由於原子所包含電子數量之不同，電子數量的變異，就是物質的變異。因此，質與量的變動，已混然難分，一切皆由『能』的活動來決定。所以我們認爲：『量變即質變，質變即量變』，乃是根據科學的定理。於此，就可反證：共匪的『質變律』，乃眞完全悖離眞理，和違反科學的謬論，當可不攻而自破了。」（引文同上）

(四)結語

名學，孔子用之於事行，而說之爲「正名」。墨家、名家，用之於論辯，而稱之爲「墨辯」。秦，爲法家主政，不願「正名」，且禁論辯，以是而名學式微，名家漸息。至唐，此學不絕如縷。

唐玄奘三藏大師，自印度譯來因明學。唐末，武宗滅佛而又幾絕。清末，西風東漸，邏輯亦隨之而俱來。　國父以通古今、貫中西之博學，而爲之正名爲理則學。

先總統　蔣公於國際共黨泛濫亞洲，神州陸沈後，沈痛地說：「我們對於這些『究天人之際』的理則學，不但不知發揚光大，反而視之爲陳舊迂腐的東西！……尤其可怪的，就是大家對於敵人與我們所爭最重要的法則，竟如談虎色變，避之惟恐不及，根本不敢去覷視它，更不想去探討它了！……所以，我屢次肯定說：幹部不知共匪辯證法的詭秘，和缺乏革命哲學的修養，實爲我國三十年來反共戰爭屢遭挫敗的根本原因。」

今天，我們站在文化與學術的立場，認爲：眞理，是人類共同追求的；理則學，則是人類追求眞理的公器——公共工具。同時，理則學，又是「科學的科學」「術之術」（西哲語），誰也不能私存它。中國文化本質之一，便是「科學」，如欲復興中國文化，對於提倡「科學的科學」的理則學，仍爲當務之急！因而論述理則學在中國文化中之地位，及其歷史如上。

（註一）「辯之七法：或也者，不居也；假也者，今不然也；效也者，爲之法也；辟也者，舉他物以明之也；侔也者，比辭而俱行也；援也者，曰：子然我奚獨不可以然也。推也者，以其所不取之同於其所取者，予之也，是猶謂他者同也，吾豈謂他者異也。」

（註二）言必有三表，何謂三表？「有本之者，有原之者，有用之者。」

（註三）經：「知而不以五路，說在久。」經說：「知以目見，而目以火見。」注釋：「五路，即眼耳鼻舌身。」

十三、中國的哲學

哲學，這個名詞，中國文字中沒有；但，哲學這個意義的學問，中國並不缺少。中國人，稱之為「道」，孔子曰：「士志於道。」（里仁）什麼是道？孔子曰：「誠者，天之道也；誠之者，人之道也。」（中庸哀公問政章）又曰：「人道，敏政；地道，敏樹。」（同上）於易傳上又說：「立天之道，曰陰與陽；立地之道，曰柔與剛；立人之道，曰仁與義。」（說卦傳第二章）合言之，則為：「天地之大德，曰生。」（繫辭下傳第一章）但在論語上，於「生」之外，又多了個「行」字，子曰：「天何言哉？四時行焉，百物生焉。」（陽貨篇）

基此，可以說：中國哲學，是豐富的。分之則為：

一、天地之道，曰生與行；換言之，便是民生哲學與力行哲學。

二、人之道，曰仁義，曰敏政。仁義，為道德哲學；敏政，為政治哲學。由內到外，而有其全的，則為大學篇的八條目，內聖部份，為道德哲學，外王部份，為政治哲學；但亦可總稱之為人生哲學。

如此，中國哲學，分之則有五門，略述如次。

㈠民生哲學

民生哲學，孔子始作之； 國父集成之。天地之大德曰生，人法天，就應「與天地合其德」，而「贊天地之化育」，而「大生」，而「廣生」，「皆有所養」。 國父承此諸義，又從歷史上，看到了人類一切的活動，都是爲了生存；生存問題，就是民生問題，而歸結到：「歷史的重心，是民生」；并更正馬克斯的錯誤——「錯認物質是歷史的中心」（分見民生主義第一講）。

由此產生了民生哲學與民生史觀（或稱之爲歷史哲學）。那麼，什麼是「民生」呢？「民生，就是：人民的生活，社會的生存，國民的生計，羣衆的生命。」（同上）

生，包括心與物。沒有物質不能生存，但，如果沒有精神，這種生存，便是禽獸的生存，而沒有「人」的意義與價值。因此，有人比擬西洋哲學的唯心論與唯物論，而說之爲「唯生論」，作爲哲學上的宇宙論，或本體論。

(二)力行哲學

力行哲學，是孔子觀察天地而發現的。於易經乾卦作象曰：「天行健」，於中庸上說：「辟如四時之錯行，日月之代明，此天地之所以爲大也。」（第三十章）

先總統 蔣公繼之，而作「行的哲學」。認爲：眞正的「行」，是天地間自然之理，是人生本然的天性。行的哲學，無分於動靜，行是恒久不輟的。

宇宙皆行的範圍，是又輔翼了唯生論，而充實了中國哲學的宇宙論。

行，就是人生；力行，就是革命。是又補充了民生哲學與歷史哲學，而增益了中國哲學的人生論。

生與行，民生哲學與力行哲學，我將之融爲「新哲學」一書，出版於民國三十六年。

㈢道德哲學

道德哲學，孔子散說之爲仁義等； 國父參綜之爲八德：忠孝仁愛信義和平（民族主義第六講）。先總統 蔣公，又增益了禮義廉恥四維。

道德哲學，在孔子，爲內聖之學，聖者盡倫，又爲人倫學或倫理哲學。在中國，人倫有五：「父子有親、君臣有義、夫婦有別、長幼有序、朋友有信。」（孟子滕文公上）此一人倫之學，從堯舜起，歷夏商周三代，人人力行而實踐之，所以，孟子又說：「學則三代共之，皆所以明人倫也。」（同上）今天， 蔣公將此義理，說爲中華文化三大基礎之一，且爲三民主義三大本質之一。

㈣政治哲學

政治哲學，孔子說之爲哀公問政章。以「人道敏政」，「爲政在人，取人以身，修身以道，修道以仁」爲引論；接下去，分說人倫之教，爲五達道；知仁勇，爲三達德；又說爲天下國家的九經；最後，結論爲一「誠」字，而說：「誠者，不勉而中，不思而得，從容中道，聖人也。誠之者，擇善而固執之者也。」

在大學篇上，說之爲三綱領、八條目。此論， 國父最爲讚美，他說：「中國有一段最有系統的政治哲學，在外國的大政治家，還沒有見到，還沒有說到那樣淸楚的，就是大學中所說的『格物、致知、誠意、正心、修身、齊家、治國、平天下』那一段的話。把一個人從內發揚到外，由一個人的內部做起，推到平天下止。像這樣精微開展的理論，無論外國甚麼政治哲學家，都沒有見到，都沒有說出。」（民族主義第六講）

在論語上，亦有「爲政以德」的爲政篇，以及「均無貧、和無寡、安無傾」的均富論，或稱安和論（見論語季氏篇）。此外，四書、五經上，均甚多爲政之論，因爲孔子最精於人道，亦最擅長於政治哲學，故罕言命，而大多數弟子，對於「夫子之言性與天道」，亦「不可得而聞也」（公冶長篇）。

基此，東漢班固著漢書，論及儒家時，曾說：「儒家者流，蓋出於司徒之官；助人君順陰陽，明教化者也。游文於六經之中，留義於仁義之際，祖述堯舜，憲章文武，宗師仲尼，以重其言，於道爲最高。」

(五)人生哲學

中國哲學，尤其是孔子及其系統下的儒家，都是人生界的，既不理想上升天堂，亦不恐懼下墜地獄。這可從下面孔子的一段對話中看出。

季路問事鬼神，子曰：未能事人，焉能事鬼？敢問死？曰：未知生，焉知死！（論語先進篇）因此，亦有二義：

第一、便是事人。怎麼樣事人呢？在論語上所記的有：

子夏曰：事父母能竭其力，事君能致其身，與朋友交言而有信。（學而）

孟懿子問孝，子曰：生，事之以禮。死，葬之以禮，祭之以禮。（爲政）

季康子問使民，子曰：臨之以莊，則敬；孝慈，則忠；舉善而教不能，則勸。（爲政）

子曰：事君盡禮。（八佾）

孔子對曰：君使臣以禮，臣事君以忠。（八佾）

子謂子產：有君子之道四焉：其行己也恭；其事上也敬；其養民也惠，其使民也義。（公治長）

在大學上，說之爲：「爲人君，止於仁；爲人臣，止於敬；爲人子，止於孝；爲人父，止於慈；與國人交，止於信。」

在中庸上說之爲五達道，孟子便說之爲五人倫了。總之，事人之道，語其德目，則是道德哲學，語其人與人之關係，則是倫理哲學，擴而充之，盡倫而又盡制，則爲政治哲學。

第二、談生死，他教人先須知生。也就是莊子所說的：「善吾生者，乃所以善吾死也。」（大宗師）怎麼樣善生呢？最有系統的言論，是大學篇。「大學之道，在明明德，在親民，在止於至善。……古之欲明明德於天下者，必先治其國；欲治其國者，先齊其家；欲齊其家者，先修其身；欲修其身者先正其心；欲正其心者，先誠其意；欲誠其意者，先致其知；致知在格物。」這一段話，國父盛讚之，認爲：「把一個人從內發揚到外」，就其全部說，稱之爲世界上最優美的政治哲學；就其前半部——格物、致知、誠意、正心、修身、齊家言，說之爲最系統的道德哲學。

內而修身，有道可樂；外而事人，亦君君、臣臣、父父、子子，人與人之間，一片和睦，亦一片快樂；無往而不自得，豈止三樂而已哉？此誠如易傳所說的：「夫大人者，與天地合其德，與日月合其明，與四時合其序，與鬼神合其吉凶，先天而天弗違，後天而奉天時，天且弗違，而況於人乎？況於鬼神乎？」果爾，又何必問事鬼神呢？

至於死生之道，易傳亦說：「易與天地準，故能彌綸天地之道，仰以觀於天文，俯以察於地理，是故知幽明之故，原始反終，故知死生之說；精氣為物，游魂為變，是故知鬼神之情狀。與天地相似，故不違；知周乎萬物而道濟天下，故不過；旁行而不流，樂天知命，故不憂；安土敦乎仁，故能愛；範圍天地之化而不過；曲成萬物而不遺；通乎晝夜之道而知。故神無方而易無體。」

談到人死問題，便從人生論轉入宇宙論，這已不屬於人，而屬於天了。死生之際，便是天人之際。中國哲學，一向都是天人合一論的。中庸與易傳，都談了天人合一問題，如中庸的：

「天命之謂性，率性之謂道，修身之謂教」；

「誠者，天之道也；誠之者，人之道也」；

「唯天下至誠，為能盡其性；能盡其性，則能盡人之性；能盡人之性，則能盡物之性；能盡物之性，則可以贊天地之化育；可以贊天地之化育，則可以與天地參矣。」

易傳說：

「天行健，君子以自強不息。」（乾卦）

「地勢坤，君子以厚德載物。」（坤卦）

「是故法象莫大乎天地，變通莫大乎四時，……是故天生神物，聖人則之；天地變化，聖人效之；天垂象見吉凶，聖人象之；河出圖，洛出書，聖人則之。」（繫辭上傳第十一章）

孟子繼續這一個傳統，而說：

「盡其心者，知其性也；知其性則知天矣。存其心，養其性，所以事天也；殀壽不二，修身以俟之，所以立命也。」（盡心上）

從此，心性之學，性命之學，天人合一之論，均已具備了！宋儒繼之，而昌爲理學；明儒繼之，而昌爲心學。 蔣公闡此，更有綜合而現代化的說明，他說：

「陽明說：『天卽在我心中，並不要在此心之外去別求一個天了。』因之就可知一個人只要其能『存天理去人欲』，就可以與『天』合一。中庸說：『誠者，天之道也，誠之者，人之道也。』所以一個人只要眞能做到存心養性，愼獨存誠，很自然地，就可以達到『天地與我並生，萬物與我爲一』的『天人合一』境界。

「我們中國『天人合一』的哲學思想，乃是承認了『天』的存在，亦就是承認了『神』的存在。故『天曰神』，又曰『神者，天地之本，而爲萬物之始也。』……因此，『天人合一』的觀念，實在就是儘量提高人的價値。……王陽明說：『仁義禮智，也是表德，性一而已。自其形體也，謂之天；主宰也，謂之帝；流行也，謂之命；賦予人也，謂之性；主於身也，謂之心。……』這段話，不僅將天、人、心、性、命、理的關係，說得非常著明，而且把『天人合一』與『心物一體』的道理，都說得透澈無遺了。』」（以上二段引自解決共產主義思想與方法的根本問題）

總之，中國哲學，豐富的是人生論，但亦不缺少宇宙論，且此一宇宙論，是天人合一的。一個人，只要人倫盡至，便是聖人，「聖而不可知之之謂神」且可以「上下與天地同流」。法天而通於天，而有天地境界！

至於方法論，詳見名家論，不贅。

十四、法學與政學

(一)法家的法學

法家，漢書藝文志評曰：「法家者流，蓋出於理官，信賞必罰，以輔禮制。易曰：『先王以明罰飭法』，此其所長也。」法家之學，謂之法學，以戰國為最盛。藝文志著錄管子，商君、申子、愼子、韓子等凡十家。

法學，到戰國末年，韓非出，集各家學說，採長去短，於是法家成為一大學派。法家著作現存的，有管子、商君書、愼子、尹文子、韓非子。申子書已不傳，佚文有馬國翰輯本、嚴可均輯本、黃以周輯本。諸書除韓非子外，多出於後人的依託。

管子書，出於戰國時人依託，前人如蘇轍、朱熹、葉適、葉石林、黃震等，都如此說；而胡應麟四部正僞，姚際恒古今僞書考，均斷為眞僞相雜。既然還有一部份是眞，其書又「詳哉言之」，對於現代思想又有影響，所以亦值得講述。因此，本節但述管子韓非子二書。

一、管子的法治主義 管子論治，以法為主。他說：

「法者，天下之儀也。所以決疑而明是非也，百姓所縣命也。」（禁藏）

「法者，所以興功惧暴也；律者，所以定分止爭也；令者，所以令人知事也。」（七臣七主）

「法者，天下之程式也，萬事之代表也；吏者，民之所縣命也。故明主之治也，當於法者誅之，故以法誅罪，則民就死而不怨；以法量功，則民受賞而無德也。此以法舉措之功也。故明法曰：『以法治國，則舉措而已。』」（明法解）

「明主者，有法度之制，故羣臣皆出於方正之治，而不敢爲姦。百姓知主之從事於法也，故吏所使者有法，則民從之；無法則止。民以法與吏相距，下以法與上從事；故詐僞之人不得欺其主，嫉妬之人不得用其賊心，讒諛之人不得施其巧，千里之外不敢擅爲非。」（同上）

如此，以法治國，上有法制，下有法守。早在西元前六六七年，中國便有了法治之國，且以之而富强，而霸諸侯，而會諸侯於幽。

二、韓非的集大成　韓非爲「韓之諸公子，喜刑名法術之學，而歸本於黃老，……與李斯俱事荀卿，斯自以爲不如非。」（史記老莊申韓列傳）韓非既事荀卿，自然有儒家的影響；非書中有解老、喩老二篇，且歸本於黃老，亦有道家的影響。至於法家，既受公孫鞅的「法」，又受申不害的「術」，愼到的「勢」，所以說，集法家之大成。分言之：

㈠法　「治强生於法，弱亂生於阿。」（外儲說右下）

「國無常强，無常弱。奉法者强，則國强；奉法者弱，則國弱。」（有度）

㈡術　「術者，因任而授官，循名而責實，操生殺之柄，課羣臣之能者也。此人主之所執也。法者，憲令著於官府，刑罰必於民心，賞存乎愼法，而罰加乎姦令者也，此臣之所師也。君無術，則弊於上；臣無法，則亂於下。此不可一無，皆帝王之具也。」（定法）

術者，「君人南面之術」，採自道家的黃老；法者，「臣之所師」，取自儒家的人臣之學。（助人君明敎化者也）

㈢勢　「夫有才而無勢，雖賢不能制不肖。……千鈞得船則浮，錙銖失船則沉，……有勢之與無勢也。故短之臨高也以位，不肖之制賢也以勢。」（功名）

韓非「喜刑名法術之學」，法術之淵源如上；至於刑名，當亦受墨家與名家的影響了。

㈡政經等思想

中國政治思想，最早見於書經，堯典云：「克明俊德，以親九族；九族既睦，平章百姓，百姓昭明，協和萬邦，黎明於變時雍。」（註：此言堯推其德，自身而家，而國，而天下。）舜典：「伯禹作司空……平水土，」「兼宅百揆；「帝曰棄：黎民阻飢，汝后稷，播時百穀；帝曰契，百姓不親，五品不遜，汝作司徒，敬敷五敎，在寬。」平水土，播時百穀，這是農政；敬敷五敎，這是敎育。古時之政，以農爲主，而又政敎未分。

到大禹謨，說的更詳盡了。「德惟善政，政在養民，水、火、金、木、土、穀，惟修；正德、利用、厚生，惟和，九功惟敍；……地平天成，六府三事允治，萬世永賴。」政府到這個時代，更要敎養兼施了！

天錫禹洪範九疇，箕子乃告之武王。九疇者：一曰五行，二曰敬用五事，三曰農用八政，四曰協用五紀，五曰建用皇極，六曰乂用三德，七曰明用稽疑，八曰念用庶徵，九曰嚮用五福，威用六極。

此九者，人君治天下之法。至於八政，曰食、貨、祀、司空、司徒、司寇、賓、師。食貨，所以養生也。司徒掌教，所以成其性也。不僅以養以教，且擴充之爲九疇八政矣！治天下之法，已漸趨完備。

孔子集上古思想學術之大成，禮記大學篇，格致誠正修齊治平之論，　國父中山先生尊之爲：中國最有系統的政治哲學，「把一個人從內發揚到外，由一個人的內部做起，推到平天下止。像這樣精微開展的理論，無論外國什麼政治哲學家都沒有見到，都沒有說出。」（民族主義第六講）

孔子的春秋大義，啓示了民族主義；孔子的天下爲公，「便是主張民權的大同世界」（民權一講）；「眞正的民生主義，就是孔子所希望的大同世界。」（民生二講）孟子繼之，更闡揚了民權精神，他說：「民爲貴，社稷次之，君爲輕。」又說：「聞誅一夫紂矣，未聞弑君也。」所以「判定那些爲民造福的就稱爲『聖君』，那些暴虐無道的就稱爲『獨夫』」。（民權一講）

論語問政各章，以及中庸哀公問政章，內聖外王之道，說之甚詳。先總統　蔣公中正講之爲「政治的道理」，認爲：一、大學、中庸與禮運，爲中國政治哲學寶典，而中庸哀公問政一章，尤爲政治的原理。二、中國政治哲學的精義：1.政治的理想和目的，在提高人的品格，發揮人的價值和功用，修明人與人的關係；2.政治以倫理爲基礎；3.中國政治哲學，以行仁政爲本，故特別注重疾病、痛苦、困窮的救濟。

荀子上繼周孔，提倡禮樂之政。中國之所以能稱爲「禮義之邦」，周孔孟荀各有貢獻。

莊子超人文，超政治，以故漢初惟稱黃老之治——無爲之治。老子說：「以正治國」，「治國若烹小鮮」，君人南面之術也。至於墨子的尙賢，韓子的尙法，也是一些另有意義的政治哲學。春秋戰國時代，是中國學術的黃金時代，也是中國政治哲學的完成時代。一直到中山先生出，始有參綜中西的新政治哲學：三民主義、五權憲法、孫文學說與一次革命論。

至於中國人的經濟思想，最早見於書經大禹謨，禹曰：「德惟善政，政在養民。水、火、金、木、土、穀，惟修；正德、利用、厚生、惟和。九功惟敍，九敍惟歌。」帝曰：「俞，地平天成，六府三事允治，萬世永賴，時乃功。」六府修，可以厚生，即可以養民，且爲政治的最善者。

在論語上，則爲：「聞有國有家者，不患寡而患不均，不患貧而患不安，蓋均無貧，和無寡，安無傾。」這一個「均無貧」，不僅是中國至善的經濟思想，且可方諸歐美的社會主義，以及社會安全制度。

大學上說的：「有德此有人，有人此有土，有土此有財，有財此有用，德者本也，財者末也。」淺一點說，這是農業經濟的觀點，生產的要素，是人力與土地；深一點說，則是中國文化的觀點，要注重人的道德與互助合作，有此，才能談到人力與土地，資財與技術（用）。這一些，都是符合現代經濟學說的。

關此， 蔣公有一篇中國經濟學說，講的很完備。要點是：

㈠中國經濟學說，以人類的理性爲本源，以社會的全體爲本位。

㈡中國經濟的道理，是以理性指導人類求生的活動；所以文化與民生是一體的，而國防與民生亦是合一的。

㈢中國經濟學的任務，在發揮人力、土地與物質的效能之法則、層次及目的。

㈣中國歷代的經濟政策，都以土地問題爲中心。

㈤國家經濟的本務，1養民方面：積極的培養，養民之欲；消極的限制，制民之欲。2保民方面：保民即是國防，民生與國防是一體的，合則國强，分則國弱。

㈥民生主義的基本原則：1以人性爲基點，以養民爲本位。2以計劃爲必要，以「資本國家化，享受大衆化」爲根本精神。3民生與國家之合一，唯有以民生爲本的經濟建設，才可以與國防合爲一體。

㈦民生主義的另一要義平均地權，就是要解決土地問題。

㈧實業計畫的精義：1以大陸爲基點，以海港爲出口，使民生與國防合一；2以交通與農礦爲根本的事業；3注重人口的平均分配；4使工業能有平均的發展與調劑；5使海陸平均發展，更於中國各地平均發展。

㈨中國最後的經濟理想，是大同世界。中國的經濟道理，是「正德利用厚生」，是要使物爲人所役，不使人爲物所役。

古者，政治固然是在養民，而政教亦是不分的。又說：「國之大事，在祀與戎」，因此不僅應涉及到經濟與教育，還應講到軍事與宗教。在教育上，孔子是主張：有教無類的。是一個教育機會平等主義者，更是一個生活教育、人生教育、文武合一教育、倫理教育，與科學、生產教育論者（六藝教育），以及詩教、禮教四育並重的教育。在軍事上，中國有重道主德的孫子兵經，爲歐美軍事家所推崇。在宗教上，中國人原本是重知生、重事人的。佛教傳入後，引發了道教，但主張信教自由，而又多主在心而不在跡，明其理而不必迷其事行。

㈢道家的人君術

道家，漢書藝文志：「清虛以自守，卑弱以自持，此君人南面之術也。」辭海按：「漢家所載道家書，有伊尹、太公等，蓋其言皆所謂人君南面之術也。」伊尹助湯，代夏而有天下；太公助武，伐殷而王中國。老子一書，頗多此類言論，「所以，漢初稱黃老，取其敗蚩尤，而取天下也。那麼老子書有那些言論」，是屬於此類呢？摘述如次：

「聖人處無爲之事，行不言之教，萬物作焉而不辭，生而不有，爲而不恃，功成而不居。」（第二章）聖人，指的便是明王，而有內聖外王之道者。

「聖人之治，虛其心，實其腹，弱其志，强其骨。常使民無知無欲，使夫知者不敢爲也。爲無爲，則無不治。」（第三章）黃老無爲之治，本此。其實，他是無不治的。

「道常無爲，而無不爲，侯王若能守，萬物將自化。」（第三十七章）

「取天下常以無事，及其有事，不足以取天下。」（第四十八章）

「聖人無常心，以百姓心爲心。善者，吾善之；不善者，吾亦善之，德善矣。信者，吾信之，不信者，吾亦信之，德信矣。聖人之在天下，慄慄爲天下渾其心，百姓皆注其耳目，聖人皆孩之。」（第四十九章）

「以正治國，以奇用兵，以無事取天下。……故聖人云：我無爲而民自化，我好靜而民自正；我

無事而民自富，我無欲而民自樸。」（第五十七章）

「治大國若烹小鮮。」（第六十章）

「聖人欲不欲，不貴難得之貨；學不學，復衆人之所過。以輔萬物之自然，而不敢爲。」（第六十四章）

「聖人云：受國之垢，是謂社稷主；受國之不祥，是謂天下王。」（第七十八章）

以上，人君之術，主爲無爲。無爲之道，主爲「柔弱處上」；「清淨，爲天下正。」因此，司馬談最推崇他，而說：「其術以虛無爲本，以因循爲用。……故能爲萬物主。虛者，道之常也；因者，君之綱也。羣臣并至，使各自明也。」

四 儒家的人臣學

儒家，漢書藝文志：「助人君順陰陽，明教化者也。」易傳說卦：「立天之道，曰陰與陽。」所謂順陰陽，便是贊天地之化育。此義，中庸詳之。

第二十二章：「唯天下至誠，爲能盡其性；能盡其性，則能盡人之性；能盡人之性，則能盡物之性，能盡物之性，則可以贊天地之化育；可以贊天地之化育，則可以與天地三矣！」

第二十五章：「誠者，非自成己而已也，所以成物也。成己，仁也；成物，知也。性之德也，合外內之道也。」

盡己之性，盡人之性，盡物之心，便是贊天地之化育，便是順陰陽。

至於明教化，孟子：「學則三代共之，皆所以明人倫也。」「人之有道也，飽食煖衣，逸居而無教，則近於禽獸，聖人有憂之，使契爲司徒，教以人倫。」教以人倫，便是最高的教化。如能助人君教人盡人性，教人明人倫，便是大儒，便是儒之大效。以其助人君也，所以說之爲人臣學。

這一個人臣學，在大學上，說之爲「親民」，說之爲齊家、治國、平天下。但，齊治平并不是一蹴可幾的，因而必須先修其身，欲修其身者，先正其心；欲正其心者，先誠其意；欲誠其意者，先致其知，致知在格物。欲親民者，亦必先明明德。因而這一個三綱領、八條目，是一貫的，不可割裂。

在中庸上，有一哀公問政章，說：天下之達道五（五倫），天下之達德三（智仁勇）「知斯三者，則知所以修身；知所以修身，則知所以治人；知所以治人，則知所以治天下國家矣。凡爲天下國家有九經，曰：修身也，尊賢也，親親也，敬大臣也，體羣臣也，子庶民也，來百工也，柔遠人也，懷諸侯也。」

這兩套說法，都是有系統的。大學一篇，　國父稱之爲政治哲學，「把一個人從內發揚到外，推到平天下止。」中庸一篇，　蔣公講之爲政治的道理，「把人的品格提高起來，把人的價值或功效發揮出來，把人和人的關係修明起來。」都是以人爲本，盡人性的；順陰陽、明教化的。

同時，中國以有道家的人君術，與儒家的人臣學，各能發揮盡致，而成中國的極高明的政治學。豈止政治哲學，外國人要向中國學習哉？

十五、道家與玄學

㈠道家

先秦時代，黃老稱道家。漢初，史記自序：「道家使人精神專一，動合無形，贍足萬物，其爲術也，因陰陽之大順，采儒墨之善，撮名法之要；與時遷移，應物變化，立俗施事，無所不宜。指約而易操，事少而功多。……其術以虛無爲本，以因循爲用。無成事，無常形，故能究萬物之情，不爲物先，不爲物後，故能爲萬物主。有法無法，因時爲業；有度無度，因物與合，故曰聖人不朽，時變是守。虛者，道之常也；因者，君之綱也；羣臣并至，使各自明也。……」

漢書藝文志云：「道家者流，蓋出於史官，歷紀成敗存亡禍福古今之道，然後知秉要執本，清虛以自守，卑弱以自持，此君人南面之術也。」

漢初，尊崇的是：黃老的道家。黃帝，是被攀緣的，老子，在西漢的史記上，列舉了三個人，結語是：「世莫知其然否？」漢去古未遠，司馬遷已經是「世莫知其然否」，其他可想見了！

前人對於老學的批評。第一個是莊子，他說：「以本爲精，以物爲粗，以有積爲不足，澹然獨與神明居，古之道術，有在於是者，關尹、老聃聞其風而悅之。建之以常無有，主之以太一。以濡弱謙下爲表，以虛空不毀萬物爲實。」（天下篇）

次之，則爲荀子，他說：「老子有見於詘，無見於信。」（天論）接下去，便是呂氏春秋，他們認爲：「老聃貴柔」（不二篇），以及前引司馬遷與班固之論。老子一書，是多方面的，被列入黃老一類的，主爲：

一、無爲之治 第三章：「聖人之治，虛其心，實其腹，弱其志，強其骨。常使民無知無欲，使夫知者不敢爲也；爲無爲，則無不治。」第三十七章：「道常無爲，而無不爲。」第五十七章：「我無爲，而民自化。」第六十章：「治大國，若烹小鮮。」第六十四章：「聖人無爲，故無敗；無執，故無失。」他的無爲，是個手段，一則是「羣臣幷至，使各自明也。」另一則是：「我無爲而民自化。」所以，說這是一個「君人南面之術」；而其目的，乃在臣的自明，民的自化，無爲之治。

二、以無事取天下 第五十七章云：「以正治國，以奇用兵，以無事取天下。……我無事而民自富，我無欲而民自樸。」第四十六章亦說：「取天下常以無事；及其有事，不足以取天下。」漢取天下，以道家的張良爲謀主，以「無事」與「柔」，取得了天下；及其治國也，更用黃老之術，以謀無爲之治。

道家，這一個階段的學術，本可說之爲道學，但，宋史有道學傳，以述宋儒性命之學，因此，便不可稱道家爲道學了。無已，仍稱之爲道家。

(二)玄學

三國魏人何晏字叔平，好莊老言，與夏侯玄等競事清談，士大夫效之，遂爲一時風尚，以莊老之旨詮釋論語，稱論語集解。魏氏春秋云：「何晏善談易老」。與其同時而年稍幼的有王弼。弼字輔嗣，正始十年卒，年僅二十四。彼則以老莊註周易；又註老子。晉書論此二人云：「魏正始中，何晏王弼等，祖述老莊立論，以天下萬物皆以無爲爲本。無也者，開物成務，無往不存者也。陰陽恃以化生，萬物恃以成形，賢者恃以成德，不肖恃以免身，故無之爲用，無爵而貴矣。」（王衍傳）

阮籍字嗣宗，著有達莊論。嵇康字叔夜，著有養生篇。同爲竹林七賢之一，亦同好老莊。但，阮嵇之學，頗與王何異趣。王注易，何解論語，仍以儒爲主，仍是儒家的傳統，儒家的精神。至阮嵇，則非薄經籍，直談老莊了；王何喜援老子，少及莊子；而阮嵇則老莊并稱，莊周尤所尊尚矣！

嗣宗的達莊論，以爲「彼六經之言，分處之教也；莊周之云，致意之辭也。」叔夜「每非湯武而薄周孔」，而曰：「老子莊周，是吾師也。」（與山巨源絕交書）又曰：「甯如老聃之清靜微妙，守玄抱一乎？將如莊周之齊物變化，洞達而放逸乎？」（卜疑）

晉人向秀字子期，爲竹林七賢之一，與嵇康善。曾注莊子，發明奇趣，振作玄風。郭象字子玄。亦好老莊，能清言。先是，向秀爲莊子解義，惟秋水、至樂二篇未竟而卒；象得其別本，自注二篇，合之以問世，其後秀義別本出，故有向郭二莊，其義一也。向郭雖注莊，但非莊意。如：「莊子之大意，在乎逍遙遊放，無爲而自得，故極小大之致，以明性分之適，達觀之士，宜要其會歸，而遺其所寄，不足事事曲與生說。」

向郭注又有：「夫神人卽今所謂聖人也。聖人雖在廟堂之上，然其心無異於山林之中，世豈識之哉？徒見其戴黃屋，佩玉璽，便謂足以纓紱其心矣；見其歷山川，同民事，便謂足以憔悴其神矣。豈知至至者之不虧哉？」

在莊子，原分「神人無功，聖人無名」，神人「遊乎四海之外」，「孰弊弊焉以天下爲事？」郭注，直認「神人卽今所謂聖人也。」而聖人身在廟堂之上，心寄山林之中，神人不遊乎四海之外，而以天下爲事了！這豈是莊意哉？祇向郭之俗論耳。以史稱向秀隨計入洛，文帝問曰：「聞子有箕山之志，何以在此？」秀曰：「巢許狷介之士，未達堯心，豈足多慕？」果爾，不僅大違莊意，且跡近卑鄙矣！

向郭解莊義旣大行，及於東晉，始有糾其失者，則爲方外之佛徒矣！世說載：「莊子逍遙篇，舊是難處，諸名賢所可鑽味，而不能拔理於郭向之外。支道林，在白馬寺中，將馮太常共語，因及逍遙，卓然標新理於二家之表，立異義於衆賢之外，皆是諸名賢尋味之所不得，後遂用支理。」

支氏逍遙論曰：「夫逍遙者，明至人之心也。莊生建言大道，而寄指鵬鷃。鵬以營生之路曠，故失適於體外；鷃以在近而笑遠，有矜伐於內心。至人，乘天正以高興，遊無窮於放浪，物物而不物於物，則遙然不我得。玄感不爲，不疾而速，則逍然靡不適，此所以爲逍遙也。若夫有欲當其所足，足於所足，快然有似天眞，猶飢者一飽，渴者一盈，豈忘烝嘗於糗糧，絕觴爵於醪醴哉？苟非至足，豈所以逍遙乎？」

這一個潮流，往前發展，至南朝宋文帝時，始使丹陽尹何尚之立玄學，與史學、文學、儒學，合爲國學之四學。玄學，除老莊外，包括了儒家的周易。此周易一書，通儒道二家；而儒道二家，亦因周易一書，成「通家之好」（借用語）了！

莊周之論，已見於齊物論：「凡物無成無毀，復通爲一」；而人亦是「方生方死，方死方生」；「至人神矣……而遊乎四海之外，死生無變於己」；「聖人不從事於務……而遊乎塵垢之外。」彼以此齊物論之智慧，而謀達逍遙遊之境界。逍遙遊，是一個怎樣的境界呢？莊周說：「舉世譽之而不加勸，舉世非之而不加沮；定乎內外之分，辨乎榮辱之境」；「而遊乎四海之外」；「無所可用，安所困苦哉？」

魏晉玄學，把老子亦拉入莊周之列，老子是否也有這些呢？老子說之爲：

一、天之道　第九章：「功成名遂身退，天之道。」第七十七章：「天之道，其猶張弓乎，高者抑之，下者舉之，……天之道，損有餘，而補不足。」第八十一章：「天之道，利而不害。」

二、玄德　第十章：「生而不有，爲而不恃，長而不宰，是謂玄德。」（五十一章亦如此說）第一章：「玄之又玄，衆妙之門。」

三、聖人之道　第八十一章：「聖人之道，爲而不爭。」第八章：「夫惟不爭，故無尤。」第六十六章：「以其不爭，故天下莫能與之爭。」

這一些「不有」「不恃」「不宰」「不爭」，清靜、恬淡、隱退之道，是有合於莊周「不爲有國者所羈」的。齊萬物，一生死「不譴是非，以與世俗處」；「獨與天地精神往來」，此或爲莊老之主旨，魏晉人所向往者乎？

老子一書，又名道德經，春秋老聃撰（隋書經籍志作李耳撰，即老聃）。今所傳之古注本，有河上公註及王弼註。宋蘇轍有道德經解二卷；明焦竑有老子翼三卷；及老子考異一卷，採古今解老子者六十四家，輯其精語以成一篇，益以自著之筆乘，頗爲賅備。

莊子一書，又名南華眞經。戰國莊周撰。古註有晉司馬彪、孟氏、崔譔、向秀、郭象五家。現存者，惟郭注本，凡十卷，餘皆散佚。唐有成玄英疏；明有焦竑莊子翼，所採郭象等注家，凡二十二家；清有郭慶藩莊子集釋，尤爲精博。

十六、佛學與禪宗

佛學於漢明帝十年（西元六七年）傳入中國。東晉孝武帝太元九年（西元三八四年）惠遠入廬山，創念佛的白蓮社。這中間的三百多年，是佛學的傳譯時期，一方面，興起了漢末的道教；另一方面，更興起了魏晉的玄學。白蓮社是中國自創佛法之始，以禪觀行而念佛。

至隋開皇十三年（西元五九三年）天台山智者大師創天台宗與天台學；杜順禪師立華嚴宗與華嚴學。同時開放了大乘佛學的雙葩。唐太宗貞觀十九年（西元六四五年）玄奘三藏創立了唯識學；高宗儀鳳元年（西元六七六年）惠能在曹溪弘傳禪宗。唐玄宗開元二年（七一四），無畏至京師傳眞言宗。此後稱大乘佛學爲性相台賢禪淨律密八宗，前四者稱佛學，後四者稱佛法或行法。禪宗教外別傳，既爲「無學道人」，亦「不作觀行」。禪宗東傳日本，近代日本大學始將之稱爲「禪學」；近年，國人佛鄰居士，將之稱爲禪宗學，以禪觀行爲禪學。綜計自東晉太元九年（三八四）至唐武宗會昌三年（八四三）約五百年間，爲大乘佛法八宗並秀，禪宗五葉分披的黃金時代。但論佛學僅談台賢相三學，以三論宗已併入天台宗也。

㈠天台學

天台學，依法華經，弘揚教觀，依智度論，立一心三觀。天台大師，著述甚富，多由門人章安（灌頂）筆錄而成。所著法華玄義、法華文句、摩訶止觀，稱爲天台三大部；觀音玄義、觀音義疏、金光明玄義、金光明文句、觀經疏，稱爲五小部。其後，荊溪尊者（湛然）著法華玄義釋籤、法華文句記、摩訶止觀輔行傳弘決等。

伊人法師義例云：「一家教門所用義旨，以法華爲宗骨，以智論爲指南，以大經爲扶疏，以大品爲觀法，引諸經以增信，引諸論以助成，觀心爲經，諸法爲緯，織成部帙，不與他同。」由此看來，天台學，爲隋時集佛學之大成者。

不僅集諸經論之大成，且集數宗派之大成。第一、慧觀、慧嚴諸法師涅槃宗的立論，以法華爲同歸教，而以涅槃爲常住教，加於法華之上；後來由智者大師運用其天才融合法華涅槃爲一時，涅槃宗遂歸入天台。第二、三論宗或四論宗，諸師所說之義，亦皆爲智者大師收歸其或通、或別、或圓之教。如一心三觀，依智度論；一境三諦，依中論。第三、成實論亦爲天台所取，此論在梁朝宏傳最盛，所以當時有成實宗的建立。智者大師的通教教義，多取於成實論。此外，地論宗，攝論宗之教義，亦汲取之，置入摩訶止觀菴摩羅識中；至於藏教教義，則多取材於舊俱舍論。由這多方面的先河，遂集成了天台學的廣大學海。

天台學的要義甚多，略述之，有：

一、判教立宗　本宗判釋佛陀一代所說之教，爲五時八教。五時者：華嚴時、阿含時、方等時、般若時、法華涅槃時。八教者，化儀四教：頓、漸、秘密、不定；化法四教：藏、通、別、圓。然此化儀化法八教，皆爲法華以前之教；法華時，衆生根機已熟，會三歸一，故無差別；可謂高出八教之表。法華雖屬圓教，與以前的圓教不同，因其攝以前諸教，而達於純圓獨妙之極！

二、教相觀心　本宗闡發法華玄妙之教義，謂吾人心中具十界三千之諸法；靜觀此心，可悟煩惱卽菩提，生死卽涅槃之理。於此分爲教相，觀心二門：教相依五時八教之義，開啓智解；觀心，卽以此智解返求諸心。

三、十界三千　十界，卽十法界。自地獄、餓鬼、畜生、修羅、人間，至天上之六界，皆在迷妄之境，稱爲六凡；自聲聞、緣覺、菩薩，至佛之四界，同在悟境，稱爲四聖。天台大師，取此十界，以立互具之義，故能昨日地獄，今日人間；今日凡人，明日如來；悟迷升沈之理瞭然，解脫進取之義亦顯。

進而一界有十如是，十界卽有百如是；更以十界互具而成百界，百界各有十如是，是爲百界千如；依此更演出一念三千之理。如是者，現實之意；言諸法之當體，具備性相等十義。前言百界千如，而千如中各有三世間，則成一念三千之法數。三世間之名，卽衆生世間，十界衆生之正報；國土世間，卽依報；五陰世間，爲構成依正二報之要素，卽吾人之身心，所謂色受想行識五蘊之法體也。此三千諸法，實具於吾人一念之心。三千諸法，一一畢現於中，曰理具三千；三千諸法，所有種種差別，曰事造三千。事理無別，名曰事理不二，乃此宗本旨。

四、三諦三觀　本宗對於宇宙萬象，悉以三諦說明之。三諦者，空、假、中也。質言之，宇宙的本體曰空，其現象曰假，妙用曰中，三而一，一而三。始終心要，謂三諦爲天然之性德，迷此理者，謂之三惑。三惑者，卽見思惑、塵沙惑、無明惑。

三惑皆昧於空假中之理，今欲破之，必須修空假中之三觀。三觀非各別之物，皆具於一心之中，故曰一心三觀。今修觀斷惑，當下卽證涅槃，而受菩提之妙果。此外，尙有六卽義、性具義等，使此宗教理更見圓融。

(二)華嚴學

華嚴學，主依華嚴經，而判教則多依大乘起信論。華嚴學的先河，有兩系：一是地論宗的慧光系，一是攝論宗的眞諦系。地論就是華嚴十地經論，在北魏時，慧光將異譯會通爲一而弘揚之，遂立地論宗；相傳華嚴第二祖的智儼，就是出於慧光系之下。後來，華嚴盛弘，地論宗遂入華嚴。眞諦譯攝論，亦譯起信論。起信論，爲賢首所宗依，因此說攝論眞諦系，亦是華嚴學先河之一。

華嚴學之要義，主爲：

一、三時十宗　華嚴第三祖賢首國師，判教立宗，華嚴法門，由此大行，故又稱賢首宗。三時是：一先照時，二轉照時，三還照時。先照時，謂佛先說華嚴大乘，如日出光照高山；轉照時，爲度三乘人，說三乘法，令漸次證入佛之菩提；還照時，說法華等會三歸一，如日沒時仍照高山。三論宗之吉藏，立三種法輪，亦略同此三時義。此外，賢首更立十宗十儀。

第二祖智儼，建立了小始終頓圓的五教。圓教，明事事無礙，一卽一切，一切卽一，爲華嚴經所說。

二、十玄六相　眞如法界，隨緣轉動，而成差別諸法；諸法復各各緣起，圓融無礙；顯此法門，曰十玄緣起無礙門，杜順所立者爲古十玄，賢首稍改動者，稱新十玄，表之如次：

古十玄	新十玄
一同時具足相應門	一同時俱足相應門
二因陀羅網境界門	二廣狹自在無礙門
三秘密隱顯俱成門	三一多相容不同門
四微細相容安立門	四諸法相卽自在門
五十世隔法異成門	五隱密顯了俱成門
六諸藏純雜具德門	六微細相卽安立門
七一多相容不同門	七因陀羅網境界門
八諸法相卽自在門	八托事顯法生解門
九唯心廻轉善成門	九十世隔法異成門
十托事顯法生解門	十主伴圓明具德門

以上十玄門，可謂已具備萬有法門：事事物物，相卽相入，無礙自在，而差別之相，歷歷分明；雖有差別，實具重重無盡緣起一體之關係。故觀一微塵，可擧法界而全收之；法界亦悉攝一微塵；事事無礙，玄妙不可思議，故稱十玄門。

至於六相，出華嚴經，十地論闡發之，智儼更發揮其妙旨。表之如次：

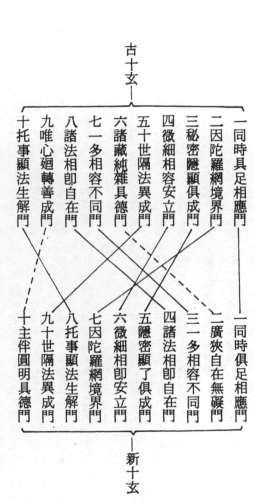

六相圓融			
體（第一對）	總	平等	（圓融門）
	別	差別	（行布門）
相（第二對）	同	平等	（圓融門）
	異	差別	（行布門）
用（第三對）	成	平等	（圓融門）
	壞	差別	（行布門）

三、緣起法界　緣起有四：一曰業感緣起，為小乘教所明之義；二曰賴耶緣起，為大乘相始教所明之義；三曰眞如緣起，為大乘終教所明之義；四曰法界緣起，為本宗圓教所明之義。

法界亦有四：一曰事法界，二曰理法界，三曰理事無礙法界，四曰事事無礙法界。又有法界三觀，一曰眞空觀，依理法界而立；二曰理事無礙觀，依理事無礙法界而立；三曰周徧含容觀，依事事無礙法界而立。

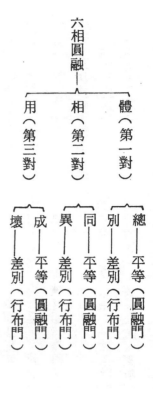

㈢唯識學

唯識學，近代太虛大師，判之為外入流；但以玄奘三藏參綜融鑄而撰「成唯識論」，窺基繼之，有百部論主之稱。唯識學，雖為天竺之有宗，但在彼邦未獲盛行，今談唯識論，非求之中國不可。何況宋明以來，所稱教下三家，亦舉唯識（慈恩）與天台、賢首（華嚴）並稱呢！基於此，亦應認它為中國的佛學。

此學所宗之經論較多，有六經十一論之說，六經即：華嚴、深密、如來出現功德莊嚴、大乘阿毗達磨、楞伽、密嚴等；十一論，即：瑜伽師地、顯揚聖教、大乘莊嚴、集量、攝論、十地經、分別瑜伽、觀所緣緣、二十唯識、辨中邊、集論等。六經之中，如來出現，阿毗達磨二經，未傳譯；十一論中，分別瑜伽亦未譯。此宗之先河，除眞諦攝論外，尚有俱舍論。

本宗要義，主要的是：

一、三時判教　本宗據解深密經，判佛之說教爲三時：第一時爲有教，又曰初教；第二時爲空教；第三時爲中道教。解深密經等明非有非空之中道，稱爲心空境有論，即唯識宗。

二、五位百法　五位百法，爲心法八，心所法五十一，色法十一，不相應行法二十四，無爲法六。本宗謂心外無法，色法乃心中所現的假法。

三、種現相生　第八識中所藏之種子，遇緣而顯現時，謂之種子生現行。能生者爲種子，所生者即前七識之現行。能生之種子爲因，所生之現行爲果。此前七識之現行，復能熏習第八識而成種子，謂之現行熏種子，能熏者即現行前七識，所熏者即新熏種子。此能熏之種子，所生之現行，及所熏之種子，三法展轉，因果同時。

四、三性四智　本宗明眞妄之義，總立三性：一曰偏計所執性，二曰依他起性，三曰圓成實性。依此三性，又說三無性：一曰偏計所執，由妄見而生，實無體相，謂之相無性；二曰依他起性，從衆緣生，謂之生無性；三曰圓成實性，證我法二空後方顯，超情離相，謂之勝義無性。

四智者：一大圓鏡智，二平等性智，三妙觀察智，四成所作智。此四智轉有漏之八識所成，攝盡佛地一切無漏有爲功德。此外，尚有五重唯識觀，三乘行果等，亦極重要。

四禪宗

禪宗，本來「無學」，尤其是南宗。然而，今值末法時期，上智利根者少，不得已，藉學以明心，始說禪宗學。以明理事全收，空有不二之新義。

禪宗學的經論依據，主爲二經：楞伽經與六祖壇經；次之，則爲歷代的語錄與公案。一方面，保存六祖傳統——言下頓悟；另一方面，也要承續北宗「時時勤拂拭，勿使惹塵埃」，在事行上漸修功夫。

禪宗，亦本來「無行」，誌公云：「大道不由行得，說行只爲凡愚，得理返觀於行，始知枉用功夫。」四祖亦說：「汝但任心自在，莫作觀行，亦莫澄心。」六祖更說：「心平何勞持戒，行直何用修禪？」但今天誰敢說心已平，行已直呢？不持戒，不修禪怎麼行？因此今天的禪宗，不單要有學——看公案，習語錄；且須要行——習定以調心，參禪以悟道。這一個學與行並重的，便是禪宗學。

五人生佛學

佛學而後禪宗，禪宗本主「無學」。其後，又經宋代儒學的復興，明代的心學的宏揚，因而逐漸式微。至清，有人譏之只剩「阿彌陀佛」四個字了。這當然也是過甚之詞，但是，佛學衰微，也是不爭的事實。

清末，佛學界出了幾個巨人，安徽楊仁山其著者。他做過駐英的外交官，是有新知識與世界眼光的學人。後來，歸隱金陵，從日本請回佛家的遺經，一面做刻經的工作，為釋迦傳遺經；一面又做講學的工作，為往聖繼絕學。

太虛和尚、歐陽竟無，傳了他的法相唯識學，而時賢亦多聞風興起：諦閑復興了天台學，月霞復興了華嚴學。其後，太虛更創獲了「人生佛學」。他認為：

「依聲聞行果，是要被詬為消極逃世的；依天乘行果，是要被誘為迷信神權的，不惟不是方便，而反成為障礙了。所以，在今日的情形所向的應在……依人乘行果，而進趣大乘行的。」（全書法藏五二八頁）

這一個「依人乘行果，進趣大乘行」的佛學，便是人生佛學。其要義，他說：

「依著人乘正法（五戒十善—思註）先修成完善的人格，保持人乘的業報，方是時代的所需，尤為我國的情形所宜。由此向上增進，乃可進趣大乘行……使世界人類的人性不失，且成為完善美滿的人間。」（同上）

又說：

「於人類的共存共榮關係上，於東西各民族的人生哲學基礎上，以大乘初步的十善行佛學，先完成人生應有的善行，開展為有組織、有紀律的大乘社會生活。再從十住、十行、十廻向、十地的佛學，發達人性中潛有的德能，重重進化，以至於圓滿福慧的無上正覺。」（全書法藏九三五頁）

這樣的人生佛學，不僅是中國的，且是世界的；不僅不是迷信的，且是科學的；不僅不是戲論的，且是實證的。

㈥結語

人們一提起中華文化，多數祇認儒家爲其主流，頂多拉上一個道家作陪。殊不知：從東晉到唐末，這五百年間，佛學與禪宗，便是中華文化的主流，且已獨挑了這個千斤的重擔！由於這五百年佛學的冲擊，始刺激了儒家。儒者一方面學於佛家與道家；另一方面，出入釋道，而返於儒家，中興了儒家，建立了宋代的新儒學。明儒繼之，更禪宗化，且直認「聖人之學，心學也」，而幾同於禪矣！

客觀地說來，中國文化，雖以儒家與道家爲本；但移植而來的佛學，亦在中國土壤中，接受了中國的陽光、空氣、水份，而生根，而開花，而結果矣！天台、華嚴與禪宗，均中國文化同化下所結的碩果也。中國近二千五百年的歷史，儒家與道家，都共始終、共榮辱，說之爲主流，固無異議！但佛學於西元六十七年傳入中國，亦已近二千年了；此二千年中，它亦曾獨挑了中華文化重擔五百年，其後，也一直與中國歷史文化，不可分割；何況近十年來更有數以千計的大專青年研究佛學，他們將來都是社會領導份子，因此必可望它教化廣大的地區，衆多的人民。

因此，我們認爲：中華文化的主流有三，儒道佛如鼎之三足，缺一不可。是以述中華文化中的佛學與禪宗學。

十七、理學的發展

理學，亦云性理學，又稱道學。程明道講：「在天爲命，在義爲理，在人爲性，主於身爲心，其實一也。」朱晦庵講：「性卽理也。」因而稱理學，又稱性理學。明張九韶撰理學類編八卷，以周濂溪、程明道、程伊川、張橫渠、邵康節、朱晦庵六家之言爲主。清孫奇逢撰理學宗傳二十六卷，以周、二程、張、邵、朱，以及陸九淵、薛瑄、王陽明、羅洪先、顧憲成十一人爲正宗。明胡廣等奉敕撰性理大會七十卷，所採宋儒之說，一百二十家共二十六卷。淸聖祖擷其精華，編爲性理精義十二卷。

道學之稱，見於宋史道學傳。淸黃宗羲撰，全祖望修：宋元學案一百卷。梁啓超謂此書，爲宋元理學之總記錄。本此，稱程朱系統的，爲理學；而以道學易與道家之學混；性理學，亦以其較生疏，而不採用。本此浩瀚之卷帙，略述此學之師承派別如次。

㈠北宋理學

漢唐儒，功在傳經，淸儒，功在釋經；宋元明儒，重聖賢，更勝於重經典；重義理，更勝於重訓詁。先秦以來，思想上是儒道對抗；唐宋以下，則成爲儒佛對抗。儒道對抗，是天人問題；儒佛對抗，則是心性問題。因此，唐韓愈作原道原性，提出了儒家的道統，以及存心養性的孟子；其徒李翺又作復性書，提倡了傳授心法的中庸。由此，以啓宋代的理學。

一、周濂溪　宋代理學的開山，應推之於周濂溪。周敦頤字茂叔，學者稱濂溪先生，湖南道州人。曾當過幾任小官，輾轉於江西、湖南、四川、廣東諸省。晚年隱居於江西廬山。

濂溪之學，主爲一部易通書，一篇太極圖說。太極圖說全文如次：

「無極而太極，太極動而生陽，動極而靜，靜而生陰；靜極復動，一動一靜，互爲其根，分陰分陽，兩儀立焉。陽動陰靜，而生水火木金土，五氣分布，四時行焉。五行一陰一陽也，陰陽一太極也，太極本無極也。五行之生，各一其性，無極之眞，二五之精，妙合而凝。乾道成男，坤道成女。二氣交感，化生萬物。萬物生生而變化無窮焉。

惟人也，得其秀而最靈。形既生矣，神發知矣，五性感動而善惡分，萬事出矣。聖人定之以中正仁義而主靜，立人極焉。故聖人與天地合其德，日月合其明，鬼神合其吉凶，君子修之吉，小人悖之凶。故曰立天之道，曰陰與陽；立地之道，曰柔與剛；立人之道，曰仁與義。又曰原始反終，故知死生之說。大哉易也，斯其至矣。」

此說，文字不多，義理至豐。四時行焉，化生萬物，說自孔子，載於論語。與天地合其德一段，均見易傳。以此，論者多謂其思想源於易學。近人亦有謂其前半段爲宇宙論，後半段爲人生論者。

通書大義，與太極圖說，沒有分別，惟通書多用中庸，更要的是一「誠」字。他說：「誠者，聖人之本；聖，誠而已矣。」

濂溪之學，並不重在思辨上，更重要的是履踐。因此，他說：「伊尹、顏淵，大賢也；志伊尹之所志，學顏子之所學。」伊尹，聖之任者，志在致君澤民；顏子，聖之藏者，窮也不改其樂。程明道曾說：「某受學於周茂叔，每令尋孔顏樂處，所樂何事？」又說：「再見茂叔後，吟風弄月以歸，有吾與點也之意。」

二、邵康節

邵雍，字堯夫，學者稱康節先生。先是一刻苦力學人，曾居蘇門山百源之上，「日不再食，夜不就席者有年。」繼之是一豪放人，周遊齊魯宋鄭之間。又後是一虛心折節人，師事挺之，受性命之學，「雖野店，飯必襴，坐必拜。」學成，則為一曠達和怡人，居處名安樂窩，自號安樂先生。「羣居燕飲，笑語終日，不甚取異於人。」

康節精數學，著有皇極經世；又著有觀物篇、漁樵問答。他的思想，簡言之，則為：「天主用，地主體。聖人主用，百姓主體。」前二句，是宇宙論；後二句，便是人生論了。在人生論上，他又說：「君子之學，以潤身為本，其治人應物皆餘事也。」因此，他有自得之樂。

他的觀物篇，近人有說之為觀物哲學者，他說：「道為天地之本，天地為萬物之本。以天地觀萬物，則萬物為物；以道觀天地，則天地亦為萬物。道之道盡於天，天地之道盡於物，天地萬物之道盡於人。人能知天地萬物之道，所以盡於人者，然後能盡民也。」

又說：「人之所以靈於萬物者，謂其目能收萬物之色，耳能收萬物之聲，鼻能收萬物之氣，口能收萬物之味。聲色氣味者，萬物之體；耳目鼻口者，萬物之用也；體用交，而人體之道備。然則人亦物也，聖亦人也。……是知人也者，物之至；聖也者，人之至。人之至者，謂其能以一心觀萬心，一身觀萬身，一世觀萬世。能以心代天意，口代天言，手代天工，身代天事。能上識天時，下盡地理，中盡物情，通照人事。能以彌綸天地，出入造化，進退古今，表裏人物。」

這兩段話，說的很好。「天地萬物之道，盡於人」，而人可以代天，是一個人本論，也是一個天人合一論。至於觀物，他更說：「反觀者，不以我觀物，以物觀物之謂也。」「以物觀物，性也；以我觀物，情也。性公而明，情暗而偏。」「既能以物觀物，又安有我於其間哉？」

程明道稱讚他「振古之豪傑也」、「內聖外王之道也」。

三、張橫渠　張載，字子厚，學者稱橫渠先生。十八歲，上書謁范仲淹，范氏知其遠器，手中庸一篇授之，并謂：「儒者自有名教可樂，何事於兵？」遂志於道，已求之釋老，乃反求之六經。宋史說：「橫渠之學，以易為宗，以中庸為體。」

橫渠之學，誠如朱晦庵所說的：「苦心力索之功深。」他的宇宙論，盡在正蒙裏，他說：「太和所謂道，中涵浮沈升降動靜相感之性。」又說：「太虛無形，氣之本體。」太和之氣，是無形而不可感知的，所以又說太虛。因而又說：「氣之聚散於太虛，猶冰凝釋於水。」「知太虛卽氣，則無無。故聖人語：性與天道之極，盡於參伍之神，變易而已。」

由此轉入人生論，他說：「由太虛，有天之名；由氣化，有道之名；合虛與氣，有性之名；合性與知覺，有心之名。」又說：「由象識心，徇象喪心。知象者心；存象之心，亦象而已。」

他這一個人生論的實踐論，見於西銘。二程兄弟，極重西銘，明道說：「西銘，是橫渠文之粹者，自孟子後，儒者都無他見識。」伊川亦說：「西銘旨意，純粹廣大。」

此外，他尚有幾句名言，為後學所傳誦。他說：「為天地立心，為生民立命，為往聖繼絕學，為萬世開太平。」至於變化氣質之說，更為朱晦庵所重視，朱說：「氣質之說，起於張程，極有功於聖門，有補於後學，前此未曾說到。」

四、程明道　程顥，字伯淳，學者稱明道先生。河南洛陽人。十五六歲時，受學於濂溪；二十歲，舉進士，旋去鄠縣作主簿。在治學上，人說：「泛濫於諸家，出入於老釋者，幾十年，返求諸六經而後得之。」他自己則說：「吾學雖有所授受，天理二字，卻是自家體貼出來。」

因此，他講學不像前人，在講書本，而他則只是在講生活。他說：「聖人千言萬語，只是欲人將已放之心，約之使反復入身來，自能尋向上去，下學而上達也。」又說：「人心常要活，則周流無窮，而不滯於一隅。」「人心不得有所繫。」「學者，須敬守此心，不可急迫，當栽培深厚，涵泳於其間，然後可以自得。」

他這一種自得之樂，從閒適中得之，亦可於事務中得之。窗前草不除，他說欲常見造物生意；畜小魚數尾，他說欲觀萬物自得意。因而，他說：「百官萬務，金革百萬之衆，飲水曲肱，樂在其中。萬變俱在人，其實無一事。」又說：「學者不必遠求，近取諸身，只明人理，敬而已矣。」敬，並不是過份的嚴肅或枯寂；反之，而是：「敬須和樂，只是心中沒事也。」

他最重要的文字是識仁篇，他說：「學者先須識仁，仁者渾然與物同體，義禮智信皆仁也。識得此理，以誠敬存之而已。……天地之用，皆我之用。孟子言萬物皆備於我，須反身而誠，乃為大樂。若反身未誠，猶是二物有對，以己合彼，終未有之，又焉得樂？……此理至約，惟患不能守；既能體之而樂，亦不患不能守也。」明道確認：此理即在吾心，不必外求！

第二篇大文，便是定性書，他說：「所謂定者，動亦定，靜亦定，無將迎，無內外。……夫天地之常，以其心普萬物而無心；聖人之常，以其情順萬物而無情。故君子之學，莫若廓然而大公，物來而順應。……與其非外而是內，不若內外之兩忘，兩忘則澄然無事矣。……」明道重昌儒學，一面直指本心，一面又主性無內外，力斥是內非外之誤。定性識仁兩文同參，當更能盡程氏之精義。

五、程伊川

程頤，字正叔，學者稱伊川先生。伊川壽至七十五歲，對於理學多所發揮，貢獻極大。周邵與明道，多重在修心，而爲潤身之學；張子漸重知識，到伊川，則直言：「進學在致知」了。道問學這一派，至朱熹而益顯。後世所謂程朱，亦多指伊川。

他講致知，其工夫，只是一個「思」字，他說：「思曰睿，睿作聖，纔思便睿，以至作聖，亦是一個思。」他的所謂思，其實，就是格物，他說：「君子之學，將以反躬而已矣。反躬在致知，致知在格物。」又說：「致知在格物，非由外爍我也，我固有之也。因物而遷，迷而不悟，則天理滅矣，故聖人欲格之。」以及「欲思格物，則固已近道矣。是何也？以收其心而不放也。」格物，似與收心，爲同義語矣。因此，格物、致知、誠意、正心，仍是心性之學的四部工夫，而不是在物質上，亦不是在事物上，因物而遷，愈引愈遠。

關此，伊川說：「今人欲致知，須要格物。物，不必謂事物，自身之中，至萬物之理，但理會得多，相次自然豁然有覺處。」由格物又說到窮理，他說：「格猶窮也，物猶理也，窮其理然後足以致知。」

格物，就是窮理；格物、窮理，都是爲了明性。因爲：「性卽是理，理則自堯舜至於塗人一也。」「性卽理也，天下之理，原其所自，未有不善。」理的對面，是欲。他說：「不是天理，便是私欲。……無人欲，卽是天理。」

他說：「論性不論氣，不備；論氣不論性，不明。」他又怎樣論氣呢？他說：「氣有淸濁，稟其淸者爲賢，稟其濁者爲愚。」又說：「氣有善不善，性則無不善也。人之所以不知善者，氣昏而塞之耳。」

總之，伊川敎人，必先致知，致知在格物，也就是窮理。「在天爲命，在義爲理，在人爲性，主於身爲心：其實一也。心本善，發於思慮，則有善不善；若既發，則可謂之情，不可謂之心。」因此，他同意其兄的「涵養須用敬」之論，因爲「涵養久，則喜怒哀樂自中節。」既發之情，亦自可無有不善了。

㈡南宋理學

理學，到南宋，朱熹集其大成。

朱熹，字元晦，學者稱晦庵先生。十五六歲時，曾思禪學。十九歲，始中舉。年二十四，爲同安主簿，始從學於李侗。三十四歲，識張栻，知湘學。四十歲，更定中和舊說，學問始定型。——宗主二程，并提出讀書一項工夫，以補程門敎法之偏。四十三歲起，始開始大量著書，直到他七十一歲逝世時止。他自己亦說：「學庸語孟諸文字，皆是五十歲以前做了。」尤其是有關北宋理學的近思錄一書，則爲其四十六歲時編成。後人據此，稱理學濂洛關閩四派；閩，便是朱子學派，而建立了宋學之正統；更以四子書之弘揚，接續了孟子之傳，確立了中國之道統。

關於他的思想，主要的有：

一、理氣　他說：「天地之間，有理有氣。理也者，形而上之道也，生物之本也；氣也者，形而下之氣也，生物之具也。是以人物之生，必禀此理，然後有性；必禀此氣，然後有形。」又說：「未有天地之先，畢竟也只是理。有此理，便有此天地；若無此理，便亦無天地。……有理，便有氣流行，發育萬物。」

他的理，便是太極。因此他說：「事事物物皆有個極，是道理極至。……如君之仁，臣之敬，便是極。……總天地萬物之理，便是太極。」「太極，只是個極好至善的道理。」

二、心性　理是「生物之本」，氣是「生物之具」，理氣合而生人。人「必禀此理，然後有性」，朱子說：「孟子說得好，仁是性，惻隱是情，須從心上發出來。心統性情者也。性只是合如此底，只是個理，非有個物事。……惟其無此物事，只有理，故無不善。」又說：「心，譬水也。性，水之理也。性，所以立乎水之靜；情，所以立乎水之動。欲，則水之流，而至於濫也。才者，水之氣力，所以能流者；然其流有急有緩，則是才之不同。伊川謂：性禀於天，才禀於氣是也。只是性是一定，情與心，與才，便合着氣了。」

又說：「心，便是官人；性，便是合當做的職事；氣質，便是官人所喜尚，或寬或猛；情，便是當廳處斷事。」有這兩個比喻，這一個繁瑣的理論，或者容易明瞭些？

近人，有將理氣視爲宇宙論；將心性視爲人生論的，這些，亦確實是朱子思想的要點。

朱子對於宋學的貢獻，除此以外，則爲讀書方法的開示。弟子黃榦說：「其於讀書也，又必使之辨其音釋，正其章句，玩其辭，求其義。研精覃思，以究其所難知；平心易氣，以聽其所自得。然爲己務實，辨別義利，毋自欺其謹獨之戒，未嘗不三致意焉。蓋亦欲學者窮理反身，而持之以敬也。」

基此，錢穆教授說：「周張宇宙論形上學的部門，與二程的心性修養工夫，會合融和，又加上他自己（朱子）增入的讀書法，三流交匯，宋學遂臻於完整。」（宋明理學概述）

㈢程朱學派的擴展

朱子門下，濟濟多士，蔡元定字季通，建陽人。朱門第一高弟。其子九峯（名沈字仲默），爲朱子完成書經傳，及其自著的書集傳六卷，洪範皇極內篇五卷等。此外，陳北溪、黃勉齋等，尤爲一世碩儒；吳伯豐、李宏齋、張元德等，亦皆當代名士。陳北溪所著「性理字義詳解」一書，亦爲修「朱學」者必讀之書。因此諸子更擴展了「程朱學派」。

其後，元代的許魯齋（名衡字仲平），是一個純粹的程朱學者，著有魯齋全書七卷行世。元代爲異族統治，但以有魯齋故，不僅程朱之學得以繼續成長，且有助蒙古人漢化之功。

明初，除勅撰五經大全百七十卷、四書大全三十六卷外，又勅撰性理大全七十卷，程朱學之精粹，盡收其中。其時，曹月川（名端字正夫）作先驅，薛敬軒、吳康齋幷起，同爲泰斗。敬軒著有讀書錄及薛子道論，維持風敎，尤有功績。康齋名與弼字子傅，注重踐履，不事著述，爲一純粹儒者。

門下胡敬齋、陳白沙、婁一齋等，亦都是理學的大家。但已漸趨實踐之學，尊德性較重於道問學了！

清代，孫夏峯（名奇逢字啓泰）著有理學宗傳二十六卷、理學傳心纂要八卷。陸世儀字道威，號桴亭，太倉人，著有儒宗理要六十卷，專修「程朱學」。陸稼書（名隴其）著有問學錄四卷、讀朱隨筆四卷，是一個粹然的程朱學者。其後，漸入考證學的時代了！

程朱之學，至清初雖仍有大家，但大勢所趨似已近黃昏了！何況又出了一位專門反對程朱學的大將呢！他便是顏元，字渾然，號習齋。他認爲：程朱和孔孟，截然爲兩途。他一則說：「誤人才，敗天下者，宋學也。」（年譜）；再則說：「必破一分程朱，始能近一分孔孟。」其間，當然也包括了陸王。一竹竿，打盡了宋明的心性學人；但，另一方面，亦開啓了「實用主義」。惜乎！中國當時的環境，仍無法使其生長，亦因而中斷了這一個科學的幼苗！

十八、心學的發展

㈠前言

宋代，是理學的時代；南宋，更是理學集大成的時代。當理學發展到巔峯狀態時，陸象山出，不僅獨樹異幟，而且分庭抗禮，儼然敵國。至明代，王陽明出，幾取理學之地位而代之，且東傳日本，啓其後之明治維新，使其國富而兵強。

他們這一個學問，王陽明稱之爲「心學」，用別於宋代的、程朱的「理學」。其說，始見於王陽明序陸象山全集。其言曰：「聖人之學，心學也。」基此，以論宋明的心學發展如次。

㈡陸象山

陸象山（一一三九—一一九二）名九淵，字子靜，學者稱象山先生。撫州金谿人。生於南宋高宗紹興九年，卒於光宗紹熙三年，世壽僅五十四歲。兄弟六人，都是賢士：長兄九思學於鄉。二兄九敍，字子儀，從事實業，養育諸弟。三兄九皐，文行俱優，著有文集。四兄九韶，字子美，號梭山，與南宋理學大師朱熹爲友。五兄九齡，字子壽，號復齋，登進士第，任桂陽教授，以喪未就。

象山三歲喪母，由二嫂徐氏撫養成人。八歲，讀論語，疑有子之言爲支離，且指伊川之言不類孔孟。十三歲，讀宇宙二字之解爲：「上下四方之謂宇，古往今來之謂宙。」遂大悟曰：「宇宙內事，乃己分內事；己分內事，乃宇宙內事。」又說：「宇宙便是吾心，吾心卽是宇宙，東海有聖人出焉，此心同也，此理同也；西海有聖人出焉，此心同也，此理同也。千百世之上，至千百世之下，有聖人出焉，此心此理，亦莫不同也。」（象山全集三十六，年譜）

二十九歲，娶妻吳氏。三十四歲，登進士第，旋去雲台山築屋講學，顏其居曰「象山」。三十七歲，由呂東萊發起，約他與朱熹會於信州鵝湖寺。呂氏外，尚有其兄梭山與復齋等。四十三歲，訪朱熹於南康，并到白鹿洞書院講論語「君子喻於義小人喻於利」章。五十四歲，在荊門，冬十二月逝世。遺著有象山全集三十六卷，行於世。

至於他的學說，可得而言者約有：

（一）心卽理說　象山之學，主依孔孟，且常引孔孟之言，尤其是孟子以作證。首先他說「心卽理也」，曰：「蓋心一心也，理一理也，至當歸一，精義無二。此心此理，實不容有二。故夫子曰：吾道一以貫之。孟子曰：夫道一而已矣。又曰：道二，仁與不仁而已矣。仁，卽此心也，此理也。求則得之，得此理也。先知者，知此理也；先覺者，覺此理也。愛其親者，此理也；敬其兄者，此理也。見孺子將入井，而有怵惕惻隱之心者，此理也。」（全集一，與曾宅之書）

又說先立其大者，曰：「此理在宇宙間，未嘗有所隱遁。天地之所以爲天地者，順此理而無私耳。人與天地并立爲三，安能自私而不順此理乎？孟子曰：先立乎其大者，則其小者不可奪也。人惟不立大者，故爲小者所奪，以叛此理。」（全集十一，與朱濟道書）

這大者，在他，多指「心卽理」而言。

（二）朱陸之諍　朱陸之爭，見之於他們述懷的有：

象山詩曰：

墟墓興哀宗廟欽，斯人千古不磨心；
涓流積至滄浪水，拳石崇成華泰岑。
易簡工夫終久大，支離事業竟浮沈；
欲知自下升高處，眞僞先須辨古今。

朱熹晦庵詩曰：

德業風流夙所欽，別離三載更關心；
偶扶藜杖出寒谷，又枉籃輿度遠岑。
舊學商量加邃密，新知培養轉深沈；
卻愁說到無言處，不信人間有古今。

在象山，認爲朱子的「道問學」工夫，向外索求，是一番「支離事業」；而他自己的「尊德性」工夫，先立大者，反身而誠，「人之所不學而能者，其良能也，所不慮而知者，其良知也」；以及「仁義禮智，非自外爍我也，我固有之也」等，都是「易簡工夫」。並批判之曰：「易簡工夫終久大，支離事業竟浮沈。」此外的一些諍論，似爲枝葉問題。在朱子，當另有說，詳見上一章不贅。朱陸之爭，經元明，一直到清末，其間，也有調和折衷之論，容後詳之。

㈢王陽明

王守仁，字伯安，學者稱陽明先生。浙江餘姚人。十二歲，卽以作聖人爲第一等事。十五歲，出居庸關，逐胡人騎射，經月始返。十七歲，親迎於洪都，婚日，與道士趺坐忘歸。十八歲。謁婁諒，慨然謂曰：聖人，必可學而至。二十一歲，格竹子不通，轉而愛養生家言，又學兵法。三十一歲，歸越，習靜陽明洞。三十五歲，因忤宦者劉瑾，謫貴州龍場驛。三十七歲，始倡言良知之學。翌年，主講貴陽書院，始論知行合一。四十五歲，陞南贛等處巡撫；翌年平漳寇等。四十七歲，平大帽浰頭諸寇。四十八歲，擒宸濠。五十歲，專提致良知之教。五十六歲，復起，總督兩廣江西湖廣軍務，征思田。五十七歲，在平亂後班師途中去世。

綜其一生，誠如湛若水所說的：「初溺於任俠之習，再溺於騎射之習，三溺於詞章之習，四溺於神仙之習，五溺於佛氏之習；正德丙寅，始歸正於聖賢之學。」（陽明先生墓誌銘）

陽明的聖賢之學，分述如次：

一、良知　什麼是良知呢？他說：「天理卽是良知。」「良知，是天理之昭明靈覺處，故良知卽是天理。」這還不夠明顯，他又說：「知善知惡是良知。」「良知，只是個是非之心。只好惡，就盡了是非；只是非，就盡了萬事萬變。」

程明道，體貼出「天理」二字；王陽明，更於百死千難中，始得到「良知」二字，所以他說：「

某於此良知之說，從百死千難中得來，不得已與人一口說盡，只恐學者得之容易，把作一種光景玩弄，不落實用功，負此知耳。」

二、致良知　良知，是一個名詞。怎麼樣使它變成行動，變成人的行爲呢？必須「落實用功」。陽明提出一個「誠」字，他說：「凡學問之事，一則誠，二則僞。」「吾人爲學，當從心髓入微處用力，自然篤實光輝。」又說：「以誠意爲主，卽不添敬字。」此是陽明心學與程朱理學的分歧點。大程曰：「涵養須用敬」；陽明以誠意爲主。伊川曰：「進學在致知」，朱子教人要博學；陽明則以致良知爲主。致知與博學，向外探索；致良知，則是向內用功，向心著手。

三、知行合一　陽明說：「知是行的主意，行是知的工夫。知是行之始，行是知之成。若會得時，只說一個知，已自有行在；只說一個行，已自有知在。」因此，他說：「知行如何分得開？此便是知行的本體。」又說：「我今說個知行合一，正要人曉得一念發動處便卽是行了；發動處有不善，就將這不善的念克倒了，須要徹根徹底，不使那一念不善潛伏胸中，此是我立言主旨。」

四、怎樣作聖　從良知、致良知，到知行合一，都是手段，其目的，在作聖。換言之，亦都是作聖的工夫。首先，要問：聖人是怎樣的人？他說：「聖人之所以爲聖，只是其心純乎天理，而無人欲之雜。猶精金之所以爲精，但以其成色足，而無銅鉛之雜也。人到純乎天理，方是聖；金到足色，方是精。」

怎樣作聖呢？他說：「後世不知作聖之本，卻專去知識才能上求聖人，不務去天理上著工夫，徒弊精竭力，從冊子上鑽研，名物上考索，形迹上比擬。知識愈廣，而人欲愈滋；才力愈多，而天理愈蔽。」這是破斥道問學的。

至於立，便是致良知，知行是合一的，不是書齋的玄想，也不是紙上的遊戲，反而是「行」，是「事上磨練」。有此，「良知」始能「致」。因此，他說：「目無體，以萬物之色爲體；耳無體，以萬物之聲爲體；鼻無體，以萬物之臭爲體；口無體，以萬物之味爲體；心無體，以天地萬物感應之是非爲體。」

此一目耳鼻口心，便須在事上磨練，尤其是「心」，因爲目可以使之瞎，耳可以使之聾，但，心不可能使之不動，使之不放。求放心，不動心，便須用功，孔子說之爲「克己」，孟子說之爲「集義」，陽明則說之爲「致良知」，因此，他又說：「要此心純是天理，須就理之發見處用功。爾那一點良知，是爾自家準則。爾意念著處，是便知是，非便知非，更瞞他一些不得，爾只不要欺他，實實落落依著他做去。」然而，「今人於已知之天理不肯存，已知之人欲不肯去，只愁不能盡知，只管閒講，何益之有？」

㈣王門諸流

王門弟子，遍及全國，要而言之，約有：

（一）浙中派　此派以錢德洪（緒山）、王畿（龍溪）二人爲代表。此兩人，都親炙陽明最久，但：「龍溪從現在悟其變動不居之體，緒山只於事物上實心磨練。故緒山之徹悟不如龍溪，龍溪之修持不如緒山。乃龍溪竟入於禪，而緒山不失儒者之矩矱。蓋龍溪懸崖撒手，非師門宗旨所可繫縛。緒

山則把纜放船，雖無大得，亦無大失。」（黃宗羲評語）

緒山有言曰：「昔者，吾師之立教也，揭誠意爲大學之要，指致知、格物爲誠意之功。門弟子聞言之下，皆得入門用力之地。用功勤者，究極此知之體，使天則流行，纖翳無作，千感萬應，而其體常寂，此誠意之極功。故誠意之功，初學用之，卽得入手；聖人用之，精詣無盡。」

龍溪，雖有「君子之學，貴於得悟」一語，但主「從人情事變鍊習而入」，他說：「得於鍊習者，謂之徹悟，磨礱煉練，左右逢源。譬之湛體冷然，本來晶瑩，愈振蕩愈凝寂，不可得而澄淆也。」因此，他一再地講：「聖人之學，主於經世。」既說：「儒者之學，以經世爲用，而其實以無欲爲本。無欲者，無我也。」又說：「儒者之學，務於經世，然經世之術，約有二端：有主於事者，有主於道者。主於事者，以有爲利，必有所待而後能寓諸用。主於道者，以無爲用，無所待而無不足。」

（二）泰州派　泰州人王艮，字汝止，學者稱心齋先生。心齋之學，得之獨悟，而後印證於陽明。信而後始爲弟子。其後，他傳儒家直指人心之敎。有以伊傅稱先生者，先生曰：「伊傅之事，我不能；伊傅之學，我不由。」曰：何謂也？曰：「伊傅得君，設其不遇，則終身獨善而已。孔子則不然也！」孔子怎樣呢？他說：「出必爲帝者師，處必爲天下萬世師。」其子王襞（字宗順，學者稱東厓先生）繼其講席，亦此派之健者。

他有一首樂學歌，說的很好，錄如次：「人心本自樂，自將私慾縛；私慾一萌時，良知還自覺。一覺便消除，人心依舊樂。樂是樂此學，學是學此樂。不樂不是學，不學不是樂。樂便然後學，學便然後樂。樂是學，學是樂。嗚呼！天下之樂，何如此學？天下之學，何如此樂？」

（三）江右派　此派以羅洪先（字達夫，學者稱念庵先生）、鄒守益（字謙之，學者稱東廓先生）、劉文敏（字宜充，學者稱兩峯先生）、聶豹（字文蔚，學者稱雙江先生）等爲最。黃宗羲之言曰：「姚江之學，惟江右爲得其傳。東廓、念庵、兩峯、雙江，其選也。再傳而爲塘南（王時槐）、思默（萬廷言）皆能推原陽明未盡之意。當時越中流弊錯出，挾師說以杜學者之口，而江右獨能破之。陽明之道，賴以不墜。蓋陽明一生精神，俱在江右，亦其感應之理宜也。」

泰州、浙中之傳，如何呢？黃宗羲亦有論評，其言曰：「陽明先生之學，有泰州、龍溪而風行天下；亦因泰州、龍溪而漸失其傳。泰州、龍溪時時不滿其師說，益啓瞿曇之秘而歸之師，蓋躋陽明而爲禪矣。然龍溪之後，力量無過於龍溪者，又得江右爲之救正，故不至十分決裂。泰州之後，其人多能以赤手搏龍蛇，傳至顏山農、何心隱一派，遂非復名教之所能羈絡矣。」

王門之傳，至清初仍有黃宗羲者，堪稱大師。宗羲，亦餘姚人，字太冲，號棃洲，學者稱南雷先生。爲學，主先窮經，而後證之於史。清代，史學之興，先生啓之。所著宋元學案、明儒學案等，對於理學與心學，有最詳盡之敍述，亦有至公允之論評。

明末，高攀龍（字存之，學者稱景逸先生）有一個綜合的比喻，雖不一定正確，但亦是有得之言，錄之以作結。他說：「陽明、象山，是孟子一脈；陽明，才大於象山，象山心粗於孟子。自古以來，聖賢成就，俱有一個脈絡！濂溪、明道，與顏子一脈。陽明、象山，與孟子一脈。橫渠、伊川、朱子，與曾子一脈。白沙、康節，與曾點一脈。敬齋、康齋、尹和靖，與子夏一脈。」

然歟否歟？仍待學者的思辨。

十九、科學與發明

科學，不是新學術，也不是如何高深、如何玄妙的學術。祇是人類爲了求生存，而謀解決生活上的困難或不便，於若干次試驗，若干次失敗，最後一次的成功；日有進步，精益求精，年深日久，這一類的學術，便成了科學。比如燧人氏鑽木取火；伏羲氏飼家畜，發明漁獵；神農氏嘗百草，發明醫藥，種五穀，發明農業。這一些都是科學一類的。基此，以論中國的科學與發明。

㈠三大發明

中國人，最早的一項科學發明，卻是黃帝時代磁針的利用。最初是把磁針裝在戰車上，製成指南車，用在山林中辨別方向。有了這一種科學的指南車，始戰勝了蚩尤，奠定了中華民族的基礎。詳見晉人崔豹著古今注一書。東漢時代，張衡（西元七八—一三九年）又重新設計造成了新的指南車。魏明帝時（西元二三三—二三六年），又派博士馬均製造指南車，結果製成的車上，有一個木製的仙人，手常指南。東晉義熙十三年（西元四一七年），劉裕攻下長安，得到一輛指南車，加以修理，後來，齊高帝時代（西元四七九—四八二年）由祖冲之加以改造，比前更精巧了。

明朝初年（西元一四〇五—一四三三年），三寶太監鄭和七下西洋，航程之遠，不僅遍歷南洋，而且一直到阿拉伯的海岸和非洲東岸，如果沒有羅盤針的應用，這種遠洋航行，恐不易辦到吧？

第二項重要的發明，是印刷術。隋代（西元五八九—六一八年），開始雕板印刷。五代時，後唐明宗長興三年（西元九三二年），政府命國子監（古代的國立大學）雕印九經，這是政府大量雕印書籍的開始，其後歷代都有國子監雕印的書，一般稱之爲「監本」。

宋仁宗慶曆中（西元一〇四一—一〇四八年）「布衣畢昇，又爲活板。其法用膠泥刻字，薄如錢唇，每字爲一印，火燒令堅。先設一鐵板，其上以松脂臘和紙灰之類冒之。欲印則以鐵範置鐵板上，及密布字印滿鐵範爲一板，持就火煬之，藥稍鎔，則以一平板按其面，則字平如砥，若止印三二本，未爲簡易；若印數十百千本，則極爲神速。常作二鐵板，一板印刷，一板已自布字，此印者纔畢，則第二板已具。更互用之，瞬息可就。每一字皆有數印，如之也等字，每字有二十餘印，以備一板內有重複者。不用，則以紙貼之，每韻爲一貼，木格貯之。有奇字，素無備者，旋刻之，以草火燒，瞬息可成。不以木爲之者，木理有疏密，沾水則高下不平，兼與藥相黏，不可取，不若燔土，用訖再火令藥鎔，以手拂之，其印自落，殊不沾污。昇死，其印爲予群從所得，至今寶藏。」（沈括夢溪筆談，卷十八，技藝）

元代，有人發明用錫鑄活字的方法，一切排字的手續，也日見進步。明代又用銅製活字。清代武英殿聚珍版的書，也是活字版印成的。此外，有關文化的文房四寶：紙墨筆硯，亦先後發明。

第三項重要的發明，是火藥。火藥的前奏，爲爆竹（燒竹子）。後來，把硝、磺裹在紙裏面，製成一種紙爆竹，便是最早的火藥了。這一些，都是民間的自然發展，因而沒有文字的紀錄。到隋唐時代，已經大量利用火藥製造煙火了。

火藥用在軍器方面，大概始於唐末五代，也就是十世紀初年。到南宋初年，虞允文在西元一一六一年，大敗金兵於采石，就是靠了一種用火藥製成的霹靂礮。這種霹靂礮的製造法，是把石灰和硫磺，裝在紙裏面，放出去以後，硫磺爆炸，聲如霹靂；紙裂開，石灰散爲煙霧，把敵人士兵和馬的眼睛，瞇的睜不開，纔把敵人打敗。經過金元的改造，火藥威力益猛。

以此三大發明，經蒙古西征（十三世紀初）而西傳。火藥，改善了歐洲人的武器；摧毀了封建諸侯的堡壘，加強了王權的發展；印刷術，普及了歐洲人的學術教育，啓示了其後的文藝復興；指南針，促進了歐洲的航海技術，影響了其後的地理發現。有此三者，始有歐洲今日的文明。

因此，國父說：「中國發明了指南針、印刷術和火藥，這些重要的東西，外國今日知道用它，所以他們能夠有今日的強盛。」（民族主義第六講）

(二)數學及其他

中國，古稱「數」，爲六藝之一。西方Mathematics譯作數學，亦稱算學。爲論說關於數與量之科學的總稱，分三大部，即算術、幾何學、解析法是。分論之，則爲：（一）算術，以數字表數而論其關係性質等，有純正與應用二者之分。（二）幾何學，論關於點、綫、面、體之性質、定理等，有初等與高等之別。（三）解析法，以字母表數，以記號表運算，其中有代數學、解析幾何學、微積分學等。三角法，有人列入其中，亦有另立一分科者。此外，尚有力學爲應用數學之一部份。因此，有人稱數學爲自然科學之母。

數，在中國歷史上的發展，記爲文字，流傳下來的，第一部便是周髀算經。裏面有周公和商高問答的話。到戰國時代，中國更產生了若干比較高深的數學理論，如惠施的「至大無外，謂之大一；至小無內，謂之小一。」這種「大一」「小一」，或者就是近代數學上所說的無窮大和無窮小吧？和惠施同時的，還有許多學者，也提出很多學說，約有二十一條，都保存在莊子天下篇裏面，其中有一條是：「一尺之棰，日取其半，萬世不竭。」一尺長的一根木杖，每天取一半，取一萬代也取不完，這不是近代數學理論中的「極限論」嗎？

南北朝時代，大數學家祖冲之所求的密率：圓徑一百一十三，圓周三百五十五，較德國人鄂圖的發現，早一千一百多年。唐代的國學裏，設立有算學博士，並且規定九章、海島、孫子、五曹、張丘建、夏侯陽、周髀、五經算術、綴術、緝古十種算書爲算經。在科舉制度上，亦有明算科。宋秦九韶撰數學九章一書，凡十八卷。大衍術中所載立天元一法，至爲精妙。元郭守敬用之於弧矢，李冶用之於句股方圓。明代以後，以八股文取士，中國固有的數學始見衰落。但西洋的數學，即於明末傳入中國，僅中斷了百數年而已！

清代，聖祖撰數理精蘊凡五十三卷，是書貫通中西之異同，辨訂古今之長短，爲習算者之圭臬。宣城人梅文鼎，尤精曆算之學，發明新法甚多，著書八十餘種，原名勿庵曆算全書。考證家皖派領袖戴震（東原），亦著有九章補圖、策算、句股割圜記等三種。孔繼涵編算經十書，凡三十六卷，古代算書，略具於此。

中國算學與曆法關係密切，談了算學，必須及於曆法。書經堯典：「曆象日月星辰，敬授人時。

」蔡傳：「曆，所以記數之書；象所以觀天之器。」書洪範：「五曰曆數，」孔傳：「曆數，節氣之度以爲曆，敬授民時。」曆象，從堯起，到今天，日有進步。清代，聖祖有曆象考成，凡四十二卷。又後編十卷，爲世宗所製。

曆法，是天文學。易傳上第四章：「仰以觀於天文，俯以察於地理。」談了天文，又連帶到了地理。書禹貢，是最早的地理書。戰國時代的鄒衍（約在西元前三〇五—二四〇年）他說：中國內有九州，卽禹貢所說的；外亦有九州，中國在外九州中，稱爲赤縣神州，大九州的周圍，都是海洋。他不單有此地理知識，且有陰陽曆律之言，因此，漢代稱之爲陰陽家。藝文志說他們，「蓋出於義和之官，敬順昊天，曆象日月星辰，敬授民時，此其所長也。」可惜他們未能向科學發展，由於迷信神仙，導致了秦代的方士，漢代的緯書，及其後的星相。

此外，大禹的治水，成爲今天工程師之祖，六月六日工程師節，便是大禹的生日。春秋時代的公輸子（魯班）能製造木鳥等，其事蹟詳記於墨子書中，孟子亦稱之曰：「公輸子之巧。」（離婁）墨子也是一個科學家，公輸子能製造各種攻城的器具，墨子卻能製造各種守城的器具。三國時代，諸葛亮亦有木牛流馬之製造。

煉鋼鑄劍的，在春秋時代，吳有干將莫邪，越有歐冶子。前者鑄有干將莫邪二名劍；後者爲越王鑄有湛盧、巨闕、勝邪、魚腸、純鈞五劍；干將歐冶子合作，爲楚王鑄龍淵、太阿、工布（亦作工市）三劍。距今約二千五百年前，中國能煉此精鋼之劍，是可想像的嗎？

秦漢以來，方士與道教徒的燒汞煉丹，附帶的亦可以煉金，可以說是中國的一種化學。最近美國科學家約翰孫和馬丁，都認爲現代金術互變的方術，是起源於中國的煉金術。至於陶器與瓷器，更是中國人的大發明了！總之，誠如　國父所說的：「人類所享衣食住行的種種設備，也是我們從前發明的。」（他例舉了茶葉、絲綢、拱門、吊橋等——民族主義第六講）讀此，應生起一個信心，中國人具有科學的頭腦，也有科學的傳統。假以時日，是會迎頭趕上的。

㈢醫學與藥學

相傳：神農氏「味草木之滋，察其寒熱之性，辨其佐使之義，……遂作方書，以療民疾。」這是醫藥之始。

又相傳：黃帝咨於岐伯而作內經，漢書藝文志：「太古有岐伯、俞拊，中世有扁鵲、秦和，蓋論病以及國，原診以知政。」後世醫家奉以爲祖，岐黃幷稱。蘇頌本草序：「譬校岐黃內經。」至於俞拊，史記扁鵲傳：「上古之時，醫有俞拊，治病不以湯液醴酒，鑱石撟引，案杬毒熨，一撥見病之應；因五臟之輸，乃割皮解肌，訣脈結筋，搦髓腦，揲荒爪幕，湔浣腸胃，漱滌五臟，練精易形。」這樣說來，岐伯似爲內科，俞拊似爲外科，且能搦髓腦，浣腸胃，滌五臟，神乎技矣！

春秋時代的名醫爲醫和，晉平公有疾，求醫於秦，景公使醫和視之，曰：「疾不可爲也；是爲近女室，疾如蠱。」（見左傳昭元年）此外，醫緩亦秦之名醫，膏肓之疾，其說即出於醫緩，見左傳成十年。

扁鵲，戰國鄭人，姓秦名越人。受禁方於長桑君，治病以診脈爲名，而洞見五臟癥結；遂以精醫名天下。家於盧，世稱盧醫。後為秦太醫令李醯嫉殺。按扁鵲，黃帝時良醫名，世以秦越人與古之扁鵲相類，故以此號之。見史記扁鵲傳索隱。難經一書，為秦越人撰。

東漢張機，字仲景，學醫於張伯祖，集古代醫學之大成。著傷寒、金匱之書。論者推為醫中亞聖。至此，醫家四聖備，即黃帝、岐伯、秦越人、張機。華陀，亦名旉，字元化。曉養生之術，精方藥針灸之術，又能破腹背，湔腸胃，以除其疾穢。五禽戲與針灸術，均華陀所傳。

東晉王叔和，蒐集張機舊論，輯為傷寒論，及金匱玉函要略，後世習醫者多宗之。

唐代，置學習醫，故稱醫生，唐六典：「醫生四十人。」醫師之官，始於周禮，屬之天官，掌醫之政令，為衆醫之長。至明，始有「醫史」之作，李濂撰，凡十卷。至於醫書，除前述外，至明，始有醫宗必讀十卷，李中梓撰。至清，更有「醫宗金鑑」九十卷，乾隆敕撰。又「醫門法律」十二卷，喻昌撰。法者，療病之術，運用之機；律者，糾誤治療之失。此書乃專為庸醫誤人而作。

至於藥物，自神農嘗百草而為藥之祖。漢有「本草待詔」，師古注：「謂以方藥本草而待詔者。」唐高宗時，命李勣等修陶宏景所注「本草經」，增為七卷。後蘇恭、長孫無忌等，重加訂注，凡五十三卷，世稱唐本草。開元時，陳藏器又著本草拾遺，以補其未備。宋時，有劉翰等開寶本草，掌禹錫等嘉祐補注本草，及寇宗奭本草衍義。

明李時珍，著本草綱目五十二卷，敘歷代諸家本草，薈萃衆說，考訂謬誤，收載藥數凡一千八百七十一種，為研究藥物之要籍。

現代，醫藥學，在西方列入科學內，且為大學八科之一。殊不知，中國醫藥發明最早，而歷代均有新研究與新發見。至明、淸，醫史、醫學與藥學，均已分別有了系統的著述。今人，如能使之更科學化與現代化，或可補西方醫藥學之不足。今天的中醫藥學院，對此應有所抱負，知所努力！有厚望焉。

二十、文學的概況

㈠史的發展

中國文學，最早的是詩歌，由於勞動而產生。所以，沈約說：「歌詠所興，自生民始。」然而，刪訂詩歌而結集之者，始於孔子，其書則爲詩經，其時約爲西元前四八四年，這是周代黃河流域的一部詩歌總集。

戰國時代，長江流域的楚國，由於屈原的離騷，產生了楚辭。騷兼六義，而賦之義居多，「賦也者，受命於詩人，拓宇於楚辭。」（劉勰文心雕龍）賦，又有騷賦與辭賦之分。辭賦，即漢賦。詩歌的系統，到漢代，發展而爲樂府詩；到東漢，始有五言詩。據說，以應亨贈四王冠詩爲最早（明帝永平四年）。魏代，曹氏父子，篤好詩文，因而有建安七子之說，七子自應以子建爲首。古詩十九首，在漢魏間是一部份重要的作品。魏晉間竹林七賢，亦均能詩。阮籍的詠懷詩，堪稱大作。魏晉是玄學時代，其思想反映於文學中，約言之，有享樂、隱逸、遊仙、哲理、山水等。但，其能承先啓後，大有影響於後代的，則爲陶潛的隱逸詩。南北朝時代的詩，主爲永明體與宮體。

文章，古無駢散之分。漢魏間，受辭賦之影響，醞釀了一種新文體——駢文，至南北朝而盛行。唐人韓愈，提倡散文，尊秦漢文爲古文。北宋歐陽修等和之，始確立散文的地位；但仍與駢文分行，一直到清末。

古有稗官，漢書藝文志有小說家者流，列舉十五家。魏晉間的小說，有的已著名魏晉的人，有的仍假託古人。此期小說，有一特徵，所表現的，多爲超自然的鬼神怪異。南北朝時代，仍然是這一個時代的延續。

唐是詩的黃金時代，且有古體與近體之分，近體又有律詩與絕句之別。不論是律詩與絕句，最應注意的，是均可入樂。唐代詩歌，作家多，作品多，因而後人爲之分了若干派，如：綺靡派、邊塞派，田園派、社會派、怪誕派、脂粉派。

小說，亦至唐而完成。有人以爲：其價值堪與詩歌並稱。唐人稱之爲傳奇，約略之分類，應有：別傳、劍俠、艷情、神怪等四類。至宋一演而爲話本。至明，長篇小說大成，因而有：一、三國志演義、水滸傳等的講史派，二、西遊記、封神榜等的神魔派，三、金瓶梅、玉嬌李等的人情派。至清，更進一步，有：一、儒林外史的諷刺派，二、紅樓夢的人情派，三、兒女英雄傳、七俠五義等的俠義派，四、老殘遊記、孽海花等的譴責派，以及自炫才學的鏡花緣，野叟曝言等。短篇小說，有聊齋志異，今古奇觀等。

宋是詞的全盛時代，在作風上，亦可分爲：一、婉約派，二、豪放派，三、閒適派。詩亦不弱，且有西崑派與江西詩派等。這一個詩詞的發展，亦分流并進，經元明至清而不絕。

伶人之說，始於周，國語周語：「伶人告知。」詩北風簡兮序箋，亦有：「伶官，樂官也。」之說。優孟，春秋時楚樂人，優孟衣冠，見史記滑稽傳。但梨園之說，則始於唐玄宗。北宋始有雜劇詞，宋書樂志云：「眞宗不喜鄭聲，而或爲雜劇詞。」元代雜劇，始成一代文學。雜劇，又稱元曲，與唐詩、宋詞，同爲時代之代表作。元劇作家甚多，一般多說：關馬鄭白四大家，但王實甫爲其前輩，西廂記亦爲元曲名作。雜劇至明，發展而爲南戲，或稱戲文，一般多說：荆劉拜殺四大名作，但琵琶記，更是名作。明末，演變出崑曲；清代又演變出平劇。

(二)詩詞

詩的第一部書，是詩經，內分風雅頌三體，賦比興三法；第二部書，是楚辭，主爲離騷。因此稱詩騷，或風騷。中國的詩人節——農曆五月五日，便是紀念離騷作者屈原的。漢代爲樂府詩，魏晉之後，唐詩之前，稱古體詩，不論平仄，亦不論韻。此一期的大詩人，應首推陶潛（西元三七二—四二七年），他的田園詩，對後世影響很大，拿唐代來說，卽有（據沈德潛說詩晬語）：

一、王　維——善描山水，得陶之清腴。
二、孟浩然——遇景入詠，得陶之閒逸。
三、儲光羲——嗜寫園林，得陶之澹樸。
四、韋應物——閒淡充遠，得陶之冲粹。
五、柳宗元——雄深雅健，得陶之峻潔。
六、白居易——恬靜閒適，得陶之冲瀟。

宋人蘇軾曾作和陶詩四卷。其他如王安石、黃山谷、范成大等，亦多受陶的影響。

唐詩向稱千家，除前述諸人外，尙有：詩仙李白（西元七〇一—七六二年）、詩聖杜甫（七一二—七七〇），以及白話詩人的元（稹，與白居易同時）白（居易，七七二—八四六），下開宋代詩詞之溫（庭筠，八二〇？—八七〇？）李（商隱，八一三—八五八）。

詞至唐末，已完全成熟。溫庭筠在詞壇上開創一派，即花間派，西蜀諸作家屬之。南唐諸作家，多收在尊前集，南唐二主最爲有名，尤其是後主李煜（九三七—九七八），人間詞話以爲：「詞至李後主，而眼界始大，感慨遂深。」

宋詞婉約派，以「周情柳思」最著名，周邦彥，「渾厚和雅，善於融化詩句」；柳永詞，風調閒雅，輕清可愛，「凡有井水處，即能歌柳詞。」最可注意的，女詞家李清照，「以尋常語度入音律」；朱淑眞，情詞華艷，悽婉動人。人往往以朱李並論，況周頤蕙風詞話云：「淑眞清空婉約，純乎北宋；易安情景濃至，意境沈博，下開南宋風氣。」

豪放派的開山，爲蘇東坡，繼之者爲辛棄疾。因此，人稱蘇辛。人們又嘗以柳永之「楊柳岸曉風殘月」，與蘇軾之「大江東去」對比。岳飛、劉過、劉克莊都屬於這一派。岳飛的滿江紅詞，尤爲著名。

閒適派多以山水爲背景，注意的是雅淡自然。著名的作家，是朱敦儒，「天資曠逸，有神仙風致。」（花庵詞選）陸游雖以愛國詩人名世，但亦有豪放詞，如沁園春；閒適詞，如好事近等。

宋代的詩人，雖有前述的二派。但「開宋詩一代之面目者，始於梅堯臣、蘇舜欽二人。」（葉燮原詩）歐陽修、王安石、蘇東坡雖均爲古文八大家之一，但詩境亦至高。元代著名的詩人，有虞集、楊載、范梈、揭傒斯，稱四大家。稍後，又有薩天錫、楊維楨等。

明初詩人，有宋濂、劉基；足稱大家的是高啓。永樂以後，有所謂台閣體，李東陽起而改革之，門下士李夢陽、何景明出，倡爲格調派。清初詩人，以錢謙益、吳偉業較著名。較後有宋琬、施潤章，稱南施北宋。王士禎出，倡爲神韻派；袁枚出，倡爲性靈派。雖各有理論，但詩詞均日漸衰落矣！新詩已興起，仍在成長中。

㈢文章

說文章，而不說散文者，以其須包括駢文。駢散全收，始得謂之文章。史記儒林傳：「文章爾雅，訓辭深厚。」劉勰贊經爲：「性靈鎔匠，文章奧府，淵哉鑠乎，羣言之祖。」分言之，則曰：「論說辭序，則易統其首；詔策章奏，則書發其源；賦頌歌讚，則詩立其本；銘誄箴祝，則禮總其端；紀傳銘檄，則春秋爲其根。」漢賦，變而爲六朝駢語，唐韓愈，提倡秦漢散文，排斥六朝駢語。宋代歐陽修繼續提倡，得王安石、曾鞏、蘇洵、蘇軾、蘇轍之贊助，蔚爲風氣。明人茅坤編唐宋八大家文鈔，於前述諸人外，加柳宗元。

清代方苞、劉大櫆、姚鼐，宗師歐（陽修）、曾（鞏），倡爲古文桐城派；後來，張惠言、惲敬，學戰國的縱橫，韓非的廉悍，倡爲陽湖派。曾國藩以中興名臣，擴展了桐城派。姚鼐編的古文辭類纂，爲其經典作品。王先謙有續纂之作，足以補姚書所未備。

駢文，講究的是：對仗的工整，聲調的和諧。中國字，是單音的方體字，一聯一聯，排比起來，比較容易。因爲喜用四字六字之句，又叫做「四六文」。駢文是中國的特殊產品，談中國文化與中國文學者，均應注意及之。

駢文，雖說昌盛於六朝時代，但易經乾文言所說「雲從龍，風從虎」，以及「同聲相應，同氣相求」等，阮元以爲千古文章之祖，且謂「訓辭爾雅，音韻相諧」，始是「文章正體」。此外周公作儀禮用散文，作周禮便用駢文；孔子作易傳用駢文，作春秋則用散文。從此，或散或駢，視用途而不同。

唐代，有人提倡散文，亦有人重視駢文，尤其是朝廷文告，有「燕許之宏裁，常楊之巨製」。至於私人著述，有李德裕的會昌一品集；元微之的元氏長慶集。宋初，徐紘（昆臣）、楊億（大年），仍然是駢文時代。南渡的駢文大家，有：汪藻的浮溪集、洪邁的野處類稿、眞德秀的西山集、陸游的渭南集、綦崇禮的北海集等。

元代的駢文家，有袁桷和揭傒斯。明代，祝允明的觀雲賦、唐寅的廣志賦，堪稱佳作。清代駢文家，據曾國藩說有四大家「胡天游、邵齊燾、孔廣森、洪亮吉之徒，蔚然四起。」（送周荇農南歸序）

總之，文章，如行雲流水，應行乎其不得不行，止乎其不得不止。應散則散，應駢則駢，不必刻意爲散或爲駢，始是文章的正則。

㈣小說

小說，出於稗官，漢書藝文志已有小說家。但眞正能稱爲小說的，應推唐代的傳奇——短篇小說，後人爲之分爲四類：一、艷情類，如霍小玉傳、李娃傳等；二、豪俠類，如虬髯客傳、紅綫傳、劉無雙傳等；三、別傳類，如長恨歌傳、梅妃傳等；四、神怪類，如南柯記、枕中記、柳毅傳等。

宋初，李昉監修太平廣記，凡五百卷，又目錄十卷，自漢晉至宋初的小說、筆記，大概已被選入。另一發展的話本，或稱評話，今所傳的五代史評話、京本通俗小說，對後代的影響都很大。

元時，白話小說，更見發達，其傳世享盛譽的，爲水滸傳與三國志演義，配以明人所著西遊記與金瓶梅，稱小說四大奇書。另一發展，爲才子佳人小說，其中以玉嬌李、平山冷燕、好逑傳爲最著，尤其是在歐州，三者均有法文譯本；好逑傳，且多一德文譯本。

至於短篇小說，著名的便是三言二拍，三言爲喻世明言、警世通言、醒世恒言，均馮夢龍所輯；二拍爲：拍案驚奇，及二刻拍案驚奇，均空觀主人所輯。

清代，紅樓夢與儒林外史，所寫的都是平凡的日常生活了。兒女英雄傳，雖爲俠義小說，但與紅樓夢，均爲北京話，與學習國語，大有助益。老殘遊記與孽海花，文采均甚佳。李汝珍的鏡花緣，雖炫才學，但對於女權的提倡、海外風光的描寫，亦是一本可讀之書。談狐說鬼的聊齋志異，以及短篇小說的今古奇觀，亦篇篇可觀。

(五)戲劇

中國戲劇，尤其是劇本，以元曲爲主。最著名的作家和作品，有：

(一)王實甫（生卒年代不詳）作品有十四種，最著名的爲「西廂記」。元劇大都爲一本，惟西廂記爲五大本，第五本爲關漢卿續。西廂記寫張生與崔鶯鶯的戀愛故事，佳處在於心理的描寫、文辭的美妙。

(二)關漢卿（一二〇〇—一二八〇？）作品在六十種以上，著名的有竇娥冤、拜月亭、謝天香、救風塵、玉鏡台、調風月、單刀會等。關氏擅長於寫女子心理，所以他的劇本，多以女子爲主角。

(三)馬致遠（年代不詳）劇本有十四種，他的題材大半是不得志的文人學士，餘爲仙人隱士。如江州司馬青衫淚等，寄託自己的抑鬱之懷；太華山陳摶高臥等，描寫遺世的孤高情緒。漢宮秋是例外的，也是著名的。

(四)鄭光祖（約當一二九四年前後）劇本有十九種，今存四種。王粲登樓與倩女離魂，最著名。曲文亦最美妙。

(五)白樸（一二二六—一二八五？）劇本有十六種，他也是以善寫戀愛劇著名，梧桐雨是人所共知的。

(六)喬吉甫（？—一三四五）劇本有十一種，亦以寫戀愛劇馳名，今存者爲：杜牧之詩酒楊州夢、玉簫女兩世姻緣、李太白匹配金錢記等三本。楊州夢最著名。

明代的傳奇劇，除著名的四大劇外，還有琵琶記，分述之：
㈠琵琶記，高明撰。敍述蔡伯諧上京，趙五娘尋夫的故事。
㈡荆釵記，朱權撰。寫王十朋與錢玉蓮的愛情，經過多年分離，仍能相逢。
㈢劉智遠，又名白兔記，無名氏撰。寫劉智遠與李三娘離別十八年，因白兔而團圓的故事。
㈣拜月亭，施君美撰。寫蔣世隆、王瑞蘭的悲歡離合事。
㈤殺狗記，徐畛撰。寫孫榮、孫華兩兄弟的故事。
明正德年間，興起了崑曲；清乾隆以後，逐漸衰落了。但崑曲的劇本，在文學上仍有其價值。現在把重要的作者與作品，略述如次：
㈠屬玉堂傳奇，作者沈璟，明萬曆時人，作品十七種，今傳者僅義俠記、埋劍記、雙魚記、桃符記四種。沈氏精於音律，嚴訂規矩，人稱之爲吳江派。
㈡玉茗堂四夢，作者湯顯祖，萬曆癸未進士。四夢爲：還魂記、邯鄲記、南柯記、紫釵記。其中以還魂記（牡丹亭）最有名。湯氏天才極高，爲文奔放，往往不拘音律，後人仿之，無形中形成玉茗堂派，重要者有阮大鋮的燕子箋、春燈謎；吳炳的畫中人、綠牡丹；李玉的一捧雪等。
㈢笠翁十種曲，作者李漁，清康熙時人，最著名的愼鸞交與奈何天，曾經被介紹到歐州去。彼一生爲寫劇、演劇而努力，不僅有劇本，且有理論與演出。因此，近來有人稱之爲中國的莎士比亞。
㈣玉燕堂四種，作者張堅。四種是：夢中緣、梅花簪、懷沙記、玉獅墜。
㈤新曲六種，作者夏綸。六種是：無瑕璧、杏花村、瑞潤圖、廣寒梯、花萼吟、南陽樂，分表忠孝節義，富教育意義。

㈥藏園九種，作者蔣士銓。九種是：空谷香、桂林霜、雪中人、香祖樓、臨川夢、冬青樹，與雜劇三種。

㈦沈氏四種，作者沈起鳳。作品三、四十種，今所存者只沈氏四種。四種是：報恩緣、才人福，文星榜，伏虎韜。皆才子佳人式的喜劇。

㈧倚晴樓七種，作者黃燮清。七種：茂陵玄、帝女花、脊令原、鴛鴦鏡、凌波影、桃谿雪、居官鑑。

其實清代更著名的傳奇，則爲孔尚任（一六四八—一七一五？）的桃花扇；洪昇（一六五〇？—一七〇四）的長生殿。前者寫南明末年侯方域與秦淮名妓李香君的故事。「桃花扇底見南朝」，寫盡亡國之慘痛，洵稱傑作。後者寫唐明皇與楊貴妃故事。用唐人小說三妃歸蓬萊，明皇遊月宮諸事，專寫釵盒情緣。

總之，中國文學遺產，是豐富的。怎樣整理，怎樣流通？政府有其責任，學人與青年，亦應自爲興起！

二十一、藝術的演進

藝術有廣狹二義：狹義僅指美術而言。廣義的藝術，有九大藝術之稱：文學、音樂、繪圖、戲劇、建築、雕刻、舞蹈、電影、攝影等。本文採藝術的狹義說，但，中國的書法，爲中國特有的美術；而工藝美術，如陶瓷、染織、刺繡、飾物、室內裝飾與庭園佈置，中國亦有其殊勝。

(一)繪畫

中國古代的繪畫，大都在政治上或教化上，具有一種作用。如有虞氏的「畫衣冠異章服」；周代明堂四壁之「圖堯舜桀紂」；漢武帝之「使畫天地太一鬼神於甘泉宮」；漢宣帝之於麒麟閣「圖勛賢爵臣之像」。

東漢明帝，始設立畫官；於白馬寺作「千乘萬騎繞塔三匝圖」，始開後世壁畫的先河；亦因此而使士大夫眼界放寬，而寄情於山林水石之幽，怡神於花鳥蟲魚之麗。南齊謝赫，更以氣韻生動、骨法用筆、應物寫形、隨類傅彩、經營位置，傳摹移寫等六法，來品評繪畫。兩晉六朝間，名家蔚起，如衞協、顧愷之（東晉無錫人，以畫名，世稱顧虎頭）、戴逵（晉譙國人，晚年專刻佛像，爲世所珍）

、陸探微（南朝宋吳人，工畫人物及山水、草木）、宗炳（宋南陽人，工山水畫）、張僧繇（南朝梁吳人，工畫雲龍人物，且創山水畫的沒骨皴法）。

隋唐時代的繪畫，有兩種新趨勢：一是受佛像影響的人物畫；二是眞正山水畫的創始。在人物畫上，閻立本兄弟名重當代，張孝師、向長壽、范長壽等都是唐初的妙手；可是執人物畫之牛耳者，仍當屬之有「百代畫聖」之稱的吳道子。

山水畫，至唐蔚起，且分爲南北二宗：南宗，以王維創破墨法而大成，爲士林所推重；北宗，以李思訓、李昭道爲始祖，用小斧劈皴法，且多用青綠，金碧輝煌，故稱金碧山水，爲歷代畫院所崇尙。

五代的繪畫，山水以梁爲最著，如荊浩、關同，都有開啓後世的功勞。南唐的徐熙及徐崇嗣，都長於花卉，創沒骨法；和後蜀的黃筌、居寀父子的雙鈎法，遙相對峙。後世的花鳥畫家，不入於徐，便入於黃。

入宋後，山水、花鳥爲最盛。太宗時，畫院內的名家有郭忠恕、高文進；院外則有李成、董源、范寬諸大家。眞宗時的燕文貴、高克明；仁宗時的巨然、文與可、許道崇；神宗時的李公麟、蘇東坡、郭熙、米芾都是鼎鼎大名的畫家。南渡後，高宗時的李唐、劉伯駒；孝宗時的蘇漢臣；寧宗時的劉松年、馬遠、夏珪，都是傑出的人物。

宋代的人物畫，李龍眠可上追吳道子；花鳥畫的製作，宋朝也達到了鼎盛時代。承徐熙一派的有趙昌、易元吉，以實地寫生而名譟於世；承黃筌一派的，有李安忠父子。此外，梅、蘭、竹、菊等，亦成了專題，如文與可之竹，蘇東坡之松竹圖，楊補之的梅竹松石，華光長老（仲仁）的墨梅與梅譜，趙子固的水仙等。

元代畫壇有四大家：黃公望（子久）的筆意簡遠，王蒙（叔明）的古雅別緻，倪瓚（元鎮）的清淡閒逸，吳鎭（仲圭）的遒勁豪邁，各極其妙，俱臻化境。此外，趙子昂、高克恭、錢舜舉、柯九思，也都有極高的造詣。元代畫家，多以抒情爲主。倪雲林云：「但寫胸中逸氣耳，」正是最好的說明。這種突破謹嚴，放任自然的作風，爲文人畫開闢了一條新的途徑。中國畫風至此又爲之一變。

明代繪畫無創新，但多畫派。大別之，可分爲：浙派、院派與吳派。浙派以戴進、吳偉爲中堅；院派以唐寅、仇英爲最著；吳派到明末始盛，其中大家有沈周、文徵明、董其昌等。花鳥畫，如黃派的邊文進、呂紀遠；徐派的陳復道、周之冕。人物畫，則以吳偉、仇英、丁雲鵬、陳洪綬等最著名。

清初有江左四王：王時敏、王鑑、王原祁，爲婁東派；王翬原爲王鑑弟子，兼採宋元筆法，大有鎔鑄南北二宗之妙，號稱虞山派。至於查士標、程正揆、傅思翁等，稱華亭派；釋宏仁稱新安派。他如姑熟派之蕭雲從，江西派之羅牧，金陵派之龔賢，都是一代傑出的畫家。當時不入派別，而獨具風格的，有朱耷、髡殘、道濟，和揚州八怪，不拘成法，大有轉移清代畫風的趨向；惜乎，積重者難返！

清代人物畫，未見盛行，著名的有：上官周、金多心、羅兩峯、黃愼等。至於花鳥畫，如惲南田參酌古今，尚能別開生面。鄭燮、李鱓、鄭一桂、蔣廷錫，都卓然不羣。此外，石濤八大，衝破成法，力求自由，本可爲中國繪畫開一新境界！然而未能，豈文化背景與時代潮流，均有阻力乎？

(二)書法

中國文字「初假達情」，這是紀錄事件、傳達事件的作用；其發展，其演變，「浸乎競美」，這是中國文字逐漸演變，而有了美感的美術作用。從此始有藝術書法可談。

周宣王時，太史籀所作的大篆，爲複雜的統一；秦李斯改作的小篆，爲簡單的統一。程邈作隸書，易圓爲方。後漢王次仲所作正書，魏鍾繇所書賀捷表，爲正書之祖，但亦微有隸意。西漢元帝時，史游作急就章，名曰「章草」。東漢張芝（伯英）所作草書，別於「章草」，而稱「今草」。張懷瓘書斷云：「章草之書，字字區別；張芝變爲今草，上下相連。」因而，人稱張芝爲「草聖」。唐張旭（伯高）與釋懷素所書，兼有狂草之稱。于右任先生評之曰：「散氣埃於大地，而曰揮毫落紙如雲煙；亦可異已！」後漢劉德昇（君嗣）所造，介於正草之間，稱行書。自是正書、行書、草書，三體通用；秦遺篆、隸，僅爲印璽及碑刻之用。

蔡邕（伯喈）所書夏承碑，其八分筆意飛動，妙合神功，洵如景星卿雲，焜耀天壤。翁方綱題云：「信爲隸書圭臬。」又云：「是碑體參篆籀，而兼開正楷之法，乃古今書道一大關捩也。」魏鍾繇擅三體書，所作魏受禪碑，乃著名古碑之一。晉王羲之擅諸體之妙，總百家之長，因而有「書聖之稱」，蘭亭帖尤著名。其師衞夫人著有「筆陣圖」，論揮毫用筆之法，書家寶之。書法，至南北朝，有南帖北碑之說，實則眞正書法家，當放意天人，游心宇宙，兼容並包，安有南北之限，碑帖之分？蘭亭序之刻石，始於隋開皇中，僧人智永爲之，法帖自此始。

初唐以褚遂良（登善）、虞世南（伯施）、歐陽詢（信本）、孫虔禮（過庭）爲代表。褚書有陰符經、聖教序、伊闕佛龕碑、孟法師碑、房玄齡碑等。顏眞卿、李北海、薛稷等，莫不傳其薪火！虞世南學書於智永，乃王書嫡系。歐陽詢子歐陽通，父子均善書，藝林稱爲大小歐。孫虔禮之書譜，人爭臨習，其中字學之理論，有精闢獨到處，爲學書者所必觀。盛唐，以李邕、張旭、懷素、賀知章爲代表。中唐以顏眞卿、李陽冰、鄭虔、徐浩爲代表。晚唐以柳公權、裴休、張懷瓘爲代表。

宋代，以蘇（東坡）、黃（山谷）、米（元章）、蔡（君謨）爲四大家。米書羣玉堂帖，蜀素帖、多景樓、舞鶴賦、褚河南臨蘭亭序跋，皆風神俊爽，氣骨清剛，允稱神品。此外王安石、岳飛，均不以書名，但亦均清勁峭拔，神采經天。元代書家二人，一爲鮮于樞，善草書；一爲巎巎子山，善楷草二書。明初有三宋：宋克、宋廣、宋燧。此後文徵明的小楷，祝允明的草書，董其昌、李東陽的行書，亦均著名。不以書名的王陽明，其行書研勁瀟灑，所書泛海一絕：「險夷原不滯胸中，何異浮雲過太空；夜靜海濤三萬里，月明飛錫下天風。」詩書雙絕。

清初有劉（鏞）、王（文治）、翁（方綱）、梁（山舟）四大家。此外，包世臣、趙之謙以倡北碑鳴於時。中葉有尹秉綬、何紹基、翁同龢等，亦各有所成就。末葉沈曾植，從龍門二十品入手，後學爨龍顏、爨寶子二碑，善運古人之長，而融匯貫通，自成一家。民國，吳稚暉的篆書，于佑任的草書，堪稱二大家。女書法家張默君，自謂：「味鍾張之餘烈，揭羲獻之前規。」亦卓然自成一家。

古代六藝之教，有所謂「書數」者。書，除六書之義外，尙有書法之義。漢時以能諷習籀文九千字，始可爲吏。唐代用人，又以身言書判爲準，書法最重遒美。此後，宋元明清各代，無不注重書法。

書法，初重應用，久之漸由：人的風格，而形成字的神采；人的風度，而形成字的氣韻。當它成爲純藝術的追求時，有類抽象派的繪畫。尤其是書法到了草書，這種純藝術的性質成份．也就更增加了。但一般地說來：實用的字，要能平整勻齊；藝術的字，則儘可作高深的追求，俾能發揮作者心靈，能達到逸品、神品的境界。

㈢工藝

先民爲了生活上的需要，而有所製作，開始都是實用的；但，日新月異，精益求精，不知不覺便藝術化了！這一種藝術化的工業，便稱之爲工藝，或稱之爲工藝美術。如細木髹漆、陶瓷、染織、刺繡、飾物等。但在中國，則更多了一些特殊的文房四寶，以及掛軸、屏風、神龕、瓶花、盆花等；至於樓臺亭閣等庭園佈置，也自有其特殊的中國風。基此，分述這一類的美術如次：

一、陶瓷器　黃帝時，昆吾任爲陶正，陶器因之而起。虞舜微時，曾陶於河濱。商代分爲六工，即土、金、石、木、獸、草。主爲陶瓦之器。周代則增之爲八材，即珠、象、玉、石、木、金、革、羽。戰國之際，已有「萬室之國一人陶」之言。晉時潘岳之賦，已有縹瓷白甌之說，縹瓷即越之青瓷，當時已以白瓷造出。唐武德四年，於江西新平開窰，質薄色白，其釉如玉，次第發達而成宋代的景德鎮（眞宗時改此名）瓷器。但當時仍以越州窰之青磁器爲佳。瓷器，至五代而大著，吳越之秘色窰與後周之柴窰所產者，尤著名。明代除瓷器外，尚有一種琺瑯瓷，或稱景泰藍。至清，景德鎮的瓷器，宜興的陶器，仍能維持盛名。

二、玉銅器　虞舜時，造五瑞五器之玉物，以序尊卑。黃帝時，鎔銅鑄鼎；夏禹時，始以文飾鑄之於鼎（有九鼎之說），銅器之存於今者，以周代爲多。玉器之存於今者，則以漢代爲多。漢代銅器之存於今者，當以鏡爲第一；而銅印之鑄造與雕刻，亦甚工巧。

鐵器在中國，據說始於周代，詳見國語，其後吳國的干將莫邪，越國的歐冶子，他們共鑄了十把名劍。南北朝時，梁代虞荔的鼎錄，以及陶弘景的刀劍錄，算是把這以前銅鐵器，作了一個總檢討。

漆器亦夏禹所始造。其製成之祭器，外施黑漆，內則朱色。晉有畫輪車，以彩漆畫於輪轂，石季龍曾用彩漆畫扇。雕漆至清，北京及蘇州等處多有佳品。

元魏太武帝時，月氏人來代都，鑄石作五色之琉璃（即玻璃），因之中國始有此物之製造。

三、染織刺繡　黃帝時，正妃嫘祖發明養蠶治絲。虞舜時，成五采之繪，以明章服。夏禹時，所織之物，以錦文爲多，亦有織成貝文者。自周襄王以來，綾錦多出於河南許州之襄邑。漢錦，名目甚多。三國時，蜀錦最有名。錦繡染織之工，至唐大進；玄宗時趙氏曾創板刻花紋，夾帛染法。宋代之繡，針線細密，設色精妙，山水、人物、花鳥，宛然如畫，所謂十指春風，令人欲動。清代有江南織造局，所出的南京織錦，與蜀錦同美，蘇州的顧繡、長沙的湘繡，以及杭紡、湖縐，或可稱爲絲織品的六大名產。

㈣雕刻

春秋時，墨子反厚葬，有人斷定：墓上置石獸、石人、華表，或起於周代。越王勾踐爲范蠡鑄像。秦始皇時，李冰刻有石牛之像。漢代藝術上之遺物，當以享堂碑闕之石刻畫爲主。私人所有者，當首推山東肥城之孝堂山祠（前漢），及山東嘉祥縣武宅山武氏祠之壁石（後漢）。碑在周代，立於宮殿之前，以識日景。漢後，碑之形狀與用途，爲之一變，僅刻文字，建於宮廟墳墓之前。景帝時，文翁於成都造石室，設孔子之坐像，七十二賢立像，此爲孔子造像之始。魏晉以佛教故，造像大興。西晉時道安之丈八彌陀銅像，慧護之丈六釋迦銅像等，爲其濫觴。至戴安道之彌陀等像，始極東晉造像之妙。當時北方造像之風盛行，前秦符堅有「莫高石窟」，至唐稱千佛岩。南北朝時，北方恒安大同府雲崗堡武州山，造石窟五所，名曰靈岩，今通稱之爲「雲崗石窟」。孝文帝太和十八年，由恒安遷都洛陽，又鑿「龍門石窟」。唐代楊惠之創作塑壁，作山水雲樹之狀，景物逼眞，世稱雕塑聖手。今蘇州保聖寺所塑羅漢像尙存。

(五)文房四寶

筆，始於秦時，蒙恬在中山（安徽宣城）取兎毫製成之。漢代韋誕嘉平時人著「筆經」。亦造墨，有韋誕墨之稱。墨雖始於周，至漢始使用石墨與松煙。硯，始見於西京雜記，亦漢代所始。紙，和帝時蔡倫所首創，故曰蔡侯紙。玉製之硯滴與書鎭亦始於漢。至是不僅文房四寶全，且有六寶。至清，湖筆、徽墨、宣紙、端硯，或已成定論矣。

印章至唐，金玉之外，尙有象牙、犀角、陶器、石印等。至明始大進步。至清而有西冷六家，謂之浙派；與之相並者，有安徽之鄧石如，稱皖派，與何程，稱徽派，或皖派。

扇起自三代，漢有繪扇及七華扇。畫扇至趙宋，極盛行，但爲紈扇，而非褶疊扇。明代始流行褶扇。

書畫裝裱，晉代已有，至宋，范曄（蔚宗）始精此道。梁武帝後，裝裱始完好。由唐末至北宋，始施背裱，而成掛軸之物。

屏風，本於周代之「扆」，春秋時有屏風之名，見諸史傳。後漢光武帝於屏風畫列女。吳孫權使曹不興畫屏風。此後，歷代有之，而無大演變。

㈥庭園佈置

秦始皇的阿房宮殿建築，或爲中國歷史上最早的偉大建築，其庭園佈置之「五步一樓，十步一閣」，可於「阿房宮賦」見之。宮苑之裝飾，漢代亦極富麗。武帝命造之昆明池石鯨，及牽牛織女石像，柏梁台金莖上之仙人承露盤，桂館之銅鑄飛廉，鳳闕之銅鳳、金雀，泰液池之石龜魚，未央宮門樓之銅龍，魯班門外之銅馬法物，均極精巧。靈帝時，鑄天祿蝦蟆，能吐水於門外。此外甚多，無法一一列舉。隋煬帝在揚州所建之迷樓，富於金虬玉獸之雕飾。元明清三代所建設的北京，除宮殿外，尚有社稷壇的中山公園、中南海、北海公園、瀛臺白塔，以及南門外的天壇與先農壇，西門外的三貝子花園，頤和園、圓明園（已被燬）等。私人的花園，在蘇州尚有獅子林，在杭州尚有康莊、蔣莊等。

總之，藝術是爲了充實生活，而美化了生活的藝術，始是文化的。現代中國人的生活方式，一部份仍舊是來自中國藝術的。

二十二、政治制度論

㈠政制總論

政治是衆人之事的管理，有了衆人便有衆人之事；有了衆人之事，便有管理。英國人自誇：有三個以上的英國人，便有政治組織。中國人，向有一盤散沙之譏，但是，較自由的政治組織，還是有的。從黃帝建國，除將衆人日常生活所需的工具，予以整理、改造、創製外，並立官制，命史官倉頡造作文字。四傳至堯，五傳至舜，便有了著名於後世之「禪讓政治」。

夏禹建立了中國歷史上第一個王朝，少康中興，亦是中國歷史的第一。湯放桀而有天下，爲革命的先聲，周易革卦云：「天地革而四時成，湯武革命，順乎天而應乎人，革之時義大矣哉！」商人與商業，或均以商代而命名。盤庚遷都於殷，現代發掘殷墟而得的文物與甲骨文，益證殷商時代的文字進步，而文化亦甚盛。曆法，雖始於黃帝，見諸經典的，則爲書經堯典云：「乃命羲和，欽若昊天，曆象日月星辰，敬授人時。」史記曆書：「夏正以正月，殷正以十二月，周正以十一月。」自漢武帝改用夏正，以迄今日。但至殷商而完備：一年分春夏秋冬四季，以十二月爲一年，三百六十五日又四分之一爲一年，小月二十九日，大月三十日，而以餘日置閏。

周代，建立於西元前一一一一年。旋建立一封建制度：一、諸侯之分土，規定公侯百里，伯七十里，子男五十里，不足五十里者爲附庸；二、諸侯之軍制，規定大國三軍，次國二軍，小國一軍。封建政治之大權，實操於貴族之手，故周代政治，亦可稱爲貴族政治。

　秦始皇統一中國，始正式廢除封建制度，而開始專制政治。政治制度，雖說始於黃帝，相傳有五官之建（春夏秋冬中），其後，代有改革，至周，見之於周禮（原名周官）者，有天地春夏秋冬之六官，後人疑之。但就其稱：春官冢宰，以掌邦治；地官司徒，以掌邦教；春官宗伯，以掌邦禮；夏官司馬，以掌邦政；秋官司寇，以掌邦禁；冬官司空，以掌邦事；以及冢宰爲百官之長看來，亦大有系統。秦代的中央官制：設丞相總攬國家大政；設太尉掌兵馬（政軍分治）；設御史大夫司監察，爲監察制度之始。丞相之下設九卿：廷尉、典客、太僕、奉常、郎中令、衞尉、宗正、治粟內史、少府。地方行郡縣制：郡置郡守，大縣置縣令，小縣置縣長，均由朝廷任命。因此，人說：政由秦皇而立。

　漢興，制度皆仍秦舊，僅九卿之名，略有更改；東漢沿王莽之制，改丞相爲大司徒，改太尉爲大司馬，改御史大夫爲大司空，而以司徒、司馬、司空爲三公，三公分領九卿，三公九卿制度，由是確立。此制沿及魏晉六朝，無有更易。迄至北周，用蘇綽之議，倣周禮作六官，分司庶政，於是九卿之制廢，六部之制興。漢代中央官制的三公九卿，表之如次：

漢代中央官制

- 司徒
  - 廷　尉——掌刑法獄訟
  - 大鴻臚——掌賓客之事
  - 太　僕——掌輿馬服御
- 司馬
  - 太　常——掌祭祀禮儀
  - 光祿勳——掌宮殿掖門
  - 衞　尉——掌門尉屯兵
- 司空
  - 宗　正——掌皇族宗籍
  - 大司農——掌錢穀出入
  - 少　府——掌山澤租稅

中國官制，一變於秦漢；再變於隋唐。秦漢之制，魏晉六朝多沿襲之；隋唐之制，宋元明清多沿用之。隋代，改三公爲五省：尚書省、殿內省、門下省、內史省、秘書省。九卿改爲六部：吏、戶、禮、兵、刑、工。唐代改爲三省：尚書省、門下省、中書省。尚書省置尚書令，下置左右二僕射，左僕射，統吏戶禮三部；右僕射，統兵、刑、工三部。（唐太宗曾爲尚書令，其後無人敢爲是官，於是尚書令徒存其名，實際上左僕射便爲尚書省之長。）門下省，侍中爲其長，掌審查詔命；中書省，中書令爲其長，掌出納王命。三省長官共議國政，同爲宰相。

宋代中央，亦行三省六部制。惟財政則有鹽鐵、度支二使，與戶部合稱三司，分理其事。軍政則於兵部之上，又置樞密使，其權較兵部爲大。凡加「同中書門下三品」、「同中書門下平章事」等名義，卽爲宰相。

元代廢尙書、門下兩省，而以中書省總領庶政，樞密院統領兵事。其後中書令多以皇太子兼領，於是中書獨尊，六部俱隸入中書。

明代，自胡維庸案發生後，廢中書省，於是三省制盡廢，從此爲六部制矣。旋又置「殿閣大學士」，其初僅備顧問，不與聞國政。以殿名者四：中極殿、建極殿、文華殿、武英殿，以閣名者二：文淵閣、東閣。明仁宗後，閣權始重，班次在六部之上，惟委任雖重，而秩則止於正五品。明代之官，仍以尙書爲重，故明代大臣之銜署，必曰：「某部尙書兼某部殿閣大學士。」明中葉後，殿閣大學士漸握宰相實權。

清代仍以殿閣大學士同掌政務，雍正以後，特設軍機處，其後軍機大臣，遂代大學士而掌宰相實權。中央官制，除理藩院爲增設外，餘均前代之舊。清末，因外交頻繁，始設總理各國事務衙門，至光緒二十七年又改爲外交部。變法以後，改行新官制，設外務、吏、民政、度支、禮、學、陸軍、農工商、郵傳、理藩、法十一部。宣統元年，又增海軍部。

一九一二年，中華民國成立，開亞州民主政治的新頁。民國初年，中央政府採三權分立制：立法有國會（分爲參衆兩院），爲議決一切法律及監督政府的機關。司法有大理院總檢察廳，爲全國最高的司法機關。行政則以大總統爲首領，採取內閣制，以國務院爲行政總機關，由國務員（國務總理及各部總長）負其全責。二次革命後，袁世凱解散國會，實施總統制，改國務總理爲國務卿，隸屬於總統府。袁氏死，黎元洪代理大總統，仍恢復責任內閣制，十三年，段祺瑞爲臨時執政，成立執政府，於是府院制結束了。

十三年七月一日，國民政府成立於廣州，採委員制。十七年十月，通過五院制之國民政府組織法。十九年一月，成立考試院；二十年二月，成立監察院，五院制始正式建立完成。

民國三十五年，五月，國民政府於八年抗日勝利後，還都南京，十一月召開臨時國民大會。十二月，通過中華民國憲法。三十六年一月，公布憲法，十二月，實施憲法。三十七年四月，第一屆國民大會開會，蔣中正先生當選總統，五月就職。立法院與監察院，亦均成立，中國遂成爲民主憲政國家。中央政府，爲總統與行政、立法、司法、考試、監察等五權分立，又有國民代表大會的新制度。此制不獨爲中國政制史上一大變革，且爲世界政治史上之創舉！

民權主義，特重政權與治權之分立。治權已以五院制，行之於中央；政權，由人民直接行使於地方自治，由代表間接行使於中央政府。關於地方制度，自從秦漢開始郡縣制以後，歷代均略有變更。惟明代以布政使理民政；按察使司糾察；都指揮使主兵柄，文武分治，另有機構糾察，或者比較合於理想。又以布政使統府州，以府州統縣，府設知府，州設知州，縣設知縣，是謂三級行省制。其後，又於三級以上，設總督、巡撫等，總攬軍民兩政。今後，反攻復國以後，對邊防，應分設各鎭以守之；對內地，應縮小省區，調整縣市，以三千縣地方自治之基礎，重建大中華民國，有厚望焉！

㈡政制分說

中國政治制度，一貫地只有君權與相權之分。君權，類似政權，不代表人民，而代表天，作之君者稱天子。相權，類似治權，有其能。舜時，禹以司空，兼百揆；其下還有棄爲后稷，契爲司徒等百官。（見書經舜典）其後，周禮六官，天官率其屬而掌邦治，亦類相權。秦始皇建立政治制度，相權最受尊重。當時設太尉掌兵馬，設御史大夫司監察，類似相權、軍權與監察權的三權分立制。

漢制，相權比較低略。尤其是像漢武帝那樣雄才大略的皇帝，宰相更退處無權了！武帝臨死，派一個大司馬大將軍輔政，做了皇宮裏的代表人，一稱內朝，一稱外廷，這樣，相權又少了一半，如遇到跋扈的大司馬，外廷的宰相，不是虛設，便須受命，霍光召集九卿共議廢立，而無宰相，便是一個顯例。以大司馬故，變三公爲大司徒、大司馬、大司空，一個公管領三個卿。

這一個變革，除了降低相權外，監察權的御史大夫，最受影響，御史大夫改爲大司空，從此亦降低了地位，變爲外朝官，此下政府裏所謂御史臺便是循此趨勢，漸漸由皇宮退到政府了！

東漢初年，光武帝總攬了治權，三公只是崇高的名位，實權在尚書，換言之，實權則在皇帝，因爲尚書，在秦代創制時，本是皇帝的私人秘書，東漢時，始總領綱紀，無所不統，但其權仍在皇帝。

秦漢的相權，是領袖制，由宰相一人掌握全國的行政，副丞相二人，太尉掌軍政，御史大夫掌監察權。漢代是考選制度，初級考試，屬之太學，畢業生的考試分兩科，甲科出身的爲郎，乙科出身爲吏。郎官任光祿勛下面皇宮裏的侍衛；吏則回到本鄉地方政府充當吏職，然後再由鄉選里舉，稱孝廉，到中央入郎署服務數年，再分發出去。東漢時代，孝廉只是一個參政資格，到中央後，仍須再加一次考試。於是成了太學教育、行政實習、選舉與考試的四個步驟了！

唐代相權改爲委員制，當時稱爲三省：中書、門下、尚書。中書主發令，門下掌副署，此二省定旨覆審手續完成後，即送尚書省執行。此制似有設計、執行、考核三聯制之意，不過，考核的是文書，而不是政績，略有不同而已。六部之制，至唐始正式成立：吏部主人事，戶部主民政，禮部主宗教與教育，兵部掌軍事，刑部掌司法，工部主建設。此一六部制度，著為「唐六典」與「周禮」，同為中國政治制度的兩大名著。

唐代的監察權屬之御史臺，已脫離相權而獨立了。唐中宗後，御史臺分左右御史，左御史監察朝廷中央政府，謂之分察；右御史監察州縣地方政府，謂之分巡。但中書、門下二省不在監察之列。唐德宗後派出去的監察御史，稱為監察使，後改巡察、按察諸稱，最後稱為觀察使。

考試制度在唐代，禮部考試其才學，及格即為進士及第；吏部考試其幹練，優秀者即可分發任用。以禮部考試時分科，故又稱科舉，此制似較完善，仍值得今人的參考。

宋代相權，在中書省，與掌兵權的樞密院，同稱兩府。又置三司（戶部司、鹽鐵司、度支司）理財，相權又三分了。尚書、門下，雖仍有其名，制度破壞了。宋代又另設一考課院，後來改稱審官院，初分兩院，東院主文選，西院主武選，旋又別置三班院，銓衡內廷供奉及殿直官。

秦漢制度，有一個御史中丞，是專門監察王室和宮廷的，也可以說，是監察皇帝的。後來御史退出皇宮，漢代另設諫議大夫，屬光祿勛專門諫諍皇帝的。此種諫官，到唐代屬於門下省，有拾遺、補闕、司諫、正言等。宋代，諫垣獨立，並改由皇帝親擢，於是遂形成諫官不諫諍皇帝，而糾繩宰相了。

宋代考試，有糊名之制。此種考試，只是一時的短長，有時反得不到眞人才。考試到明代，變動就大了。第一是府縣考，錄取的叫秀才；第二是省試，又叫鄉試，中試者稱舉人；第三是中樞會考，中式的始是進士，也叫進士及第。進士留京讀書三年，再加一次考試，成績好的，始可入翰林院。明代風尚，非進士翰林不能作大官，清代也如此。至於不考上進士翰林的，無論你學問修養如何好，從政成績如何好，總之無法做大官。這種重法不重人的制度，是考試制度的大流弊。

宋代的君權重，明代的君權更重。一人怎樣專制呢？因而發展了皇帝的秘書處，當時稱爲內閣，秘書便是內閣大學士。皇帝包攬了宰相的權，而內閣大學士，便代替了宰相的事。（明太祖廢除宰相）後來，皇帝與內閣中間，多了一個太監，弄權的太監，便變成了眞皇帝，至少亦做了眞宰相，尤其是太監的頭子——司禮監。除此以外，明清兩代，還有一件事，值得注意，就是紹興師爺——胥吏。這些胥吏，都是職業政治工作者，是辦政務的專家。弄權的胥吏，便多魚肉人民，貪贓枉法了！在中央有太監弄權，在地方有胥吏枉法，政治焉得不敗壞哉？

中國歷史上的立法權、司法權，都是附屬於行政權的。特別發達了考試權與監察權。因此，國父說：「就中國政府權的情形講，只有司法、立法、行政三權，是由皇帝拿在掌握之中，其餘監察和考試權還是獨立的。……外國是三權分立，中國也是三權分立。……我們現在要集合中外的精華，防止一切的流弊，便要採用外國的行政權、立法權、司法權，加入中國的考試權，和監察權，連成一個很好的完璧，造成一個五權分立的政府，……有了這樣純良的政府，才可以做到民有、民治、民享的國家。」（民權第六講）

二十三、教育與考選

一個人，是野蠻人，或者是文化人，其關鍵便在教育。中國有五千年的文化歷史，當然也有了五千年的教育。何況，在中國古代，又是政教合一的呢！基此，以述中國的教育。

㈠上古

書經舜典：「契，百姓不親，五品不遜，汝作司徒，敬敷五教，在寬。」

書經周書泰誓上：「天佑下民，作之君，作之師。」政教合一之意。

孟子滕文公章：「人之有道也，飽食煖衣，逸居而無教，則近於禽獸。聖人有憂之，使契爲司徒，教以人倫，父子有親，君臣有義，夫婦有別，長幼有序，朋友有信。」同章又云：「設爲庠序學校以教之，庠者養也，校者教也，序者射也。夏曰校，殷曰序，周曰庠，學則三代共之，皆所以明人倫也。」明人倫之至，稱聖人，因此離婁章云：「聖人，人倫之至也。」總之，三代以前的教育，是一個明人倫的教育。同時，更有一個六藝教育：「禮樂射御書數」（周禮大司徒）。

東周以後，官學荒廢，孔子不得已，始開私家講學之風，仍以明人倫爲教育的精神；至於六藝，乃鄉學教程，孔子所教者，爲十五歲以上的大學生，故而論語上少記六藝之教。一則說：「子以四教：文行忠信。」（述而）再則說：「德行、言語、政事、文學。」（先進）的四科。教育方法，是生活式的

：孔子燕居，子張、子貢、言游侍，縱言至於禮（禮記仲尼燕居）。顏淵、季路侍，孔子問志（論語公冶長）。子路、曾皙、冉有、公西華侍坐，亦各言其志（論語先進）。是答問式的，因此有問孝、問仁、問禮、問政等。又是熏染式的，注重人格表率，使學生熏染於春風時雨中，以變化氣質；莊子說：「孔子遊乎緇帷之林，休坐乎杏壇之上，弟子讀書，孔子絃歌。」（漁父）

周禮分師道爲二：師氏以三德教，保氏以六藝教。阮元說：「師以德行教民，儒以六藝教民，分合同異，周初已然矣。數百年後，周禮在魯，儒術爲盛，孔子以王法作述，道與藝合，兼備師儒；顏曾所傳，以道兼藝；游夏之徒，以藝兼道。」

孔子教學，首重詩書禮樂。墨子公孟篇：「孔子博於詩書，審於禮樂。」史記孔子世家說：「孔子以詩書禮樂教弟子，蓋三千焉。」其後，孟子重詩書，荀子隆禮樂，各有所長。孟子下啓宋明之新儒家；荀子下開秦代之法家統治，欲以其術易天下。總之孔子集上古文化、學術之大成，教育更因孔子而立，所以，於尊稱孔子爲萬世師表外，更以孔子誕辰訂爲教師節。

(二)中古

秦雖爲法家主政，但仍有儒家之傳統，以李斯學於荀子也。秦代在文化教育上，雖有焚書坑儒之說，但改革文字，使其「書同文」，功不可沒。此外，尚有二事值得稱述：一爲學術專官之設置，二爲吏師制度之成立。漢初，施行一段時期的道家黃老之治；武帝時，便已罷黜百家，獨尊儒術了。因此，在教育上有三件大事可說：一、設學校、立博士，整理經籍，樹立中國學校制度及課程之基礎；

二、鼓勵私人講學，樹立私學之基礎；三、改戰國之養士政策，而確立選士制度。

漢代學校，分為官學、私學二種。官學，在中央稱太學，至於鴻都門、四姓小侯等，為特殊學校；在地方，郡國曰學，縣曰校，鄉曰庠，聚曰序；私學，小學稱書館，大學程度者，為著名經師設帳之所，如馬融、李膺、鄭玄等，且有類似今天流行的「導生制」與「導師制」。同時，漢代經學，有今古文之爭。而其選士，則為先選而後考試。總之，教育的目標，在「經明行修」，其特點則為學校與選舉並行。

三國之學，均倣漢制，因時局不靖，極形衰落，無可記者。兩晉之學，與漢代不同的，為貴族子弟「國子學」的設立，為平民而設的，仍叫「太學」。南北朝時代，南朝宋文帝分設玄學、史學、文學、儒學四大學，而所重在玄，故儒術不振；北朝重經術，故漢族文化，因此而擴張。

魏代選士，已趨重考試。選孝廉以經學為重；晉代秀才試策，限於人事政治；孝廉試經，限於五經。魏文帝時，尚書陳羣，創立一種「九品中正」的新制度。此制：州郡縣均置大小中正，區別所管人物，定為九等，視言行優劣而升降。中正之職，負考選與銓敘兩種責任。此制始於魏，盛行於兩晉及南北朝；至隋此制廢而科舉興。

隋代為時不過三十年，在教育制度上所改革，而為唐代所因襲的有：一、教育行政權，總於國子監。二、於專究經典之國子、太學、四門以外，另設書學、算學、律學。但以戰亂，「空有建學之名，而無弘道之實。」唐代中央學制較完備，表之如次：

唐代中央學制

- 國子監
  - 國子學、太學、四門學——大學性質
  - 書學、算學、律學——專科性質
- 東宮——崇文館——三品以上子弟 ┐
- 門下省——弘文館——五品以上子弟，注重書法 ┘——大學性質
- 太醫署——醫學 ┐
- 禮部——崇玄館 ┘——專科性質
- 秘書省——小學——專收貴胄子弟——小學性質

唐代地方學校，亦分正系與旁系，旁系學校有二：一爲醫學，二爲崇玄學。

唐代考選制度，有常科、制科、保舉三種。常科盛行進士、明經兩科。至宋熙寧後，始廢明經科。歷宋元明清四代，進士爲常行之舉士科目，各朝得人以此科爲最多，朝廷要職亦多由此科出身者擔任。制科，爲非常人才而設。如漢之賢良方正，魏晉至明清，亦未廢。大抵時間無定，名稱亦不一致；被舉者多爲有聲名之人，朝廷予以策試，故亦爲科舉之一。保舉之法，自漢已通行；唐代，所謂隱逸智略之士，均起自布衣；宋後，有資格之限，且法令較多。元明清，保舉法雖有不同，而制度未廢。此外，入仕之途的門蔭、納財、積資，亦始於漢，而延續至清。

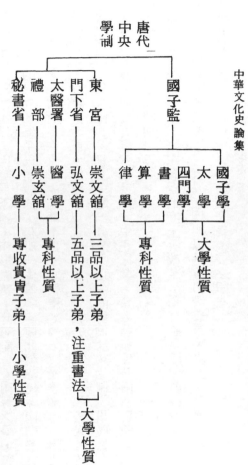

宋代中央諸學，創設非同時，廢罷有先後，總計之約有十五種：1.太學2.辟雍（太學之預科）3.四門學4.廣文學（以上均屬大學性質）5.律學6.算學7.書學8.醫學9.道學（與唐代崇玄學相近）10.武學11.畫學（以上均屬專科性質，後二為宋代新設）12.小學13.內小學14.宗學（宗室子弟之學校）15.諸王宮學（貴胄學校）。

宋代有一種特殊學校，名曰書院，介於官私學之間。其名雖始於唐玄宗時，其制則始於五代之南唐，廬山白鹿洞書院，為正式書院之始。宋初有四大書院，即：白鹿、嵩陽、嶽麓、應天。書院有三大事業：一、藏書，二、供祀，三、講學。宋代書院以「義理之學，修養之道」為教。因而在中國教育史上，有其特殊之意義與地位。

明代地方學校，有一特產，即「社學」，設於鄉社，為一種鄉村小學。明末，魏閹矯旨盡燬國內書院，其制漸衰。一般說來，學制較進步，然以與科舉制度並行，末流漸重科舉而輕學校。明代科舉，沿襲宋元舊制。分鄉試、會試、殿試三種。鄉試，在各省舉行，會試在京師禮部舉行，殿試在京師宮殿舉行。鄉試中式者為舉人；會試中式者，天子親策於廷，分一二三甲，以為名第之次。一甲三人，曰狀元、榜眼、探花，賜進士及第；二甲賜進士出身，三甲賜同進士出身。狀元授修撰，榜眼探花授編修，二、三甲選用庶吉士者，均為翰林官。

清代，學制與科舉，大體上，均仍元明之舊。但亦均結束於清代。在教育上說：自虞舜（西元前二二八五年，舜攝政）開始人倫之教，至周六藝之教，孔子承先啓後，而告一段落。秦漢樹立教育制度，至清末（光緒二十八年，一九〇二年）又告一結束。此四千一百八十七年的中國教育，有思想、有理論，亦有制度；每一朝代之更改，亦多能有所改進，雖未達盡善盡美之境，而亦人才輩出，文明日進。

選士之制，始於西周（西元前一一一〇年周公制禮作樂）。王制：「鄉論秀士，升之司徒，曰選士；司徒論選士之秀者，而升之學，曰俊士；俊士之秀者，曰造士；大樂正論造士之秀者，以告於王，而升諸司馬，曰進士；司馬簡進士之賢者，量才而官之。」此選士之由於學校者，此外尚有賓興之制，周禮地官：鄉大夫所掌，「三年則大比，考其德行道藝，而興賢者能者。……使民興賢，出使長之；使民興能，入使治之。」戰國時代，選士一變而爲養士。漢代選士，一爲鄉擧里選，二爲公卿辟擧。有漢一代，兩制幷行，得人爲盛。魏晉，行九品中正制。至隋，科擧興（大業二年，西元六〇六年）至清光緒三十一年（西元一九〇五年）而廢。就選士之制說，中國已行了三千年；就科擧之制說，中國亦已行了一千三百年。源遠流長，文化悠久，豈誇語哉？

㈢近代

清光緒二十八年（一九〇二年）頒佈新學制。但其前的四十年間，政府已設立了三類新式學校，即：一、外國語文學校，二、實業學校，三、海陸軍備學校。此外，派遣留學生，已於同治十一年開始。光緒二十四年，設立京師大學堂，梁啓超草擬章程，孫家鼐主辦。且明定大學、中學、小學三級制。此爲醞釀預備時期。

光緒二十八年，張百熙奏擬學堂章程，將整個教育分爲三段七級。規定六歲入學，二十五歲大學畢業。四、三、三，四、三、三制，全部學程二十年。民國元年，頒佈壬子學制，初等小學校四年，高等小學校三年，中學校四年，大學六或七年（前置預科二年），七歲入學，廿四歲大學畢業。一直行到民國十年，此期有日本派的色彩。

民國十一年起，到五十七年七月止，多爲美國派，實行的是六三三制，小學六年，初中、高中各三年，大學四年或六年。民國十七年，國民政府復頒學校系統表，大致仍沿十一年之舊，惟內部變動較多，尤其是教育精神之確立爲三民主義教育。

㈣現代

五十六年六月廿七日，先總統　蔣公中正，宣佈應繼「耕者有其田」政策推行成功之後，加速推行另一新政策：國民教育九年制；且須從五十七學年度開始，在臺灣及金門地區，作一個全面的實施。五十七年二月十日，頒佈革新教育注意事項手令，首言：「教育實爲復國建國之根本。」接着，分列小學、中學等，各級學校之主旨，作爲研究整理教育政策、制度、設施之參考。

五十七年四月十二日，復手令教育部，認爲：「國民教育」爲建設現代社會，與復興民族文化之張本，旨在教育學生成爲一個活活潑潑的好學生，堂堂正正的中國人。「前者必須著重生活教育，與人格教育；後者必須著重民族精神教育，與民族道德教育。然此並無輕重先後之分，徹上徹下，仍屬同條共貫。」

高中教育，早已實施了軍事訓練與職業教育。大學教育，　蔣公於「革新教育注意事項」中，提示兩點，甚爲重要。

一、「目前一般大學教育與社會觀念，過於忽視人文社會科學，尤其不注重本國文字，……若干年後，勢將無第一流文法政經人才可用！此種隱憂如何消除？」

二、「今日大學教育，……更無一套以三民主義爲中心的建國思想之大學用書。……教育部應卽突破一切困難，從速編定一套以三民主義的精神爲體系的哲學，以確立三民主義建國的教育思想。……但各種大學用書，則應儘量減少使用原文本，而代以譯文本。而應參酌國家民族之特性，根據三民主義之準繩，予以改編。目前大學用書之流弊，卽在以西方資本主義觀點，以與我三民主義之觀點，相互混淆，甚至抵牾相反，以這樣食而不化之課本與教育，而欲求建立其三民主義的新中國，豈非南轅北轍？」

總之，中國文化，是人的文化，凡事以人爲本位，以人爲主體。人的事，最根本的是「教」，「民無信不立」，教不單立其信，且可使之由野蠻進於文明。人，是一個文化人；國，是一個文化國。教，是教其忠於國家、良知；教其孝於民族、父母。這樣的人，這樣的國，立於天地之間，始是天地之間的明珠，天地之間的光輝。

二十四、經濟與農業

(一)經濟思想

中國最早的經濟思想，應說是書經大禹謨的：「德惟善政，政在養民。水火金木土穀，惟修；正德利用厚生，惟和。九功惟敍。……地平天成，六府三事允治。萬世永賴。」這說明了兩點：一、中國的經濟思想，是養民的；二、是農業的。

天錫禹洪範九疇，箕子傳周武王。三曰八政，食貨為先。食與貨，皆所以養民也。其後，周公在政治上，建立了封建制度；在經濟上，便是井田制度。不獨兵制基於井田，即教育制度亦基於井田。因此，可以說：井田制度，是一個既可以吃飯，又可以打仗，民生與國防合一的制度。

春秋戰國時代，儒家與法家，都以農業為本；而對於商業，兩家主張不同：儒家的孟子荀子，都主張「關幾而不征」，是一種放任主義；法家的管子商鞅，都主張管制，平準物價，是一種干涉主義。這種爭論，直到西漢，「鹽鐵論」始將之作成有系統的紀錄。

管子一書，是春秋時代最重要的一本經濟學。管子認為：生產要素，只有人力與土地兩種，尤以人力為本源。八觀篇說：「民非穀不食，穀非力不生；地非民不動，民非力作無以致財。天之所生，生於用力。」這與儒家大學篇所說的：「有人此有土，有土此有財，有財此有用。」是一致的。為使國力增殖，民生不受豪強操縱，管子主張：國家獨佔鹽鐵及山澤之利，並統制國外貿易。這種專賣政策與統制政策，對於後世有很大的影響。

管子對於兵農問題，有名的政策，是「作內政以寄軍令」，自井田制度破壞以後，土地分配漸漸不均，故兵農亦漸趨分化，管子乃用這個政策編制農民，教以軍事，使齊國舉國皆兵，民生與國防第二次打成一片。商鞅的「農戰政策」，即以管子為本，用於秦國，後來秦國便以此種力量，滅亡六國，統一中國。

西漢時董仲舒說：「明其道不計其功，正其誼不謀其利」以後，使中國對於功利的經濟學說，以及農工商業，都日漸衰落，而不能繼承先秦時代儒法二家的經濟思想，繼續向前發展了。

宋興，范仲淹首先提倡：「教以經濟之業，取以經濟之才。」王荊公繼之，實行變法，他的思想，是本於孔孟的。他說：「經術正所以正世務，但後世儒者，大抵皆庸人，故世俗以經術不可施於世務。」這就是說：經學，就是經濟之學；不過經濟的施設，必須依「所遭之變，所遇之勢」而定，故後世對於經學，只可法其意，不必泥其跡。他的政策，以農田水利為本，更進而裁抑兼併，平均賦役，周轉農本，使人盡其力。他對於國內商業，實行「市易務」與「免行錢」，使一般商販不受壟斷，而後商品可以流通。對於國外貿易，獎勵輸出入，以增國富。對於國防，力主農兵制度，而從保甲入手，使國民受軍事訓練，期於舉國皆兵。南宋，葉適、陳亮等，亦均以經濟自負。

明代，張居正綜合性理之學與功利之學，且儒法兼用，他說：「學不究乎性命，不可以言學；道不兼乎經濟，不可以利用。」他為政的要旨是：「實事求是，而不釆虛聲；信賞必罰，而眞偽無隱。」以及「采其名必稽其實，作於始必考於終。」他的目的，是富國強兵，他說：「孔子論政，開口便說：足食足兵。舜令十二牧曰：食哉惟時。周公立政，其克詰爾戎兵。後世學術不明，高談無實。剽竊仁義，謂之王道，纔涉富強，便云霸術。不知王霸之辨，義利之間，在心不在跡。」江陵本此，抑制兼併，丈量田畝，平衡賦役，開通商務，整頓兵制，都有盛大的功績。

中國，是一個農業經濟的國家，土地兼併，不僅影響國家的財政，人民的生計，且影響兵役和兵制，以及國防，因此 中山先生於清末，就提出「平均地權」政策；旋以歐美工業化以後，即發生了勞工問題，而中國爲了思患預防， 國父又提倡了「節制資本」政策。兩者合起來，便是科學的民生主義了！這一個民生主義，是上承周孔的傳統，外采歐美的精華，而成的新經濟學說。

㈡農業制度

農業的發明，傳說，始於神農氏。周易繫辭下傳：「神農氏作，斲木爲耜，揉木爲耒，耒耨之利以教天下，蓋取諸益；日中爲市，致天下之民，聚天下之貨，交易而退，各得其所，蓋取諸噬嗑。」照此說來，不僅農業是神農氏發明，卽連商業也是神農氏發明的了！

東漢時，白虎通義：「神農因天之時，分地之利，制耒耜教民農作，神而化之，使民宜之，故謂之神農氏。」是神農氏，教民農耕，神而化之，人民爲崇功報德追封之名也。

黃帝時，鎔銅鑄鼎；到周代，始有鐵器。國語有：「美金以鑄劍戟，試諸狗馬；惡金以鑄鉏夷欘斤，試諸土壤。」所謂美金，卽是銅；惡金，卽是鐵。農業上的工具，旣有所改進，農業生產，自當隨之而發達。同時，周的始祖是棄，棄是舜的后稷（農業官），司掌農事。其後，子孫相承，家學淵源，等於農業專家的世家了！周代滅殷而有中國後，中原之地，農業亦隨之更進步。

春秋時代，管子重農抑商，因而國富；又「作內政以寄軍令」，農民皆兵，因而國強。戰國時代，秦用商鞅變法：「壞井田，開阡陌，急耕、戰之賞。」土地制度變更，農業生產技術，當亦有所改進；何況，秦又「急耕戰之賞」呢？

漢代，武帝時，搜粟都尉趙過，創牛耕法與代田法。何謂代田法？就是將田一畝分作三甽，每年易甽耕種之。牛耕法，用牛代人耕種。生產方法與工具，都已改進了。加以重農政策之提倡，以及選士制度之普及農村，「朝爲田舍郎，暮登天子堂。」變秦「急耕戰之賞」，而爲急耕讀之賞，奠下了此後二千年「耕讀傳家」的社會風氣。

漢代去古未遠，本有恢復井田，或限名田的思想，王莽行之而有弊，於是而有另一種議論，或可於大亂之後行之。晉武帝的戶調制，便是實行此種議論的。其制：丁男（十六至六十）一人，課地五十畝；丁女二十畝，次丁男（六十一至六十五）半之，女則不課。丁男之戶，歲輸絹三匹，緜三斤，女及次丁男爲戶者半輸。令天下之人，依年齡性別，而有不同之田，不同之輸。後來，北魏孝文帝的均田令，又有桑田露田之別。桑田爲世業，露田受之於官，而亦還之於官。

唐制，則爲租調庸法。其制：丁男年在十八以上，授田一頃，廢疾及年老者四十畝；寡妻妾三十畝，當戶的加二十畝。都以二十畝爲世業餘爲口分。其取之之法：歲輸粟二石爲「租」；隨鄉所出，輸絲、麻、緜，或其他織品爲「調」；用人之力，歲二十日，閏加二日，不役的每日折輸絹三尺，爲

「庸」。唐德宗時，又改兩稅法，分夏秋兩季繳納，夏輸無過六月；秋輸無過十一月。兩稅法，變古代計丁口徵稅，而為計貧富徵稅。此法簡易，宋元明清，皆師其意，而略有改變。明代神宗時，改為一條鞭法。其法，將田賦與力役，一律折為錢、鈔繳納，是為徵銀不徵物之始。清雍正時，丁隨地起，祇有地稅而無丁稅，是賦稅制度的又一改進。

至於農政與農學，亦應一述。堯舜時棄為后稷，即農官之始；夏禹治水，地平天成，六府三事允治。春秋戰國時，有所謂「農家」者，列為九流之一。戰國時，秦人李冰為蜀郡守，曾鑿離堆，以灌諸郡，於是沃野千里，悉無水患，時有陸海之稱。南北朝時，對於農田水利，即甚講求。後魏賈思勰撰齊民要術十卷，以農耕為主。宋太宗時，於河北諸州，開水利田。神宗時，王安石為相，大興農田水利，六年之間，計修水利一萬零七百九十三處；增田數三十六萬一千一百七十八頃。宋陳旉撰農書三卷，元世祖至元十二年，官撰「農桑輯要」七卷。私人著述，亦有王楨的農書二十二卷。明末，西洋農法傳入中土，徐光啓參酌之，而著農政全書六十卷。民初，設農商部，旋於各省縣設農業學校；十六年改設農礦部；同年，國民黨設農民協會；二十二年，政府設農民銀行，歷代對農政與農學之提倡，可以說已很盡力了！

㈢土地問題

中國以農業立國，農業之根本，為土地與人力，所以大學說：「有人此有土，有土此有財。」時代進步，更需要政府的輔導——農政，技術的改良——農學，以及稅收的合理——賦稅。這一些，都是有連貫性的。但，土地制度更爲重要。中國歷史上，歷代流寇的造反，多數起於農村經濟的破產，農民飢餓的暴動；今天，共匪的竊據大陸，也是以土地問題，裹脅農民而起的。其後，內由於政府八年抗戰，而坐大；外由於蘇俄一手扶植，而割據。

傳說：中國最早爲井田制，井之中爲公田，其外八家，各授一區爲私田。孟子說：「經界既正，分田制祿，可坐而定也。」又國語云：「公食貢，大夫食邑，士食田，庶人食力。」由此可知：田爲國有，由國君分給士大夫，士大夫將田租於庶人耕種，而坐收一定的租稅，夏用貢法，商用助法，周用徹法。貢者，取其什一；助者，藉八家之力以耕公田；徹者，通也，通用貢助二法，都鄙之地，用貢法；鄉遂之地，用助法。

秦廢井田，開阡陌，從此開始了土地私有制。漢武帝時，董仲舒主張限民名田；哀帝時，師丹主張限田，終以地主豪族之反對，兩法皆未實行。東漢時，荀悅主張口數占田法，亦未能實行。其後，晉有占田法，北魏有均田法，均以戰亂，局部試行，短期廢止。

唐初，行班田制；中葉行兩稅制，即被破壞。宋仁宗初年，曾限公卿將吏之田，不久亦廢。清代，太平天國，曾建公田制度，亦未通行。二千年來，中國的土地問題，迄無合理的解決，一遇天災人禍，農業生產歉收，便有農民叛亂；共匪的擴大戰亂，應該說是空前絕後的一次了！但仍須看土地問題，怎樣解決了。

清末，中山先生，首倡「平均地權」之說，他的辦法是：地價應該由地主自己去定，政府照價收稅，漲價完全歸公；政府可照價收買，人工之改良及地面之建築，另計。比方有地一方，原報價一萬元，地面的樓宇一百萬元，如照價收買時，除付一萬元地價外，另補樓宇之價一百萬元。其他之地，若有種樹、築堤、開渠各種人工之改良者，亦要照此類推。（民生主義第二講之大意）

另有一「耕者有其田」辦法，第一步「要農民得到自己勞苦的結果，不令別人奪去；」第二步「照一地價去抽重稅，如果地主不納稅，便可以把他的田地拿來充公，令耕者有其田，不至納稅到私人，要納到公家。」（民國十三年在廣州講，題爲耕者要有其田，詳見國父遺教選第二卷一五四——一五八頁）

國父於民國十四年逝世，關於這些，未能詳述。先總統 蔣公，繼志述事，於三十二年，發表「中國經濟學說」，認爲：「如從歷史上仔細研究，我們可以看出問題的癥結，要解決土地問題，不能從田畝的強制分配着手，而要從養民的方法着手。農民的生活不改良，農業的生產不加多，均產政策是不能成功的，故歷代的政治家只實行下面的辦法：1.均賦，2.均輸，3.專賣，4.農貸。」又說：「民生主義的土地政策，要從平地價着手，就是不許商業資本流向到土地方面去。……所以土地問題解決的時候，也就是商業資本，不流到地價方面，而流向工業方面的時候。……我們解決土地問題，不獨可以消滅商業居奇與土地兼併的現象，並且可以促成中國的工業化，奠定今後國防與民生建設的基礎。」

四十一年，於革命實踐研究院講「土地國有的要義」，認爲：「平均地權，節制資本」，易言之，就是「均富」；均富的方法，㈠實行限田與耕者有其田的政策，㈡不但要節制私人資本，發達國家資本，而且要使大家能均享財富。土地國有的涵義，總理曾一再指示，平均地權方法之二，就是「土地國有」，也就是土地國有，而民用，亦卽「國有民享」。在土地國有的原則下，允許私有財產（包括土地所有權）的合理存在。

至於「田賦的制度，早在我國三千年以前，專爲土地制定的一種特例，就是禹貢的『厥賦惟上上』，以及周禮的『以時徵其賦』。……歸結來說：繳納田賦的用意，就是要出其田地所生產的糧食，來繳納他自己的國家，並出其丁壯，來保護國家和他的土地，所以，田賦的意義，不僅是有田的人家要納糧，而且還要出丁服兵役。」

今天，反攻復國，光復大陸，正是大亂之後，千萬要把握時機，堅決地、澈底地，執行「平均地權」、「土地國有」、「耕者有其田」諸政策，以謀土地問題的眞正解決，和「兵農政策」的富國強兵。

二十五、商業與工業

(一)商業

商業，最早見於周易繫辭傳，交易行爲，始於神農氏。（原文詳見農業章）周滅殷商後，周公允許殷人駕着牛車到遠處服賈，亦可說明殷人是長於商業的。後人叫做交易的、做貿易的，爲「商人」，或與商代有點關係。同時，周代始有「商人」這一名詞，文王文傳：「工匠以爲其器……商賈以通其貨。」文王程典：「商不厚，工不巧，農不力，……不可以成治。」管子小匡篇：「士農工商四者，國之石民也。」由此可證：商業之盛，商人之多，已可以與士農工并稱了！

周代，越國的范蠡，助勾踐滅吳，尊爲上將軍，功成引退，變姓名，歷齊至陶，用其師計然之術，以商致富，自號陶朱公。孔子弟子子貢，經商於曹魯等國間，可與各國諸侯卿相分庭抗禮。（見史記貨殖列傳）因此近代商業聯語，有「經營不讓陶朱富，貨殖何妨子貢賢。」春秋時，鄭之商人弦高，遇秦師於滑，乃矯鄭伯之命，以十二牛犒秦師，且使人告鄭爲備，秦遂不敢襲鄭。戰國時，陽翟大賈呂不韋，竟可爲秦莊襄王謀復國，復以其有娠之姬獻之莊襄王，生子政，即後來的秦始皇。此外，如以鹽起家之猗頓，以鐵起家之郭縱，都是富比王侯。戰國時代的大都市，如臨淄、邯鄲、陶等，都是商業的重鎮。蘇秦述臨淄市況，曰：「臨淄之途，車轂擊，人肩摩，連衽成帷，舉褲成幕，揮汗成雨。」

漢代以後，歷代皆重農抑商。但李唐以後，中西通商始大盛。在陸路上，則於武威等處，設「交市監」，以主其事；在海運上，則於廣州，設「市舶使」，以徵關稅。宋承唐後，海上貿易仍極發達，通商地，除廣州外，杭州與泉州之貿易亦盛。元代更於上海增設「市舶司」。明代以鄭和七下南洋之故，與南洋諸國貿易特盛；亦因此而殖民南洋，迄至今日，華僑尚握有南洋之商權。清康熙二十三年（西元一六八四年），大開海禁後，與歐美諸國之貿易，始漸發達。

中國，二千年來均重農抑商，但在商業上仍有三大發明：

一、唐之飛錢　唐獻宗時，因錢幣缺乏，又有「飛錢」發生。當時商賈至京師，委鑄諸路進奏院及諸軍諸使富家，以輕裝趨四方，合劵乃取之，號曰「飛錢」，是爲後世匯票之始。

二、宋之紙幣　宋代本銅鐵錢幷用，蜀人以鐵錢重，私爲紙幣，謂之「交子」，以便貿易。後轉運使薛田請改爲官發，禁民私造，特設「交子務」，以主其事。其後全國皆行交子，又名「引錢」。南渡以後，更有「會子」「關子」。

三、清之錢莊　舊日的金融機構，類似今天的銀行，據說爲明末大儒顧炎武所發明，以清代山西爲最發達。

㈡工業

工業，最早便是手工的製作。如有網罟之發明，卽開始了漁獵時代；有耒耜之製作，卽開始了農業時代。照易傳所說的網罟、耒耜、舟楫、杵臼、弧矢等，便是中國上古的工業了。此後代有發明，至殷商而大進。食衣住行育樂，人生六大生活需要的工具，大致具備。

周代工業，始專業化，考工記謂：「凡攻木之工七，攻金之工六，攻皮之工五，設色之工五，括摩之工五，摶植之工二。」由此可知：分工之精細，工業之進步了。

茲分食衣住行育樂其他七方面觀之於次：

一、食具　黃帝時，昆吾爲陶正，開始用陶器。又鎔銅鑄鼎，有了銅器。虞舜時，造五瑞五器之玉物。周代始有鐵器。陶器至晉，始演進爲瓷器。

二、衣裳　黃帝時，嫘祖發明蠶絲，製爲衣裳。虞舜時，成五釆之繪，以明章服。夏禹時，已能織錦。三國時，蜀錦最爲著名。至清代，京錦、蜀錦、顧繡、湘繡、杭紡、湖縐，以及廣東的香雲紗，多裘夏葛，無一不備。

三、居住　殷紂之摘星樓，秦始皇之阿房宮，已有樓閣之美，庭園之勝。內部之裝飾，舉凡桌椅牀几，坐臥之具，早期多爲草織之席，中期或多爲木器了！

四、行旅　黃帝時，已有舟車之利，不過後代日求快速、舒適、美觀而已！其類別，可分爲：馬車、牛車、人力車等。

五、育　黃帝時，倉頡造字。其後文房四寶：紙墨筆硯代有發明，至東漢蔡侯紙出，已大致完備。隋代，開始雕板印刷，宋代，發明活字印刷，書籍始大量流通；教育更普及了！

六、樂　樂，爲六藝之一；亦六經之一。「子謂韶，盡美矣，又盡善也；謂武，盡美矣，未盡善也。」（論語八佾）周禮春官，已有八音之說；爾雅釋樂，亦已有五聲之論。

七、其他　中國的三大發明：指南針、火藥、印刷術，已詳科學章，不贅。其他不屬於生活上六大必需品的，當然也有很多，可參閱藝術章工藝節。亦不擬再作一一之重述了。

以上所述的，都是中國的手工業，且是圍繞着日常生活需要而發展的。至於機械工業，則是近代的事。開始是輕工業，近來也有了重工業；至於電子工業與原子工業，尚在學習階段。但，有一現象值得注意，重工業尚未能從原料開始，一路製造下去；其間尚有利用他國成品的地方。此外，科學研究的設備，科技人才的教育，尚未能盡符理想，百尺竿頭，仍須更進一步。

㈢經濟建設

一個國家的發展，主要的是經濟建設。國父的「實業計劃」，成於民國十年。其原則有二：一為個人經營，二為國家經營。凡事物之可以委諸個人，或其較國家經營為適宜者，應任個人為之，由國家獎勵而以法律保護之；至於不能委諸個人及有獨佔性質者，應由國家經營。

實業計劃所論皆為國家經營的事業，就是指導國民如何發達國家資本，以實現民生主義。實業計劃，共分六大計劃，依照其總綱規定，中心工作共有下列十項：

⑴開發交通，擬修鐵路十萬英里，碎石路一百萬英里。修濬新舊運河，疏導長江、黃河及其他河流湖泊，以利交通，而興水利。增設電報電話線路，構成郵電網。

⑵開闢商港，在沿海北中南部，各建設一大洋港口，及其他漁港、商港。

(3)在鐵路中心及終點，並商港地，設新式市街，各具公用設備。
(4)發達水電。
(5)設冶鐵製鋼，並造士敏士之大工廠，以供上列各項之需。
(6)發展礦業。
(7)發展農業。
(8)興辦蒙古、新疆的水利，以便灌溉。
(9)於中國北部及中部，建造森林，以調和氣候雨量，而免水旱天災。
⑽移民於東三省、蒙古、新疆、青海、西藏。

至於六大計畫，一、二、三計畫，以建設北方、東方、南方大港爲中心，各分五部建設。第四計畫，是發展鐵路的計畫，第五計畫，在述明日常生活必需，且使生活安適之工業本部，即食衣住行及印刷工業等五種。第六計畫，講的是鑛業。

先總統　蔣公，於抗戰時期，繼新生活運動之後，而提倡「國民經濟建設運動」。首先說明：「本運動之首要急務，爲使人盡其才，一方面使專門人才，有貢獻能力於經濟建設之機會，一方面使有勞動力之國民，盡量發揮其勞動力於經濟建設，同時並務養成中級人員有實務之經驗與指導之能力。蓋必先人盡其才，而後地盡其利，此爲我國從事國民經濟建設時，所不可忽略者也。」

其次，列舉了實施的要項：

(1)振興農業　一方面增加產業原料之生產量，同時提倡農產之就地加工製造。

(2)鼓勵墾牧　實施軍區屯墾制，利用集團勞力，開發農田。

(3)開發鑛產　除有關工業之少數鑛產外，應一概奬勵民營；尤應歡迎外資，同時禁止地方政府人員及特殊勢力把持鑛權，與民爭利。

(4)提倡徵工　實施徵工制度，同時實施兵工政策。

(5)促進工業　對農村簡易工業，提倡就農村或其附近按合作系統經營之；對於一般工業，由政府分別保護並奬勵之。

(6)調節消費　統計各地，尤其農村之消費品種類與數量，力求供求之調劑。

(7)流暢貨運　發展道路交通，改進水陸貨運。

(8)調整金融　鼓勵民間儲蓄，活潑資金融通。

以上八項，都是具體而可行者，抗戰之勝利，除領袖領導有方，三軍英勇，軍民合作諸因素外，國民經濟建設運動，也是一個最大的主因。

二十六、兵學與軍制

㈠兵學

古有「國之大事，在祀與戎」之說。祀是祭祀，是宗教；戎是兵戎，便是軍事了。軍事，在中國，很早便有了軍事哲學與軍事藝術的兵學。周代的孫武，曾撰孫子一卷十三篇，後人有尊稱之爲兵經、兵法、兵書的。宋，吉天保乃集魏武、梁孟氏、唐李筌、杜牧、陳皥、賈林、宋梅聖俞、王皙、何延錫、張預等十家爲「孫子十家注」，並析爲十五卷。國父評之曰：「兩千多年前的兵書，有十三篇。那十三篇兵書，便是解釋當時戰理的。由於那十三篇兵書，便成立中國的軍事哲學。」（三民主義）先總統　蔣公，評之曰：「中國兩三千年以前的孫子，和孫吳兵略問答，這些書到現在，還是同樣的有價值。」（抵禦外侮與復興民族）

四十五年，　蔣公中正著「蘇俄在中國」一書，在第三編第二章，便曾分析俄共戰爭思想的來源及其基本原則，認爲：「他們戰爭哲學的來源，在西方是師法克勞塞維茨；在東方是師法孫子。」（三一二頁）

孫子十三篇，何以能有如此價值，亙古今，歷中外呢？蔣百里孫子淺說緒言曾將此十三篇，分別予以簡說：

「計篇第一，總論軍政，平時當循正道，臨陣當用詭道，而以廟算爲主，實軍政與主德之關繫也。」

「第二篇至第六篇，論百世不易之戰略也。作戰第二、論軍政與財政之關繫也。謀略第三、論軍政與外交之關繫也。形篇第四、論軍政與內政之關繫也。勢篇第五、論奇正之妙用也；虛實第六、論虛實之至理也。此二篇，皆發明第一篇之詭道也。」

「第七篇至第十三篇，論萬變不窮之戰術也：軍事第七者，廟算已定，財政已足，外交已窮，內政已飭，奇正變術已熟，虛實之情已審，卽當授爲將者以方略，而戰鬥開始矣；九變第八，論戰鬥既起，全在乎將之得人，乃能臨時應變，故示後世以將將之種種方法也，九者極言其變化之多也；行軍第九，論行軍之計畫也；地形第十，論戰鬥開始之計畫也；九地第十一，論戰鬥得勝，深入敵境之計畫，故以深知地形爲主，地形之種類，不可枚舉，故略舉其數曰九也；火攻第十二者，以火力補人力之不足也；用間第十三者，以間爲詭道之極則，而廟算之能事盡矣，非有道之主，則不能用間，而反爲敵所間，可見用間爲廟算之作用也。」

「準此以讀十三篇，若網在綱，有條不紊，不能增損一字，不能顚倒一篇矣。」

春秋戰國時代，有所謂「兵家」者，漢書藝文志，謂：古分爲四家：曰權謀，以正守國，以奇用兵，先計而後戰，兼形勢，包陰陽，用技巧者；曰形勢，離合背鄉，變化無常，以輕制敵者；曰陰陽，順時而發，假鬼神以爲助者；曰技巧，習手足，便器械，積機關，以立攻守之勝者。

先總統　蔣公，是一個深研兵學而又有作戰經驗的軍事家。民國三十九年以後，他屢次講演孫子兵法以及戰爭科學化、戰爭藝術化。「戰爭科學化，乃是現在科學時代必然的趨勢。……大家都知道：科學有二大特徵，一是求精，一是求眞。精是精細，眞是正確。……以戰爭而言，我們對於一切人、時、事、地、物的條件，求其設計、組織、運用的精細，正確和實在，就可以說是合乎科學的要求。」

至於戰爭藝術化，藝術「除了求精求眞之外，更要求美，就是要達到一個完滿的境域。……如欲使戰爭藝術化，則不僅要求各部門的精細和正確，而且要使各部門的配合聯繫和一切條件的運用，都必須達到最和諧、最協調、最美滿的境界，然後纔可以說是符合藝術的精神，這樣的戰爭，也纔能算是一件眞正的藝術品，由此可知：藝術化是比科學化更進一步的要求，而科學化却是如何達成藝術化的基本學術。」（敵我雙方優劣之檢討）

這一些，當是現代的最新的兵學了！

(二)軍制

軍制，古代不詳。唐虞之世，僅有「班師振旅」一語。夏商時代，相傳天子有六軍，而兵事之政，交之於司馬，制度亦不詳。至於周代，兵制始備，其制：「凡制軍，萬有二千五百人爲軍，王六軍，大國三軍，次國二軍，小國一軍；軍將皆命卿。二千五百人爲師，師帥皆中大夫；五百人爲旅，旅帥皆下大夫；百人爲卒，卒長皆上士，二十五人爲兩，兩司馬皆中士；五人爲伍，伍皆有長。」（周禮夏官序）

當時服兵役的，皆爲農民。至於徵調之法，相傳係每家出一人。周之郊內立六鄉，每鄉凡萬二千五百家，家出一兵，適可得一軍。凡六鄉，故天子得有六軍。郊外立六遂，其制與鄉同，亦家出一兵，以爲鄉之副。

戰國時代，各自爲政，兵制已亂。秦一六國，京師之兵，置衞尉，中尉掌之；地方之兵，置郡尉典之。漢興，兵制始稍加整理。京師有南北軍，南軍衞宮城，衞尉主之；北軍衞京城，中尉主之。武帝時，更於北軍增置八校，改中尉爲執金吾，以掌北軍；於南軍增置羽林、期門兩軍。郡國則分車騎（騎兵）材官（步兵）樓船（水兵）三種。漢初定制：民年二十三爲正，一歲爲衞士（即入京師南北軍）二歲爲材官騎士，年五十六乃得免。京師南軍多徵調於郡國，北軍多調於三輔。至於東漢，悉出於召募，於是漢初寓兵於農之法廢，而郡國更無可恃之兵。

魏晉兵制，屢有變更。北周始創府兵制，頗爲重要。其制：選民之健者爲兵，而免其租，令刺史以農隙教練，號曰「府兵」。合爲百府，每府一郎將主之，分屬二十四軍。領軍者謂之「開府」。一大將軍統兩開府，一柱國統二大將軍，共有郎將一百人，開府二十四人，大將軍十二人，柱國六人。因而兵強，隋承北周，始能統一南北朝。

隋唐仍北周之舊，行府兵制，而組織更爲完善。唐初府兵制：十人爲火，火有長；五十人爲隊，隊有正，三百人爲團，團有校尉。兵役年齡：二十至六十。至於將官，係於征戰時臨時任命，戰罷，兵歸於府，將上其印，故當時無擁兵之人。高宗後，府兵制漸壞；玄宗時，改募兵制，號曰「彍騎」，府兵益壞；故天寶亂起，唐室不能平，終至天下大亂。亂後，兵在藩鎮，不復受朝廷之命令，唐室從此不振矣！

宋代召募之兵共分四種：一曰禁軍，選諸路之精卒集於京師者；二曰廂軍，老弱者，以供役使；三曰鄉兵，教以武事，而爲防守之用者；四曰蕃兵，即塞下內屬諸部團結以爲藩籬之兵者。神宗時，王安石變法，遂裁減禁軍，改番戍制，置將統兵，分駐各地，又創保甲法，實行寓兵於民之政策。其法：十家爲保，保有長；五十家爲大保，有大保長；十大保爲都保，有都保正副各一人。戶有二丁者，以其一丁爲保丁，每一大保，夜輪五人備盜。保丁教以弓弩、戰陣，使漸習爲兵，有事即徵發之。

至於軍器，北宋時已有造火藥之法。太祖時，有火箭之名；眞宗時，有火球之稱。金元之戰，及宋金之戰，皆曾使用火器。南宋與金之采石之戰，虞允文即用霹靂砲以攻敵。

元代，蒙古爲一種通國皆兵制。至於漢軍，則無定法。有征戰，則設「行樞密院」總領軍政，事畢即廢。明興，盡革元制，而師法唐代「府兵」之遺意，訂立兵制。其制：京師設二十六衞及前後中左右五軍都督府。二十六衞係天子親軍；五軍都督府，設左右都督，管轄全國之都司、衞所。衞所之兵，無事則屯田，有事則命將統率，出征。事畢，將上所佩之印，兵還衞所。統率之權，操於都督府；征戰調遣，則由兵部。

清初，滿州旗兵分爲八旗。其後，滅蒙古，取中國，又立蒙古八旗、漢軍八旗。此外，則有「綠營」，均以漢人充當，隸於各省提督總兵，而歸督撫節制，爲平定內亂之常備軍。嘉慶以後，改募「鄉勇」，太平軍興，亦賴湘勇、淮勇討平。後湘勇解散，淮勇遂成爲全國兵力之重心。光緒二十一年，袁世凱練「新建陸軍」於小站，自是北洋新建軍，遂代替了淮軍的地位。

民初，兵制仍沿清末之舊。民國十三年，黃埔陸軍軍官學校成立，以 蔣公中正爲校長，實施黨義的軍事訓練。因而開展了其後的東征北伐；十六年，國民政府奠都南京，黃埔軍校亦遷京，改名中央陸軍軍官學校。旋卽設立空軍軍官學校於杭州，海軍軍官學校於福州。二十六年七月七日，全面抗日戰爭開始。陸海空三軍，都發揮了戰鬥精神與戰鬥力量。因而贏得了八年之後的最後勝利。

清代與民初，都是募兵制。民國二十二年六月十七日，國民政府公佈兵役法，規定：男子滿十八歲至四十五歲，不服常備兵役時，服國民兵役。平時，受規定的軍事教育；戰時，以國民政府之命令徵集之。

兵凶戰危，佳兵不詳，本不應談兵；但，內而平寇盜，外而抗侵略，無一不需要戰略與戰術。以政府有保民之責，而人民亦有「執干戈以衞社稷」之神聖任務也；「不得已而用之，恬淡爲上。」（老子三十一章）過去，反侵略的抗日戰爭，爲聖戰；今後，反共抗俄、反攻復國的戰爭，救我文化，解民倒懸，更是聖戰了！盍興起乎！中國青年！

同時，兵學與軍制，亦中國文化精華之一。孔子不僅說：「有文事者必有武備」；亦說：「善人教民七年，亦可以卽戎矣」；「以不教民戰，是謂棄之。」（子路）此外，他處亦有：「戰陣無勇非孝也」之論。

中國，本來是一個講求和平的民族，講求和平的文化，但，異族入侵，到亡國的關頭，中國民族與中國文化，亦都是能戰鬥的。戰陣之勇，便是大孝；以故岳母有「盡忠報國」之訓。值此反攻復國的前夕，復興中華文化運動的潮流中，特標兵學與軍制之意，以與全國青年共同勉勵！

二十七、個人的修養

㈠哲學修養

西方文化中，有所謂個人主義者，且由它而發展出自由主義、民主政治。但在中國是沒有個人主義的。然而，却有最基本單位的「個人」。 國父在孫文學說序上說：「國者，人之積也。」這是說：國家是由「個人」積聚起來的。大學中所說的格致誠正修齊治平， 國父稱頌它：「把一個人從內發揚到外，由一個人的內部做起，推到平天下止。」（民族六講）中庸上所說的：「爲政在人，取人以身。」以及大學上的：「自天子以至於庶人，一是皆以修身爲本。」總之，在中國文化中，非常地看重個人：大學八條目的前半段，是「獨善其身」；後半段，則是「兼善天下」，然而，貫通這一個前後，而使之打成一片的是「個人」。如果倣照西方而談「主義」的話，這也可以算是「個人主義」，不過，不同於西方而已！

中國的個人主義，是要把人「從內發揚到外」的。怎樣把人從內發揚到外呢？主要的關鍵，是哲學修養。哲學對於人生，不僅能訓練品德，涵養精神，且可變化氣質，振衰起弊！對於國家民族與整個社會，都可發揮無比的偉大力量。比如陽明哲學，在個人方面，能證之於事功，驗之於德業；在國家民族方面，它啓示了日本的明治維新，導致了日本的國富兵強。

那麼，中國哲學有些什麼內容，又怎樣教育了個人呢？

第一、中國哲學是生活的哲學，首先從洒掃應對進退教起，這是一種基本的修養，亦就是王塘南所說的：「洒掃應對，便是形而上者。」「禮記」這部書，就是古代生活的教本，所謂：「飲食有節，起居有常，容止有定。」等，一切生活的基本道理，都包括在這部古書裏。

第二、中國哲學是生命的哲學，其次，要教人知道：有生必有死，死有輕於鴻毛者，亦有重於泰山者。宋代文天祥所說的：「孔曰成仁，孟曰取義，惟其義盡，所以仁至；讀聖賢書，所學何事？而今而後，庶幾無愧！」（衣帶讚）是一個人生哲學的精華，也是孔孟儒家哲理的要義。因此，孔門的四書五經，在廣義上說，亦都是人生哲學的要籍。

孟子說：「無惻隱之心，非人也；無羞惡之心，非人也；無辭讓之心，非人也；無是非之心，非人也。」此四心為仁義禮智，有此四心，便是人；無此四心，便是非人。非人是什麼？就是禽獸。所以孟子說：「人之所以異於禽獸者，幾希。」又說：「無父無君，是禽獸也。」照這些哲理做人，始是一個眞正的人，完美的人；不然的話，即使他生有人的形體，而不具備仁義禮智四心，或有而不能明，亦與禽獸無異。

先總統　蔣公，於此參綜成一付聯語，曰：「生活的目的，在增進人類全體之生活；生命的意義，在創造宇宙繼起之生命。」這是目的，怎麼樣才能達到呢？除了前說四書五經，要閱讀，要照著它實踐，有恆的、不斷的實踐以外，還要研究：

一、哲學的本體　中國哲學的本體，是「太極」。太極一詞，並不是古人所註釋的那樣玄遠高深。用現代話來說，就是一切人爲法則與自然法則的極則。在自然法則上，說之爲「天」；在人爲法則上，說之爲「聖」。（聖者，人倫之至也，人之至也。）中庸上說「天地之道，博也、高也、明也、悠也、久也」；「聖人之道，洋洋乎，發育發物，峻極於天」。人是法天的，所以，又說「天人合一」。這一本體，包括「心」與「物」，無以名之，名之曰：「人性論」。

二、哲學的方法　大學上說：「格物致知」，宋儒說：「即物窮理」，這個「致知」與「窮理」，便是中國哲學的方法論。宋儒講「窮理」，明儒講「致知」，前者，窮事物之道理，故謂之道問學；後者，致吾心之「良知」，故謂之尊德性。因此，前者，又稱之爲道學，或理學；後者，又稱之爲心學。這一些，只是方法上的小異，而其本體，仍是天人合一的「人性論」。

先總統　蔣公，於此亦有一付聯語曰：「窮理於事物始生之處，研幾於心意初動之時。」這兩付聯語，都是作於民國十三年，當時　蔣公僅三十八歲，能有如此造詣，足見其對於哲學研究之勤，與用功之深。

國父對於哲學，有更高深之研究，除了指出大學一篇，爲中國最好的政治哲學以外，又特別授總統以「天下爲公」和大同的道理；並創造了民生哲學和民生史觀，以糾正西方唯心或者唯物哲學之失，尤其是更正了意欲改造世界的唯物史觀。　總統繼承這一個哲學傳統以外，更發明了「力行哲學」，以符合「天何言哉？四時行焉，百物生焉」的天地大道！

中國哲學不同於西方哲學，是一個純粹的知識問題；反之，且是一個注重力行實踐的大學問，讀哲學後，必須變化氣質，砥礪志節，涵泳深造，應用實踐。所以孟子說：「君子深造之以道，欲其自得之也。」（離婁）又說：「萬物皆備於我矣，反身而誠樂莫大焉。」程子亦說：「在不曾讀論語以前，是這樣一個人；讀了論語後，還是這樣一個人，只是不曾讀論語。」

(二)文藝薰陶

中國人，尤其是士大夫，除了應有哲學修養外，更應有文藝薰陶。首先，孔子說：「行有餘力，則以學文。」「志於道，據於德，依於仁，游於藝。」文與藝，是士大夫業餘的修養。朱子註曰：「游藝則小物不遺，而動息有養。學者於此，有以不失其先後之序，輕重之倫焉，則本末兼賅，內外交養，日用之間，無少間隙。而涵泳從容，忽不自知其入於聖賢之域矣。」

孔子生當春秋之亂世，爲了救世而周遊列國。但，餘暇時，他對於詩歌音樂最有興趣，也最有修養。他說：「興於詩，立於禮，成於樂。」在詩上，他稱讚子貢曰：「賜也，始可與言詩已矣。」稱讚子夏曰：「起予者商也，始可與言詩矣。」又告訴弟子曰：「小子，何莫學夫詩，詩可以興，可以觀，可以羣，可以怨，邇之事父，遠之事君，多識鳥獸草木之名。」在樂上，他能批評舜武之樂曰：「韶盡美矣，又盡善也；武盡美矣，未盡善也。」又說：「吾自衞返魯、然後樂正，雅頌各得其所。」他又喜歡遊山玩水，而曰：「知者樂水，仁者樂山。」他自己曾在川在，喟然而嘆；又曾讚美曾點的春遊，而曰「吾與點也」。

魏晉時代，有了田園詩與山水詩；唐宋更有了閒適詩詞。這一些，亦都是士大夫必有的生活情趣。宋代，周濂溪教人尋孔顏樂處，而吟風弄月；程明道，窗前草不除，謂欲見造物生意；又置盆池，畜小魚數尾，時時觀之，問其故，他說觀萬物自得意。因此他能作詩曰：

雲淡風輕近午天，傍花隨柳過前川；

時人不識余心樂，將謂偸閑學少年。

又詩曰：

閒來無事不從容，睡覺東窗日已紅；

萬物靜觀皆自得，四時佳興與人同。

這是一個藝術境界，也是一個天地境界，眞是無入而不自得。這得，是得於哲學的修養，也是得於文藝的薰陶。如衹有前者，或過於嚴肅而呆板；如只有後者，或過於輕鬆而放任。必兩者俱，始是一個完美的人。這一個人，是由心性的修養，從內部做起，把一個人從內發揚到外的。

三道德實踐

個人的修養，旨在使個人成器成材。哲學的修養、文藝的薰陶，都是雕琢、磨練個人的方式與方法。道德修養，尤爲重要。在道德修養上，主爲心身。格致誠正，以修心。推而廣之，則爲仁義禮智，以修身；盡倫盡分，以齊家；盡制安人，以治國平天下。這樣始是發揮了人性，始是發揮了人的全體大用。因此，孟子說：「古之人，得志，澤加於民；不得志，修身見於世。窮則獨善其身，達則兼善天下。」孔子一方面說：「天下有道則見，無道則隱。」（論語泰伯）另一方面，子路亦述夫子之意曰：「君子之仕也，行其義也。」（微子）見與仕就是兼善，隱則是獨善，「書云孝乎，惟孝友於兄弟，施於有政，是亦爲政，奚其爲爲政？」（爲政）這一個獨善，亦有所影響，至少他可以齊家，化鄉黨，美風俗。

基此，分述個人盡性的獨善與兼善。

（一）**獨善** 人生的第一個階段，不拘是誰，均應先謀自己的善，換言之，便是先使自己成材、成器。所以，孔子自述其一生的進境是：「吾十有五而志於學，三十而立。」立，始是成了材，成了器。仕，固然是行義；但，仕之權在人，不在己。如無國君之聘請，仍應繼續深造，以成德達材，以待時。

在孔子，仁者不憂，知者不惑，勇者不懼；但亦有一憂，那便是：「德之不修，學之不講，聞義不能徙，不善不能改，是吾憂也。」（述而）修德、講學、徙義、改過，這便是一個人第二步的深造，經過「四十而不惑」的階段，到五十仍不遇，只好「知天命」了！或者，決心「久處約」（里仁），隱居以求其志；或者，「道不行，乘桴浮於海」（公冶長），而欲「居九夷」（子罕）了。「內省不疚，夫何憂何懼？」（顏淵）「不忮不求，何用不臧？」（子罕）

孟子說的更雄辯，他說：「士窮不失義，」並舉古人爲證，曰：「伊尹耕於有莘之野，而樂堯舜之道焉，非其義也，非其道也，祿之以天下，弗顧也；繫馬千駟，弗視也。非其義也，非其道也，一介不以與人，一介不以取諸人。」（萬章）「由今之道，無變今之俗，雖與之天下，不能一朝居也。」（告子）「守先王之道，以待後之學者。」（滕文公）「不得志，獨行其道，富貴不能淫，貧賤不能移，威武不能屈，此之謂大丈夫。」（同上）

（二）兼善　在孔子，除大學篇所述治國平天下的道理外，更有：（1）哀公問政章的人道敏政，以及凡爲天下國家的九經。（2）盡其性、盡人性、盡物性，贊天地之化育，與天地三。（以上均中庸）

在孟子，除說仁義的王政外，更有：1.「居天下之廣居，立天下之正位，行天下之大道，得志，與民由之。」（滕文公）2.達不離道，「古之人，得志，澤加於民。」「善政不如善教之得民也，善政民畏之，善教民愛之，善政得民財，善教得民心。」（盡心）

一個人，發展到盡其性，始是獨善其身的極致，這裡有五步工夫，格致誠正修；但仍須進一步兼善天下，盡人性，盡物性，這裡亦有三個階段：家、國、天下。前者是內聖的工夫，聖者須盡倫；後者是外王的境界，王者須盡制。內聖外王之道，都是「性之德」。總之，均須從人性出發，所以，大學能說，「把一個人從內發揚到外」的大道理。但，這一些不單是思辨，主要的是力行，是實踐。

二十八、家庭與婚姻

㈠婚姻

周易歸妹卦：「歸妹，天地之大義也，人之終始也。」家人卦：「男女正，天地之大義也；正家而天下定矣。」序卦傳：「有天地，然後有萬物；有萬物，然後有男女；有男女然後有夫婦。」男女怎樣結爲夫婦的?傳說：始於伏羲氏之制嫁娶，年代久遠，無從證實。其後，黃帝有正妃嫘祖之說，唐堯有二女妻舜之記，婚姻制度，或早已確立。迨乎夏禹傳子，父系中心之社會，始演變成功。

婚姻方式，據社會學者之研究：最初爲掠奪式，次爲買賣式，再次始爲契約式。在中國，周易爻辭中，屢見「匪寇婚媾」之文，足見中國古代，最初亦爲掠奪式。至於買賣式，在典籍中無明文，然周代婚禮，有納徵納幣之說，或亦變相的買賣式。

中國，有一定的婚禮，始自周代。周禮地官媒氏，以仲春會男女，男女非有行媒，不相知名。於是「父母之命，媒妁之言」的婚姻制度，始正式成立。周之婚禮有六個步驟卽：

㈠納采　請媒妁至女家徵求同意，女氏許之，然後使人納采。

㈡問名　納采後，遣使至女家問其名以卜之。

㈢納吉　卜於廟，得吉兆，以告女家，則婚姻定。

㈣納徵　納吉後，再遣使至女家納幣。

㈤請期　婚期定，然後備禮物，並以吉日告女家。

㈥親迎　吉期屆，婿親迎於女家。

此等禮儀，從周初到民初，垂三千年，堪稱嚴整而隆重。歐風東漸後，通都大邑，有所謂「自由戀愛」與「新式婚禮」者，此制始漸廢。中庸之道，似應斟酌古今中外，由政府另訂一新禮儀為宜。

至於婚姻年齡，周禮規定：男子三十而娶，女子二十而嫁。春秋戰國時代，各國為了戰爭，而須大量人口，始將婚期提早，國語越語：越王令男二十，女十七不嫁娶，其父母有罪。漢代，惠帝令「女子十五以上不嫁者五算」（即五倍其丁稅）晉武帝令「女子十七父母不嫁者，長吏配之。」唐太宗令：「男年二十，女年十五以上無家者，州具以禮聘娶。」近代，始有「早婚有害」之論。照學制與學年說，男子應廿五歲，大學畢業後；女子應二十歲，高中畢業後。少數女性讀大學者，當另論。

古代，掠奪式的婚姻，是多妻的。周代以封建制度，訂出宗法制度，子有嫡庶之分，而母之嫡庶，遂不得不預為規定，妾媵之制，遂於此確立。民國後，國民政府始取消妾媵在法律上之地位，而確立一夫一妻制。

「同姓不婚」之規定，亦為中國婚姻制度中特異之點。其制，亦為周代所確立。姓之字，從女生。故姓為母系時代之產物。其後，父系社會成立，男子遂稱氏。「氏」本部落之意，其時部落之酋長，皆為男性，故男子各以氏稱之。戰國以後，姓與氏遂無分別。

姓氏之外，又有名字問題。周行冠禮，男子二十，則於名之外，更命以字；女子許嫁，笄而字。由是自稱概用名，而稱人以字，以其成人，敬其名。春秋戰國時，逃名避世之士，多另起別號，如范蠡之稱陶朱公。唐後，別號之稱漸濫。又古者於達官，尊之多稱其官位，明中葉後，又以別號不足示敬，官位不足示異，乃至以其籍貫之稱，而代人稱，如張居正之稱張江陵。

(二)家庭

「國之本在家」（孟子）；「家人利女貞，彖曰：家人，女正位乎內，男正位乎外，男女正，天地之大義也；家人，有嚴君焉，父母之謂也；父父、子子、兄兄、弟弟、夫夫、婦婦，而家道正，正家而天下定矣。」（周易家人卦）中庸亦說：「君子之道，造端乎夫婦，及其至也，察乎天地。」夫婦之道，怎樣呢？「夫婦之道，不可以不久也，故受之以恒。」（易傳序卦）因此，中國甚重視貞操問題與離婚問題。然以男性中心故，祇要求婦女之守貞操，夫婦不可離婚，但許男子出妻。

古代婦女，亦無所謂貞操，有之，亦只是少數人之自願，如詩經柏舟之篇。之後，儒家昌明人倫，而主「夫婦有別」（孟子）。戰國末期，荀子說之爲禮教，其弟子李斯，流而爲法家，主始皇之政，始有整飭男女風俗之令。漢武帝尊儒，「夫婦有別」的這一個「別」字，始有更嚴格之規定。史記始見「貞女不更二夫」（田單傳）之說。後漢班昭作女誡，始著「夫死不嫁」之訓。因此，南北朝時，庾信爲人作墓誌云：「用曹大家之明訓，守宋伯姬之貞節。」宋代，理學家，更有「餓死事小，失節事大」之論。至於出妻，古有七出之說，又名七去。大戴禮本命：「婦有七去，不順父母去，無子去，淫去，妬去，有惡疾去，多言去，竊盜去。」與儀禮喪服疏七出同；天子諸侯之妻，無子不出，唯有六出。民國後，貞操始是雙方共守的，離婚再娶再嫁，亦均自由，且皆爲法律所允許。

夫有夫德，妻亦有妻道，夫德者，夫夫之謂也。左傳有夫婦「相待如賓」之記。世說賢媛：「許允婦，是阮衞尉女，奇醜，許因謂曰：『婦有四德，卿有幾許？』婦曰：『新婦所乏唯容爾！然士有百行，君有幾許？』曰：『皆備。』婦曰：『夫百行以德爲首，君好色不好德，何謂皆備？』允有慚色，遂相敬重。」夫有百行，以德爲首。爲夫婦間留此一段佳話。

婦道，周易坤卦：「坤道其順乎，承天而時行。……地道也，妻道也，臣道也，地道無成，而代有終也。」孟子滕文公：「女子之嫁也，母命之，往送之門，戒之曰：『往之汝家，必敬必戒，無違夫子，以順爲正者，妾婦之道也。』」這一些，都是說：婦道，以順爲正。後來，曹大家女誡詳說四行曰：「女有四行：一曰婦德，二曰婦言，三曰婦容，四曰婦功。」即周禮九嬪以之教九御者。唐宋若華撰女論語，詳於婦道。

家庭制度，中國昔爲大家庭制，多數爲三代同堂，而以五代同堂爲美談。唐杜暹，宋陳侁、丁雋，元陰幼達，明廖得金，清索綽羅氏等，義聚三百口，咸以孝弟聞。舊唐書孝友傳，「鄆州壽張人張公藝，九代同居，麟德中，高宗有事泰山，親幸其宅，問其義由，其人請紙筆，但書百餘忍字，高宗賜以縑帛。」後人因而製爲「百忍圖」與「百壽圖」，同爲中堂名軸。

南宋名學者陸九韶（九淵，象山先生之兄）家金溪，累世義居，推一人最長者爲家長，子弟分任家事，凡田疇、租稅、出納、庖爨、賓客之事，各有主者，他們兄弟在此環境中歷練成學。九韶字子美，主家事，編韻語爲訓戒辭，晨興，率衆子弟謁先祠，畢，擊鼓誦其辭。這好像紀念週一樣，但，他們爲朝會，日日如此。此外，家法、經濟各有一套，來維持此大家庭於不墜。他日記中有居家正本及制用各二篇。他隱居不仕，後人稱他家政具有條理，推而廣之，可以治國。這一些，亦都是「齊家」的道理，家齊然後國治。

今天，爲歐化的小家庭制。其實，大家庭制，爲農業社會的產物，小家庭制，或爲工商社會的必然趨勢了！因爲前者安土重遷，後者則流動性大。勢使之然，非意之也。

(三)調和西方文化

西方文化，一派是個人主義，發展而爲自由主義與民主政治。另一派，是集體主義，發展而爲社會主義與極權政治。後者自稱左派，稱其對方爲右派。這一個個人主義與社會主義之爭，如冰炭，如水火，更如南北極。我們認爲：中國的家庭，恰巧可作他們的橋樑。個人應以家庭，作爲避風港，出則爲國家、社會而服務；入則謀個人品學的修養。或可說之爲：出則兼善社會，入則獨善個人。用不着主張什麼個人主義，也用不着主張什麼社會主義，各爲其觀念而鬥爭，而戰爭，而犧牲千千萬萬的人了。

國際共產黨，是社會主義的極左派，不單由集體主義，發展而爲階級論，而爲階級鬥爭，而爲無產階級專政。是一個抹煞人性，極端獨裁的極權政治；且是一個極端好戰的侵略主義者，新帝國主義者。

中國共產黨，是國際共產黨的揷枝，很偶然地在中國土壤中繁殖了！但它是非中國文化的，因此，它要破壞中國文化特質的家庭制度，先來一個「一杯水主義」的「婚姻法」，予以雜婚亂配；然後再來一個沒有家庭的「人民公社」。中國大陸上便成了「夫婦無別」的禽獸世界了。追究亂源禍根，主要的，是西方文化的崩潰。怎樣救治它呢？中國的家庭制度——溫暖的、幸福的家庭，是一劑主藥。

美國社會上流傳了一個諺語：「美國是少年人的樂園，中年人的戰場，老年人的墳墓。」這便是沒有家庭，只有個人與社會的原故。社會是少年人的樂園，中年人的戰場，家庭則是老年人的安樂窩，是一個「老有所終」的安樂窩。果爾，中國的家庭，便具有調和西方文化的功能；然而，今日中國家庭，也在蛻變中，中年人謀生活，好像赴戰場一樣，自顧不暇，那有餘力照顧老年人，即使他讀過論語與孝經，且深知「孝順爲齊家之本」，可是他每天從生活的戰場上下來，已經是筋疲力竭，明知「百行孝爲先」，也是有心無力了！這是社會變質的原故。但是，中國家庭的流風餘韻：父慈子孝，兄友弟恭，夫義婦順，仍是値得稱道的！

二十九、社會與風俗

㈠社會本質的演變

社會，係個人的對待。與國家、民族，亦有質量上的大同小異。「民族是由於天然力造成的，國家是用武力造成的。」有些民族分在幾個國家；有些國家內，亦有幾個民族，這樣，他們多數提倡國家主義；一個民族造成一個國家的，說國家主義，不如說民族主義，因爲民族的形成，是王道的，也是和平的。

社會，類似民族，具體而微；亦類似國家，但有不同，國家是武力造成的，社會是自然形成的；國家是政治的，組織政府，管理衆人之事；社會是文化的，以敎育、宗敎、風俗、習慣、公共關係、公共輿論等，影響衆人，以及影響衆人之事。社會上衆人之事，由社團管理，而取決於義。古人釋義，爲事之宜也。荀子強國篇云：「分義則明」，註：「義謂各得其宜」。因此演繹出義田、義莊（置田收租以贍養族人之貧乏者）、義倉（地方公有之積穀倉庫，以備救濟災歉者）、義塚（掩埋無主屍骸者）、義塾（設立學校，不收費敎授貧家子弟者）等。

中國古代社會怎樣呢？有說得極野蠻的，如管子的君臣篇等；亦有說得極文明的，如禮記禮運大同篇等。一般地說來，應是：「神農之世，男耕而食，婦織而衣，刑政不同而治，甲兵不起而王。神農既沒，以強勝弱，以衆暴寡，故黃帝作爲君臣上下之義，父子兄弟之禮，夫婦妃匹之合，內行刀鋸，外用甲兵。」（商君書、畫策篇）

夏商周三代，是農業逐漸發達的時代，「學則三代共之，皆所以明人倫也；人倫明於上，小民親於下；」（孟子滕文公）井田之制，亦三代共之，「出入相友，守望相助，疾病相扶持，則百姓親睦。」（同上）當時政府對於人民，以教以養；而人民亦養生喪死而無憾！

春秋時代，無義戰；戰國時代，更悲慘，「率土地而食人肉」。同時，更以戰亂故，「經界不正，井地不均，穀祿不平。」（同上）社會上發生了空前的劇變。貴族沒落，平民崛起，開了「布衣卿相」之局，更開了「私家講學」之風，學術流佈，教育普及。士，成了新興階級，因此諸子蠭起，百家爭鳴，成爲中國歷史上學術發達的黃金時代。而各國國君亦爭相養士。土地私有後，產生了地主階級；工商活躍後，憑其財富，不僅布衣可傲王侯，且可「禮抗萬乘」（秦始皇禮遇巴寡婦清）。當時，有一諺語：「用貧求富，農不如工，工不如商。」

秦用商鞅之策，「廢井田，開阡陌」者，亦只是承認現實，順應潮流而已！至其獎勵耕戰有益之民，發達了兵學與兵家，更使軍人成爲專門的職業。表面上是士農工商的四民，實際則是士農兵的天下，工商界的富翁，不僅是少數，而且爲時亦甚暫。漢興，則行抑商政策：商人不得爲官，不得名田，不得衣絲乘車等，且重征商稅，視之同賤民。

漢末，三國紛爭；五胡亂華後，更是一個長期的戰亂時代。士族隨政府而南遷，更帶來了魏晉的九品中正制。晉室政權的重建，多靠他們和當地名族的支持，因此他們號爲「僑姓」，稱當地名族爲

「吳姓」，但朝廷要職，多爲僑姓。士族有甚多特權，如仕官優先權、免徭役、坐享俸祿等。門第不相等的，且不通婚姻。留居中原的士族，多於姓氏上冠以郡名，號爲「郡姓」，鮮卑族漢化以後的姓名，號爲「國姓」。北方士族子弟多學鮮卑語，社會上有一股媚外的歪風。同時，文化與經濟，亦有一大轉變，東晉後，江淮成爲全國文化與財富皆高之區。

魏晉以後的門閥之家，所以能常保富貴者，實緣九品中正之制。隋時，把此制廢了，又盡廢鄉官。而科舉之制，再開「布衣卿相」之局。唐沿隋制，一到五代，更是「取士不問家世，婚姻不問閥閱」了。宋代的人民，是很困苦的；王安石的青苗法，便是爲了防止民間的高利貸，解除人民痛苦的。此外，社會上亦有兩件自助之事：一爲朱熹創導的社倉，二爲處州發起的義役。（由衆出穀，以助應役之家。）

元朝統治百年，胡化亦較多。明初，太祖詔復衣冠如唐制，胡服、胡言、胡姓，一切禁止。但元人遺留下來的蓄奴，以及官吏欺壓平民諸風氣，一時尚未能禁止。直到淸世宗時，始獲革除。然而滿漢之間，又生了新的不平等。至於西洋的傳教士與商人，在其政府巨艦大砲政策之下，作了侵略者的前驅。洋貨流入農村，破壞了農業經濟，也破壞了手工業與小商業，經濟破產了，接着，社會的機構與組織，都紛紛地動搖了！這也是一個空前的巨變。

㈡社會風俗的起伏

孔子說：「君子之德，風；小人之德，草；草上之風必偃。」（論語顏淵）班固謂：「繫風土之風氣，故謂之風；好惡取捨，動靜無常，隨君主之情欲，故謂之俗。」（漢書地理志）照今天社會學說：風俗則指多數人之精神的一致表現，歷時久遠，型爲定式，足以拘束個人之行爲，支配實際生活者。這裏，擬取社會學之新義，以述中國社會之風俗。

據傳說，黃帝之世，田者不侵畔，漁者不爭限，道不拾遺，市不豫賈，城廓不關，邑無盜賊。帝堯之世，不賞而民勸，不罰而民治。「昔者，文王之治岐也，耕者九一，仕者世祿，關市譏而不征，澤梁無禁，罪人不孥。老而無妻曰鰥，老而無夫曰寡，老而無子曰獨，幼而無父曰孤，此四者，天下之窮民而無告者，文王發政施仁，必先斯四者。」（孟子梁惠王）周公本此，制禮作樂，風俗甚美。所以孔子說：「郁郁乎文哉，吾從周。」

春秋戰國時代，「世衰道微，邪說暴行，有作。臣弒其君者有之，子弒其父者有之。……聖王不作，諸侯放恣，處士橫議，楊朱墨翟之言盈天下。」（孟子滕文公）秦始皇時代，儒以文亂法；墨以俠犯禁，初有逐客之令，繼有坑儒之說。

漢武尊儒，開士人政治之局，鄉選里舉，學而優則仕，官吏都由平民社會中來，告老或解甲，亦均回歸於農村。從此奠定了中國二千年「耕讀傳家」的良風美俗。王莽篡漢，士風大壞。光武中興，乃提倡氣節；士大夫始以名節相砥礪，東漢風俗，比美三代。及其末流，太學生專事標榜，終致釀成黨錮之禍。曹操求才，論才不論德，氣節之美風，爲其破壞殆盡。此後魏晉以玄學而清談，南北朝仍有其流風餘波。

隋唐以科舉而取士，尤其是詩文，士遂奔逐於利祿之途。迄乎五代，世亂益亟，士大夫對於國家之興亡，視若無覩。於是中原有歷事五姓之馮道；西蜀有「世修降表」之李家。（前蜀亡於後唐，後蜀亡於宋，降表均李昊所草，蜀人鄙之，因書其門：世修降表李家。）

宋代，以理學與書院故，風俗淳厚。葉伯巨論之曰：「宋有天下，蓋三百餘年，其始以禮教其民。當其盛時，閭門里巷，皆有忠厚之風，至於耻言人之過失。洎夫末年，忠臣義士，視死如歸；婦人女子，羞被汚辱，此皆敎化之效也。」但，士君子之激於意氣，流爲黨爭，亦其失也。

元代以低文化與武力建國，「其本不立」，以至「犯禮義之分，壞廉耻之防。」（葉伯巨評語）至於明代，承元之舊，雖有張江陵之事功，王陽明之學術，仍不能振衰起敝，致有宦官之專政；東林諸賢砥礪氣節，士風稍振，然大勢所趨，卒無補於時艱！

清代，以文字獄控制思想與言論，開科舉驅策士人入彀中。士大夫處此高壓與牢籠兩重政策之下，上焉者，羣趨於考證之學，鑽入故紙堆中；下焉者，奔競於利祿之途，知廉耻者鮮，滿漢云乎哉？清末更壞，由無知的排外，而無耻的媚外矣！沈子敦對於清代風俗評曰：

「今日風氣，備有元成時（西漢兩帝）之諛，大中時（唐宣宗時）之輕薄，明昌貞佑時（南宋時，金人年號）之苟且。海宇清晏，而風俗如此，實有書契以來所未見！嗚呼！斯非細故也。叔魚之賄，孟孫之偸，原伯魯之不說學，蘇張之不信古人，有一於此，卽不可終日。今乃合成一時之風俗，一世之人心，斯豈細故也！」

又曰：「看到風俗人心，可懼之至！……都下無一事不以利成者，亦無一人以眞心相與者，如此風俗，實有書契以來所未見，有元成時之阿諛，而無其經術；有大中時之輕薄，而無其詩才；至明昌貞佑時之苟且，則全似之矣。」

民國初年，國父檢討建設計畫之失敗，認爲：係「知之非艱，行之惟艱」所打消，因而特撰「心理建設」一書，發明「知難行易」，「以破此心理之大敵，而出國人之思想於迷津。」國父更現代化，將社會風俗，說之爲「社會心理」；幷謂：「此敵（知之非艱行之惟艱）之威力，不惟能奪吾人之志，且足以迷億兆之心也。」（引文均見心理建設序）

誠然，「一世之人心」，「億兆之心」，豈細故哉？何況，沈子敦又說：「天下之治亂，繫乎風俗。天下不能皆君子，亦不能皆小人，風俗美，則小人勉慕於仁義；風俗惡，則君子亦宛轉於世尙之中，而無以自異。是故治天下者，以整厲風俗爲先務。」

㈢社會革命與社會主義

革命一詞，最早見於周易革卦：「天地革而四時成，湯武革命，順乎天而應乎人，革之時義大矣哉！」孔子所說的：「大道之行也，天下爲公」，便是社會革命，因爲接下便是：「不獨親其親，不獨子其子。使老有所終，壯有所用，幼有所長，矜寡孤獨廢疾者皆有所養。男有分，女有歸。貨惡其棄於地也，不必藏於己；力惡其不出於身也，不必爲己。」這一些，都是社會問題。所以國父於民生主義中曾說：「社會主義，就是民生主義，就是大同主義。」那麼，大同篇，不便是中國最早的社會革命宣言，社會主義嗎？

至於社會主義「考諸歷史，我固素主張社會主義者。井田之制，卽均產主義之濫觴；而累世同居，又共產主義之嚆矢。足見我國人民之腦際，久蘊蓄社會主義之精神，宜其進行之速，有一日千里之勢也。」（民元講演：社會主義之派別及批評）

但激烈派的共產黨，「均分富人之資財者，於事理上既未能行，於主義上亦未盡合。（是社會主義之變種）故欲主張平均社會生計，必另作和平完善之解決，以達此社會主義之希望。」（同上）

由此足見：中國文化，不單以家庭爲本位，且亦有西方人所講的個人主義與社會主義。不過，此社會主義在中國文化中，自古至今，都是以和平之手段，謀完善之解決，以達此社會主義之希望，有百利而無一害的！彼共產黨者，以恨爲出發點，以殺人鬥爭爲手段；奪得政權之後，又復以無產階級專政爲殘酷之暴政：無視人倫與人道，且欲毀滅人性！奚足語於社會主義之林哉？

三十、中華文化的特質

(一)中國文化特質在儒

中國文化的開始者，應說是伏羲氏。周易繫辭下傳：「古者包犧氏之王天下也，仰則觀象於天，俯則觀法於地，觀鳥獸之文，與地之宜，近取諸身，遠取諸物，於是始作八卦，以通神明之德，以類萬物之情。作結繩而爲網罟，以佃以漁，蓋取諸離。包犧氏沒，神農氏作，斲木爲耜，揉木爲耒，耒耨之利以敎天下，蓋取諸益。日中爲市，致天下之民，聚天下之貨，交易而退，各得其所，蓋取諸噬嗑。

「神農氏沒，黃帝堯舜氏作，通其變，使民不倦，神而化之，使民宜之。易窮則變，變則通，通則久，是以自天佑之，吉無不利。黃帝堯舜垂衣裳而天下治，蓋取諸乾坤。刳木爲舟，剡木爲楫，舟楫之利以濟不通，致遠以利天下，蓋取諸渙。服牛乘馬，引重致遠，以利天下蓋取諸隨。重門擊柝以待暴客，蓋取諸豫。斷木爲杵，掘地爲臼，臼杵之利，萬民以濟，蓋取小過。弦木爲弧，剡木爲矢，弧矢之利，以威天下，蓋取諸睽。

「上古穴居而野處，後世聖人易之以宮室，上棟下宇，以待風雨，蓋取諸大壯。古之葬者，厚衣之以薪，葬之中野，不封不樹，喪期無數，後世聖人，易之以棺槨，蓋取諸大過。上古結繩而治，後世聖人易之以書契，百官以治，萬民以察，蓋取諸夬。」

這一段，說明了伏羲氏，法天地萬物，創作了八卦，這八卦，便是中國文化的開始。其後，神農氏、黃帝、堯、舜，繼有發明，有了書契——文字，有了百官之治；有了各種生活上必需的工具，以濟萬民，以利天下。其後，又經過夏商二代的繼續創造，至周文王，繫辭於卦爻，孔子復爲之傳（稱十翼），彌綸天地，屬引萬類，窮極精微，以喻人事。淮南子云：「今專言道，則無不在焉。然而能得本知末者，其唯聖人也。今學者無聖人之才，而不爲詳說，則終身顛頓乎混溟之中，而不知覺寤乎昭明之術矣。今易之乾坤，足以窮道通義也。」

漢書藝文志曰：「易道深矣，人更三聖，世歷三古。」又曰：「六藝之文，樂以和神，仁之表也；詩以正言，義之用也；禮以明禮，明者著見，故無訓也；書以廣聽，知之術也；春秋以斷事，信之符也。五者，蓋五常之道，相待而備；而易爲之原。」

孔子，集古代思想之大成，除了刪詩書，訂禮樂，作一整理工作外，更傳周易，融會貫通以後，又爲其孫說卦爻中位之義，聖賢居之，在朝則爲聖君明主，在野則爲人師，所謂作之君作之師也。「子思恐其久而差也，故筆之於書，以授孟子」（中庸朱熹章句）以爲孔門心法之傳。追本溯源，亦易道也。

「易之爲書也，廣大悉備，有天道焉，有人道焉，有地道焉。」（易傳下）這一個具體之全，孔子曾爲曾子言之，卽大學經一章，而曾子述之，卽爲大學篇。格致誠正，心性之學也，天地之道也，修齊治平，經世之學也，人道也。合起來，則是：「把一個人從內發揚到外，由一個人的內部做起，

推到平天下止。」（民族主義第六講）

人道至繁，主爲人倫。人倫，便是昌明人與人的關係。孟子云：「學則三代共之，皆所以明人倫也」；「契爲司徒，敎以人倫；父子有親，君臣有義，夫婦有別，長幼有序，朋友有信」；而「聖人，人倫之至也。」但，春秋之世，「世衰道微，邪說暴行有作，臣弒其君者，有之；子弒其父者，有之；孔子懼，作春秋；春秋，天子之事也。」因此，莊子說：「春秋以道名分」，論語上亦有：「必也正名乎，名不正則言不順，言不順則事不成」。至於太史公說：「春秋上明三王之道，下辨人事之紀」（史記）則較詳了。這一些，都是說：春秋是爲了輔助人倫與人道而作的。

孔子以後，道術始爲天下裂。孟子時代，言論盈天下的楊墨，據淮南子說：墨子「受孔子之術」，不過，他後來背周禮而用夏政，逐漸形成一個學派而已！至於楊朱，或爲顏回系統，而更偏於「爲我」者，老莊列子，亦都是這一系統。莊子一書，屢次稱述顏回之言，如人間世，大宗師等。尤其著名的，是其「心齋」「坐忘」諸論。秦初，韓非論其時之顯學，仍然只是儒與墨，不過「儒分爲八，墨離爲三」而已！

漢初司馬談，始將其前之學術，分之爲六，曰：陰陽、儒、墨、名、法、道德。東漢時，班固始分之爲九流十家，并一一爲之作一界說。這只是論評先秦之學術，並非漢代之事實。秦爲法家之治，漢初爲道家（黃老派）之治，武帝尊儒後，儒家收回了墨家的尙賢；法家的尙法，名家的正名，道家的無爲之治，陰陽家的天道地道。（天之道，曰陰與陽——易傳）這一些，本來都是儒家的，散見於各書；不過，儒家以人道爲主，各家各有聖人的一體，「各爲其所欲焉，以自爲方。」（莊子天下篇）漢代儒家，收回了各家專闡了的寶貝，而成為新儒家。

魏晉與南北朝，一度又弘揚了道家，南朝宋文帝為之設立了玄學，與儒學同列。但它是老莊一派，偏於個人的修養，尤其是精神的境界，它超出了人間世與人生界。這一時代，譯傳了天竺的佛學，隋唐是其黃金時代，因而有小乘二宗，大乘八宗之說。然而它亦如老莊派，是超人文的。人間世，仍然是儒家的天下；儒家的學術，仍然是這八代的思想主流。漢代至唐，都是儒家的經學時代。

宋興，儒家更參酌了道家與佛家，上溯孟子、中庸、大學與易經，而興起了新儒家——理學。明代，王陽明更直標之為心學，以大學的致知與孟子的良知，合起來，倡為「致良知」之心學。清代，一部份是理學心學的系統，另一部份，回復到漢學系統。其實，理學心學，均本於經，豈有離經以明道者？從歷史上，順流而下，我們看出：從伏羲氏至清末，中國思想與學術的主流，都是宗師孔子的儒家。因此，　國父始說：「中國有一個道統，從堯舜禹湯，文武，周公，一直到孔子；三民主義，便是繼承這一道統的。」基此，我們始敢說：中國文化特質在儒。

㈡儒學內容及其精義

儒學，在漢儒說之為經學；在宋儒說之為理學；在明儒說之為心學。（王陽明說：聖人之學，心學也。）其實，都是聖人之一體，而未得其全；得其全者，為大學篇。大學上說：格物、致知、誠意、正心，心學也，心性之學也（理學亦屬此類）。修身，身學也，修身之學也（如視聽言動，克己復禮以為仁，不學詩，無以言，不學禮，無以立；以及孝弟為仁之本；志於道，據於德，依於仁，游於藝等。）齊家，人倫之學，倫理之學，道德之學也。（父慈子孝，兄友弟恭，夫義婦順等。）治國平天下，政治學，經濟學，經世之學，人道之學，治平之學也。（人道敏政，爲政在人，凡爲天下國家有九經等。）以上四學，始是儒學之全，聖學之全。（至於經學，只是典籍之整理，但亦不可忽。此四學亦均發源於五經）

儒學之義，誠如荀子所說的：「其義則始乎爲士，終乎爲聖人。」（荀學）士，「凡通古今，辨然否，皆謂之士。」（白虎通義）穀梁傳成元年：「古者有四民：有士民……」范注：「學習道藝者」，何休云：「德能居位曰士」；曾子曰：「士不可以不弘毅，任重而道遠」似之。至於儒，漢書司馬相如傳注：「凡有道術皆爲儒」。孔子有君子儒、小人儒之說，荀子更有大儒、雅儒、俗儒之分。儒與士，名異而實同，有時亦合稱之爲儒士，如舊唐書曹華傳：「躬禮儒士，習俎豆之容。」儒者，應習儒行（禮記有儒行篇）；士人，亦應習士禮（卽儀禮），且須爲君子儒與大儒。

聖人，孟子，就人倫說，認爲：「聖人，人倫之至也。」荀子就禮義說，認爲：「聖人，人之積也，積禮義而爲君子；積善而全盡，謂之聖人。」因此，亦簡稱：「聖人，人之至也。」儒家祖述堯舜，「堯舜之道，孝弟而已」（孟子）；又宗師仲尼，「夫子之道忠恕而已」（論語）舉其全的，除大學外，尚有中庸：「誠之者，人之道也。……誠者，非自成己而已也，所以成物也。成己仁也，成物知也，性之德也，合外內之道也。」大學與中庸，所舉的這一個道體之全，便是莊子所稱頌的「內聖外王」之道。

大儒之效，外王之行，並非人人可得。誠如中庸所說：「苟無其位，亦不敢作禮樂焉。」那麼行道呢？可照孔子說的：「惟孝友于兄弟」；孟子說的：「修身見於世」；荀子所說的：「積禮義而爲君子，積善而全盡。」怎麼樣才能做到這樣呢？孔子屢次說過：「智仁勇」，智以知仁，勇以行仁。「仁者人也，親親爲大」；「孝弟爲仁之本」；「力行近乎仁」。「知仁勇三者，天下之達德也；所以行之者一也。」一者何？誠也。

「誠者，天之道也；誠之者，人之道也。」（中庸）

「自誠明，謂之性；自明誠，謂之教。誠則明矣，明則誠矣。」（同上）

「唯天下至誠，爲能盡其性；能盡其性，則能盡人之性；能盡人之性，則能盡物之性；能盡物之性，則可以贊天地之化育；可以贊天地之化育，則可以與天地三矣。」（同上）

「誠者，非自成己而已也，所以成物也。成己仁也，成物知也，性之德也，合外內之道也。」（同上）

總之，有了這些，始能得儒學之精義，又以中華文化特質在儒，這一些又是中華文化的特質，中國文化的精義了。

三十一、中華文化的精義

㈠引言

在中華文化復興運動聲中，友人過訪，談及中華文化涵義至廣，上下五千年，一部廿四史，眞不知從何說起。並問我，可否約其要義，一言以蔽之，好像談詩經一樣，曰「思無邪」呢？余應之曰：仁智勇聖，如何？友曰：簡則簡矣，恐仍須爲文以釋之，始能開張聖教。友退，演其義，以述此文。

㈡仁——仁者人也

「仁者人也」（中庸），說仁，指二人以上，表示不是個人，與西方的個人主義不同。人的義理，主要的有二：一爲人倫，一爲人道。

人倫，中庸說之爲：「君臣也、父子也、夫婦也、昆弟也、朋友之交也。五者，天下之達道也。」大學亦說：「爲人君，止於仁；爲人臣，止於敬；爲人子，止於孝；爲人父，止於慈；與國人交，止於信。」孟子則說之爲：「使契爲司徒，敎以人倫，父子有親，君臣有義，夫婦有別，長幼有序，朋友有信。」

人道，易經上說天道、地道與人道，而謂：「立人之道，曰仁與義。」中庸上說：「人道敏政」

，主爲政治哲學。大學，經一章所說的：「格物、致知、誠意、正心、修身、齊家、治國、平天下」那一段，國父極爲稱讚，說它「把一個人從內發揚到外，由一個人的內部做起，推到平天下止，像這樣精微開展的理論，無論外國甚麼政治哲學家，都沒有見到，都沒有說出。」（民族主義第六講）

人倫有五，人道有八，所以行之者三也，「智仁勇三者，天下之達德也」；所以行之者一也，一者何？誠也。「誠者，天之道也；誠之者，人之道也。」接着，中庸上又說：「自誠明，謂之性；自明誠，謂之教。」說：「唯天下至誠，爲能盡其性；能盡其性，則能盡人之性；能盡人之性，則能盡物之性；能盡物之性，則可以贊天地之化育；可以贊天地之化育，則可以與天地參矣。」「誠者，非自成己而已也，所以成物也。成己，仁也；成物，智也，性之德也，合外內之道也。」

以上，說明了：誠，爲原動力；誠之者，人之道也。分之，則爲人倫之五，人道之八，所以行之者三也，智仁勇三者，天下之達德也。盡己之性，盡人之性，「己欲立而立人，己欲達而達人」，成己、成人，仁也。盡物之性，贊天地之化育，萬物育焉，成物，智也。一個人，必須具備此一仁體之全，此一仁智雙修之全體大用，始能「有其德」，而成「至德」，而成「德之全」的聖人，「人倫之至」的聖人，「人之至」的聖人。

怎麼樣知此「仁」，行此「仁」呢？智勇尚焉。

㈢智—智以知仁

智，在西方文化中，主爲知物，因而發達了自然科學、工業與技術。另一方面，則爲欲知心，欲知靈魂，欲知神；因此，他們有心理學、靈魂學，以及神學。基此，錢穆教授說：「西方哲學史，大體可說是一部靈魂學史，至少是從靈魂學開始。」又說：西方人的「緊張心型，應用在宗教上，是上帝與魔鬼之對立；應用在哲學上，是精神與物質的二元論；應用在政治社會的組織上，是階級臨制；應用在人生上，是強力奮鬪與前進；應用在理智上，是多角形的深入與專精。」（湖上閒思錄）

智，在中國文化中，則不然。主爲知人，因而中國文化學，是一部確確實實的人學。同時，這一個人學，不是個人主義的；必擴大其範圍在二人以上，因此，孔子說之爲仁。仁，相人偶，亦即二人以上之意。所以說：「仁者人也。」仁的要義，有二：一說：「人道敏政」，「爲政在人」，這一方面的人，貴有德，應是仁者，因此說：「取人以身，修身以道，修道以仁」；「思修身……不可以不知人。」（以上均見中庸）又一說：「學則三代共之，皆所以明人倫也」；「道二，仁與不仁而已矣！」「聖人，人倫之至也。」（孟子）人道敏政，說的是政治哲學的人道，屬於外王部份；聖人，人倫之至，說的是道德哲學的人倫，屬於內聖部份。必須由內聖到外王，把一個人從內發揚到外，始算盡了人性，始算全了性德，合了內外之道。因此，必盡倫盡制，始是道體之全。此一道之全，始是人之至。

智，在中國文化中，既然是主爲知人，明人倫，明人道，怎麼樣知與明呢？則爲六藝之教。六藝，始見於周禮大司徒，原爲鄉學教程，原文曰：「以鄉三物教萬民而賓興之。一曰六德：智仁聖義忠和；二曰六行：孝友睦婣任恤；三曰六藝：禮樂射御書數。」六藝，雖爲六事，但可歸納之爲三組：禮樂，爲倫理生活的陶冶，類似今天的德育；射御，爲武化的培養，類似今天的體育；書數，爲智能的訓練，類似今天的智育。這種包括三育的六藝，實爲一種人文主義的教育，也就是中國文化的主流，以人爲本的教育。

至於知仁的方法，則爲：㈠學思——子曰：「學而不思則罔，思而不學則殆。」（論語爲政）㈡止定靜安慮——「知止而後有定，定而後能靜，靜而後能安，安而後能慮，慮而後能得。」（大學）㈢格致誠正修——「物格而後知至，知至而後意誠，意誠而後心正，心正而後身修。」（大學）㈣學問思辨行——「博學之，審問之，愼思之，明辨之，篤行之。」（中庸）

至此，智之體用，亦已大備。

㈣勇—勇以行仁

勇以行仁，怎樣行仁呢？論語上說：「修己以安人」，「修己以安百姓。」（憲問）朱註曰：「人者，對己而言，百姓則盡乎人矣。」又說：「夫仁者，己欲立而立人，己欲達而達人。」安人、立人、達人，都是行仁。

大學上說：格致誠正修齊治平。格致誠正，是修身的工夫，是修身以道的道。修身，也就是修己。齊治平，就是安人，也就是安百姓。試思：天下平了，百姓還能不安嗎？天下平，百姓安，這不是仁的全體大用嗎？這不是行仁的極致嗎？

中庸上說的更精微，一則說：唯天下至誠，爲能盡其性；能盡其性，則能盡人之性，盡物之性；再則說：誠者非自成己而已也，所以成物也。以前只說到安人，中庸始進而說到：盡物之性，以成物。成物，是物質方面的、自然科學方面的事情。惜乎！漢儒窮經，誤走了六經的道路，忽略了六藝的數學，以及中庸的成物；否則，中國豈不早在二千年前，便已展開了物質科學？而獲「盡物之性」嗎？其後，魏晉談玄，隋唐學佛，自然科學之光，愈趨而愈淡！宋儒雖有返本開新之宏願，但囿於道家與佛教的大環境，只上溯到孟子，復興了心性的一條路，仍然忽略了治國平天下，尤其是盡物之性的物質科學，這一個形勢，一直沿續到清末。

雖然，物質科學，這一方面枯萎了！但盡己之性的人倫學，盡人之性的人道學，卻有着極輝煌的成就，今日世界各國，在人文科學這一方面，恐仍須借鑑於中國吧？怎麼樣格致誠正修齊治平？怎麼樣盡倫盡制，盡性以安人，以安百姓呢？儒家一貫的主張是仕，是從政。子夏曰：「學而優則仕」；子路曰：「君子之仕也，行其義也。」；孟子說的更坦率，他說：「士之仕也，猶農夫之耕也。」（滕文公）又說：「窮則獨善其身，達則兼善天下。」（盡心）

窮，便是不仕，有其德而無其位，應從格致誠正上，以修身，以齊家，孔子曾說：「書云孝乎，惟孝友于兄弟，施於有政，是亦為政，奚其為為政？」又可從事教育與著述，孟子說：「得天下英才而教育之，三樂也。君子有三樂，而王天下不與存焉。」；以及「入則孝，出則弟，守先王之道，以待後之學者。」

達，便是仕，有其德，而又有其位。誠如孟子所說的：「古之人，得志，澤加於民。」而以伊尹為例，曰：「吾豈若使是君為堯舜之君哉？吾豈若使是民為堯舜之民哉？吾豈若於吾身親見之哉？」達不離道，致君澤民，如此之仕，始是行其道，行其義；否則，亦祇是「熱中」而已！不仁而在高位，是播其惡於衆也。

(五)聖——人倫之至人之至

聖的內容是甚麼？甚麼樣的人，甚麼樣的修養，始是聖人？孔子沒有具體的說明。在論語上，祇記載過：子貢問博施濟衆，可謂仁乎？子曰：「何事於仁，必也聖乎？」又說：「聖人，吾不得而見之矣，得見君子者斯可矣。」此說聖人之位，在仁人與君子之上；仁人與君子，在論語一書中，說的最爲詳盡。當時，有稱孔子爲聖與仁者，夫子謙辭之曰：「若聖與仁，則吾豈敢！」

後來，子思述中庸時，有「舜其大孝也歟，德爲聖人。」以及「大哉！聖人之道，洋洋乎發育萬物，峻極於天。」；「唯天下至聖，爲能聰明睿知，足以有臨也；寬裕溫柔，足以有容也；發強剛毅，足以有執也；齊莊中正，足以有敬也；文理密察，足以有別也。……故曰配天。」怎麼樣「峻極於天」，而又「配天」呢？中庸上又說：「仲尼祖述堯舜，憲章文武，上律天時，下襲水土，辟如天地之無不持載，無不覆幬。辟如四時之錯行，日月之代明，萬物並育而不相害，道並行而不相悖。小德川流，大德敦化，此天地之所以爲大也。」

孟子繼之，說：「聖人，人倫之至也。」又說：「大而化之，之謂聖。」「聖人，百世之師也。」莊子稱讚孔子之道，爲「內聖外王之道」；因而，荀子說：「聖者盡倫，王者盡制。」「聖人，人之至也。」再後，東漢班固集定白虎通義，謂聖人爲：「聖者，通也，道也，聲也。道無所不通，明無所不照，聞聲知情，與天地合德，日月合明，四時合序，鬼神合吉凶。」此謂：道德修養造乎極者，謂之聖。

孟子雖說：「大而化之，之謂聖；聖而不可知之，之謂神。」又說：「君子所過者化，所存者神。」但，中國文化，對神鬼的這一個觀念，與西方人不同。一般的，多認爲：「鬼者歸也」，「人死曰鬼」；「神者，天地之本，而爲萬物之始也。」神與鬼，都在人之外，亦都與人爲親密，亦都是非人間的；但，聖則是人間的，而又超出於人間。在人世間，確實有過聖，亦確實沒有過神，以其無形，不可見。神，是純想像，純理論的；而聖則是經驗的、實際的。因此，聖人對於神，多存而不論。

仁人、君子，盡人倫，盡人道，其極致便是「聖」；仁人、君子希聖，聖人則法天。人倫之至，盡己之性，以成己；人道之至，盡人之性，以成人。成己成人，是「仁」；其極致，便是「聖」。堯舜與人同，孔子亦與人同，所同者此心此理。「君子所性，仁義禮智根於心。」「盡其心，養其性。」「雖大行不加，窮居不損。」「顛沛必於是，造次必於是。」盡其心，盡其性，盡其理，則爲聖；未盡，但能「三月不違仁」，則爲賢。亦只是成色與分兩之不同而已！

㈥結語

在中國文化中，仁智勇，確乎是可以概括一切德目的；聖，亦確乎是人格修養到最高級，盡美而又盡善的。仁爲體，智勇爲用。仁者不憂，智者不惑，勇者不懼。仁，可分爲：盡己之性的人倫，發揚之，則爲盡倫之聖人；　國父綜之爲八德；盡人之性的人道，光大之，則爲盡制之聖王，　國父說之爲三民主義。合之，則爲人之至的聖。

智的體爲六藝，其用則爲學問思辨行，止定靜安慮等。禮樂爲德育，射御爲體育，書數爲智育。有人文科學的禮樂，有軍事科學的射御，有文學藝術的書，更有自然科學的數。有知有行，有體有用。

勇以行仁，其方式有三：以格致誠正，盡己之性，以修身，以成己；以齊治平，盡人之性，以安人，以成人；以萬物並育，盡物之性，以成物，以贊天地之化育。

一個人的修養，從內發揚到外，從心性上盡倫，從家國天下上盡制，盡己之性，盡人之性，更盡物之性，其極致，便是「人之至」的聖人。聖人與人同，人人可以成聖。於此，可以說：中國文化，是圓融的，亦是交光互影的。分說之，可以無量；合言之，亦可以約之爲一。在體上說，曰「仁」——諸德之全；在用上說，曰「聖」——人倫之至。「若聖與仁」，夫子且謙辭之，後人誰敢稱「是」，願學焉，心嚮往之可也。說之不盡，約如下表：

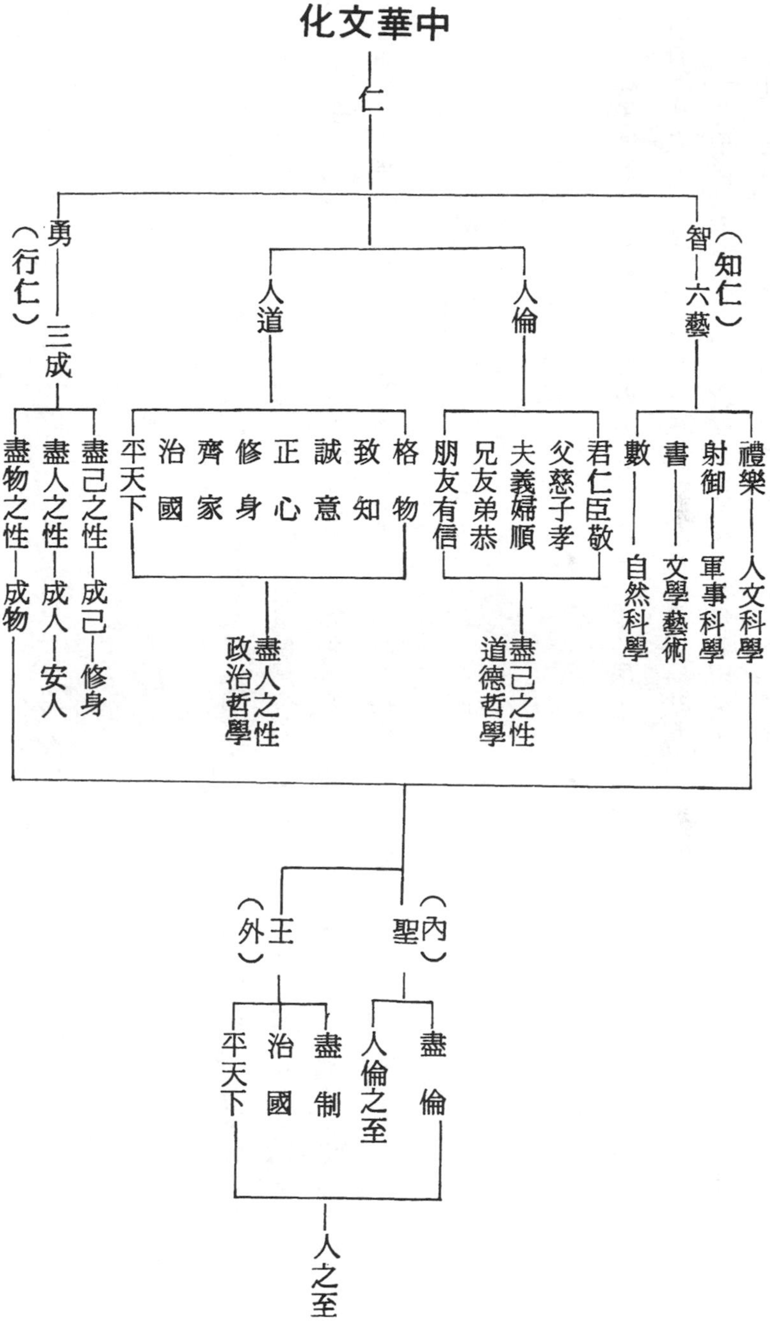
中華文化
仁
勇（行仁）
智（知仁）
人道
人倫
三成
六藝
盡己之性—成己—修身
盡人之性—成人—安人
盡物之性—成物
格物
致知
誠意
正心
修身
齊家
治國
平天下
盡人之性
政治哲學
君仁臣敬
父慈子孝
夫義婦順
兄友弟恭
朋友有信
盡己之性
道德哲學
禮樂—人文科學
射御—軍事科學
書—文學藝術
數—自然科學
內聖
外王
盡倫
人倫之至
盡制
治國
平天下
人之至

三十二、影嚮中華文化最大的書

前言

去年，讀了一些「改變歷史的書」，以及「改變美國的書」、「改變歷史的演講」等，本想也寫一部「改變中國的書」和「改變中國的人」。但以僑居海外，資料不全，文獻不足，未敢從事。近來，偶有所感。覺得寫成一書，或須引經據典，旁徵博證；如寫成一文，僅作綱領之提示，以待他日，或待時之達者、後之賢者，有何不可？因而不揣淺陋，試撰此文。

(一)孔子刪定的六經

一、孔子

孔子（西元前五五一—前四七九年）名丘，字仲尼。父叔梁紇，母顏徵在。其生日，國定為國曆九月二十八日，並定為教師節。生地，為魯國鄹邑，今山東曲阜縣南。據孟子云：「孔子嘗為委吏矣，曰：會計當而已矣；嘗為乘田矣，曰：牛羊茁壯長而已矣。」（萬章下）孔子亦自承：「吾少也賤，故多能鄙事。」（論語子罕）

其後，約在五十一歲時，魯定公任孔子爲中都宰。在職一年，政績卓著，升遷司空；繼而由司空，升大司寇。定公十年，齊魯修好，會於夾谷，孔子攝行相事。事前，孔子對魯定公說：「有文事者，必有武備」，因而帶了一隊甲兵前往。會盟時，齊景公竟用夷兵示威，孔子一面佈置軍隊，一面據理上辭曰：「兩國和會，夷不亂華，兵不逼好。」

齊君不得已，撤退了夷兵，又進倡優侏儒之戲，孔子又登階晉言曰：「上國之會，豈可以淫靡之樂惑諸侯？今日之事，於神爲不祥，於德爲不義，於人爲失禮」。齊君聞之，遂能戲；并「謝以質」，乃盡返所侵地——鄆、權、汶陽、龜陰之田。」（見史記與穀梁傳）

五十六歲時，以大司寇，攝行相事，爲政三月，教化大行。齊公懼其強盛，於己不利。「齊人歸女樂，季桓子受之，三日不朝，孔子行。」（論語微子）

致仕後，再出遊列國。雖受到國君之禮遇，但亦受到大臣之嫉妬，既被拘於匡，復絕糧於陳蔡之間。僑居國外十四年後，始由季康子，迎歸魯國。此後，始專心刪詩書、訂禮樂、作春秋、贊周易，以爲傳道後世之計。

二、六經

孔子所傳者，本爲六經。或謂樂經亡於秦；或謂樂本無經。漢於秦火之後，恢復的只有五經。漢武帝始置五經博士，以五經教弟子。所謂五經，即易、書、詩、禮、春秋。漢書宣帝紀，亦有「甘露三年，詔諸儒講五經同異」。

西漢所講者，爲今文經。西漢末，始發現古文經。東漢君臣，主張古文經。學者迭有論諍。鄭玄混合今古文，西晉時，始成定局。但學者之間，仍有南王（肅）北鄭（玄）之分。

唐太宗，詔國子監祭酒孔穎達與諸儒，撰定五經正義，其目爲：

一、周易正義十卷，魏王弼韓康伯注，唐孔穎達等正義。

二、尚書正義二十卷，漢孔安國傳，唐孔穎達等正義。

三、毛詩正義三十卷，漢毛公傳，鄭玄箋，唐孔穎達等正義。

四、禮記正義六十三卷，漢鄭玄注，唐孔穎達等正義。

五、春秋左傳正義六十卷，晉杜預注，唐孔穎達等正義。

唐人李賢於六經之外，加論語，稱七經。唐人陸德明，則以易、詩、書、儀禮、周禮、禮記、春秋、論語、孝經，爲九經。唐文宗刻開成石經，則以易、書、詩、三禮及春秋三傳，稱唐代九經。又加論語、孝經與爾雅，稱十二經。

五代時，蜀主孟昶石刻十一經，不列孝經與爾雅，而加入孟子。

宋代，就唐文宗的十二經，加入孟子，是爲十三經。

清高宗，刻十三經於太學，十三經始成定本。但我仍主六經，詳見拙作六經道論（台北開明版）。

三、結語

從孔子刪定六經，到清高宗，二千年來，中華的文化與藝術，無不以孔子的六經爲準繩。教者教此，學者學此；政府考試用此，士人出仕亦行此。中國之所以爲中國者，爲有此六經也。

清末，西風東漸，堅船利砲，轟破了中國的海關，也擊倒了中國的文化、思潮與學術。民國初年，五四運動，一部份人高喊：打倒孔家店，全盤西化，迎接民主與科學。

民國三十八年，彼共產黨者，受俄帝之扶植而壯大；又由於西方諸國之錯覺與掣肘，擊敗了抗戰八年疲憊不堪的中國政府與人民。赤潮泛濫，神州陸沉。共產黨毀了孔子與六經，毀了中國的傳統文化，並高喊「全盤俄化」，懸掛了馬恩列史的肖像。中國已不復爲中國了！

差幸總統　蔣公倡導了「中華文化復興運動」，而認爲：「我中華民族文化，垂二千五百有餘歲，至孔子始集其大成，故曰：『天不生仲尼，萬古如長夜。』而擬復興此一自『堯舜禹湯文武周公孔子聖聖相傳之道統』。」而六經爲其根本，本立始能道生。於此而曰：六經，爲中國文化與道統之根本經。通二千五百年，如日月之經天，不可一日無日月，亦不可一日無光明！

㈡墨子的天志明鬼

一、墨子

墨子（約西元前四七九—三七二年）在史記中無傳，僅在孟荀列傳後，附二十四字，曰：「蓋墨翟，宋之大夫。善守禦，爲節用。或曰：並孔子時，或曰在其後。」

因爲此文簡略，後人對他說法多異。其姓名，或主姓墨名翟，或主姓翟名烏。以爲墨並非姓，而是學派的名稱。其生地，或說宋，或說楚與魯。其年代，應在孔子後，孟子前。約之如上。

墨子書，漢志所錄爲七十一篇，今存五十三篇。其學說之要點，或可說之爲：一、背周道而用夏政；二、主兼愛而非攻；三、主尚賢而有爲；四、主節用節葬而非樂；五、經說大小取純爲名學；六、備城門等乃論戰術。至於天志、明鬼，似爲宗教論之始。前六點，前人多有論之者。本篇擬專論其天志明鬼，以見其對於後來宗教之影響。

二、時人論評

墨子，始著於孟子，孟子言距楊墨，辭而闢之，其後，學者多不尊墨子，以其「無父無君，是禽獸也。」誰願意學禽獸之言，習禽獸之行呢？莊子更認爲：「其生也勤，其死也薄，其道大觳。使人憂，使人悲，其行難爲也。……反天下之心，天下不堪，墨子雖能獨任，奈天下何？……」（天下篇）。

荀子非十二子篇，論墨翟曰：「不知一天下建國家之權稱，上功用，大儉約，而僈差等，曾不足以容辨異，縣君臣。……」又於天論篇評之曰：「墨子有見於齊，無見於畸。」因此，秦興而墨家絕，此固由於法家之禁止，亦墨者有其自絕之道也。

三、天志明鬼

其所謂天，是有意志的，是操禍福之權的主宰，其言，擇錄如次：

「天子爲善，天能賞之；天子爲惡，天能罰之。」（天志中）
「順天意者，兼相愛，交相利，必得賞」，如禹湯文武；「反天意者，別相惡、交相賊，必得罰」，如桀紂幽厲。（見天志上）
「天必欲人之相愛相利。」（法儀）
「我有天志，譬若輪人之有規，匠人之有矩。」（天志上）
明鬼的目的，是要人知道：
「吏治官府之不潔廉，男女之爲無別者，有鬼神見之；民之爲淫暴寇亂盜賊……奪人車馬衣裘以自利者，有鬼神見之。」（明鬼下）
本此，墨子結論曰：「上尊天，中事鬼神，下愛人。」

四、宗教精神

墨子以有天志、明鬼之論，具備了宗教的理論。又以其有組織、有紀律，具備了宗教的團體與形式。

墨子往楚止公輸般攻宋時，曾對楚王說：「臣之弟子禽滑釐等三百人，已持臣守禦之器，在宋城上而待楚寇矣。」（公輸篇）

淮南子也說：「墨子服役者百八十人，皆可使之赴火蹈刃，死不旋踵。」

呂氏春秋，也記墨者巨子，孟勝爲陽城君守國，孟勝死，弟子死之者八十三人。

去私篇，記腹䵍爲墨者巨子，而其子殺人，秦惠王命吏勿誅。腹䵍以爲：「墨者之法，殺人者死，傷人者刑……王雖爲之賜而令吏勿誅，腹䵍不可不行墨者之法。」由此可見巨子行墨子之法，有生殺之權，巨子且不惜其獨子。這種組織嚴密，紀律嚴明之團體，豈止有宗教型態與精神而已哉？

五、影響

中國人，由於「天道遠人道邇」，而多講人道；更由於「未能事人，焉能事鬼」，「敬鬼神而遠之」，未能成立宗教。墨家本有此宗教理論、組織與精神，又以孟子之斥距，本身之刻苦，法家之嚴禁，致其至秦而絕。東漢時，張魯以鬼神之說惑民，立鬼道教稱天師君。北魏寇謙之，奉老聃爲教祖，張道陵（張魯之祖）爲大宗，道教之名始立。雖然，他們稱道教，祖老子，但鬼神之說，墨子詳之。鬼神之說，以及鬼道教，能說不淵源於墨子嗎？

同時，中國民間，不信宗教的人，亦多拜天地，祭鬼神。誰知天？誰明鬼？能說不是墨子嗎？雖然，孟子言拒楊墨，欲息楊墨之言。而楊墨之言，亦至秦而絕；但二千年來，此一鬼神之說，不依然是墨子之影響嗎？

㈢孟子與孟子七篇

一、孟子

孟子（西元前三七二—前二八九年）名軻，字子輿。戰國時鄒人。幼時，其母有三遷、斷機之教。長而受學於孔子之孫子思（孔伋）。中庸章句，子程子曰：「此篇乃孔門傳授心法，子思恐其久而差也，故筆之於書，以授孟子。」同時，他又私淑孔子，而曰：「願學孔子。」

學成後，亦率徒衆周遊列國，「彭更問曰：『後車數十乘，從者數百人，以傳食於諸侯，不以泰乎？』孟子曰：『非其道，則一簞食，不可受於人；如其道，則舜受堯之天下，不以為泰，子以為泰乎？』……於此有人焉，入則孝，出則弟，守先王之道，以待後之學者，而不得食於子？子何尊梓匠輪輿，而輕為仁義者哉？」（滕文公下）

二、時代背景

孔子逝世，雖有子游之傳禮，子夏之傳詩；但孔子之道不彰，孔子之學不顯。孟子之時，「楊朱墨翟之言盈天下。天下之言，不歸楊，則歸墨。楊氏為我，是無君也；墨氏兼愛，是無父也。無父無君，是禽獸也。」（滕文公）

因此，他說：「楊墨之道不息，孔子之道不著，是邪說誣民，充塞仁義也。仁義充塞，則率獸食人，人將相食。吾為此懼，閑先聖之道，距楊墨，放淫辭。邪說者，不得作，作於其心，害於其事；作於其事，害於其政。聖人復起，不易吾言也。」（同上）

接着，又說：「昔者，禹抑洪水，而天下平。周公兼夷狄，驅猛獸，而百姓寧。孔子成春秋，而亂臣賊子懼。詩云：戎狄是膺，荆舒是懲，則莫我敢承，無父無君，是周公所膺也。我亦欲正人心，

息邪說，距詖行，放淫辭，以承三聖者，豈好辯哉？予不得已也。能言距楊墨者，聖人之徒也。」（同上）

戰國之時，如果不是天生孟子，言拒楊墨，孔子之道或已衰絕！焉有其後漢武帝之罷黜百家，獨尊孔子與儒術哉？基此，孟子其人，便是中華文化的一個關鍵人物！如果不是他，中華文化的型態，豈是詩書家風，禮義之邦哉？

三、孟子七篇

孟子七篇，爲弟子所記錄。其義，誠如漢人趙岐所說的：

「周衰之末……先王大道，陵遲墮廢，異端競起，若楊朱墨翟放蕩之言，以干時惑衆者非一，孟子閔悼堯舜湯文周孔之業，將遂湮微，正途壅塞，仁義荒怠，佞僞馳騁，紅紫亂朱。于是慕仲尼周流憂世，遂以儒道游於諸侯，思濟斯民；然由不肯枉尺直尋，時君咸謂之迂闊於事，終莫能聽納其說。

「孟子亦自知遭蒼姬之訖錄，值炎劉之未奮，進不得佐興唐虞雍熙之和，退不能信三代之餘風。恥沒世而無聞焉，是故垂憲言以治後人。……于是退而……著書七篇，……包羅天地，揆敍萬類，仁義道德，性命禍福，粲然靡所不載，帝王公侯遵之，則可以致隆平，頌清廟；卿大夫士蹈之，則可以尊君父，立忠信；守志厲操者儀之，則可以崇高節，抗浮雲。有風人之託物，二雅之正言。可謂直而不倨，曲而不屈，命世亞聖之大才者也。……」（孟子題辭）

其後，唐人韓愈原道原性，始表彰之。宋人朱熹集之，與論語大學中庸，合稱四書。復將北宋理學，編之爲近思錄。而謂：「近思錄，爲四書之階梯；四書，爲六經之階梯。」從此以入聖賢之門，而登聖賢之堂室！

元人更進一步，以四書之經義，考試生員。從此更固定，而成教科書矣！以迄清末廢科舉始止。

二千年來的中華文化，前一千年，多稱周孔；後一千年，亦多稱孔孟。孟子一書，爲近一千年來中華文化、思想、學術之主流，抑誰能予以否認？謂其最有影響於中華文化，抑誰又能不予首肯？

四、結語

戰國之時，楊墨之言盈天下，邪說暴行有作。幸有孟子者，能言距楊墨，使楊墨之道息，孔子之道著。

這一本孟子，不僅批判了楊墨，且彰顯了孔子之道，維護了中國的傳統文化，承傳了中國的正統道統！豈容西化論者、俄化論者，予以毀滅哉？

今者，馬恩列史之言，亦盈天下。除了 中山先生的三民主義、 蔣公中正的力行哲學以外，抑誰是能言拒馬恩列史者？

馬恩列史之言，進入中國，而俄帝復扶植了共產黨，以武力占據了中國大陸；推行着無產階級鬥爭與專政，以暴政使人民無人權、自由與民主；復以陰謀世界大戰，使人民無衣食，多轉死於溝壑！眞是空前絕後的人類浩刧！洪荒時代洪水猛獸爲禍之慘，又豈能及其萬一？

古人云：「聞鼙鼓而思將士！」今天這一個紅禍時期，豈不更思孟子其人？今天是一個羣衆的時代，因而更盼望反共義士，人人是孟子；人人能言距馬恩列史之言！

㈣老子的道德經

一、老子

老子，在西漢初司馬遷作史記時，已不可考。因而列擧了三個人：一、老眀，本傳云：「老子者，楚苦縣厲鄉曲仁里人也，姓李名耳，字伯陽，諡曰眀。周守藏室之史也。」二、老萊子，本傳云：「或曰：老萊子，亦楚人也。著書十五篇，言道家之用，與孔子同時云。」三、太史儋，本傳云：「自孔子死之後百二十九年，而周太史儋見秦獻公，或曰儋卽老子，或曰非也。世莫知其然否？」

老子一書，亦名道德經，隋書經籍志作李耳撰（李耳卽老眀）。汯學老子考異，謂道德經非老眀作。注釋者有漢河上公注，魏王弼注，宋蘇轍解。明焦竑翼，又作老子考異一卷，採古來解老子者六十四家，集其精語，以成一編，頗爲賅備。

近人何鑑琮遁翁著老子新繹，以爲：「老子雖淡於用之則行；至其垂敎，則與孔子正同其積極。是以五千言所明，皆爲天下之侯王，及欲以道佐人主者說。」是以漢初學者，惟稱黃老，取其無爲之治也。他進而否認了老子亦有莊子之道。因而說：「史記始著道家之名；劉向班固，始標道家者流之目，今觀其所謂道家，則皆莊子之道，而非老子之道也。」

我認爲：老子一書，并非一人之所撰，乃集論之著。有黃老無爲之治，亦有莊老隱逸之論。人稱之爲老莊，成了魏晉的玄學，作爲一個時代思想之主潮，亦決不是偶然的、無稽的。

二、黃老無爲之治

無爲之治的言論，舉其明顯的如次：

「爲無爲，則無不治。」（三章）

「功成事遂，百姓皆謂我自然。」（十七章）

「以道佐人主者，不以兵強天下。」（三十章）

「兵者，不祥之器，非君子之器；不得已而用之，恬淡爲上，勝而不美。……夫樂殺人者，則不可以得志於天下矣。……」（三十一章）

「道常無名。樸雖小，天下莫能臣也。侯王若能守之，萬物將自賓。」（三十二章）

「國之利器，不可以示人。」（三十六章）

「常道無爲，而無不爲；侯王若能守之，萬物將自化。」（三十七章）

「是以聖人不行而知，不見而名，不爲而成。」（四十七章）

「無爲，而無不爲。取天下常以無事，及其有事，不足以取天下。」（四十八章）

「修之於身，其德乃眞。修之於家，其德乃餘。修之於鄉，其德乃長。修之於國，其德乃豐。修之於天下，其德乃普。」（五十四章）

「以正治國，以奇用兵，以無事取天下。」（五十七章）
「抗兵相加，哀者勝矣。」（六十九章）

三、老莊隱逸之論

老莊隱逸之論，擇其著者於次：
「功遂身退，天之道。」（九章）
「吾之所以有大患者，爲吾有身，及吾無身，吾有何患？」（十三章）
「見素抱樸，少私寡欲。」（十九章）
「迷其雄，守其雌……知其白，守其黑……知其榮，守其辱……」（二十八章）
「知足不辱，知止不殆，可以長久。」（四十四章）

四、道教所攀附者

「玄之又玄，衆妙之門。」（一章）魏晉稱玄學，道教稱玄教玄門，本此。
「谷神不死，是謂玄牝。玄牝之門，是謂天地根。」（六章）河上公注：「玄，天也，於人爲鼻；牝，地也，於人爲口。」因而啓道教吐納之術，河上公啓之，非關老子。朱子注：「玄牝，乃神化之自然。」
「天長地久，天地所以能長且久者，以其不自生，故能長生。」（七章）

「深根固柢，長生久視之道。」（五十九章）河上公解啬，爲啬精與氣，以長生久視爲養生，遂並谷神、玄牝、天門、嬰兒，皆變爲金丹之祖，以啓道教。學者以爲「誣之甚矣」。

五、結語

漢初，承秦暴政之弊，以黃老無爲而治。魏晉以迄南朝（三二〇—五五七）二百餘年，玄學爲顯學，居於四學之首。至於道教，自北魏寇謙之奉老子李耼爲教祖以來，迄今亦已一千五百餘年，對於中華文化之影響，既深且巨；至其普遍於民間，早已與儒釋，三分天下了！

道教教主李耼，與唐天子爲同姓，入唐而大盛。詔老子爲道德經，莊子爲南華經。明道士白雲霽有「道藏目錄詳經」四卷。入藏者，凡五千五百册，明有正統、萬曆二刻，幾可與儒家的十三經，佛教的大藏經並比矣！其影響之普遍與悠久，豈可忽之哉？

怎麼樣去其迷信部份，如丹鼎符籙之類；保留并發揚其哲理學術部份，是又道家學者、道教信士，所應共同努力的了！在中華文化復興運動聲中，亦中華學人所應共同致力者！

(五)莊子的南華經

一、莊子

莊子（西元前三六九—前二八六年）名周，戰國時，宋國蒙人，嘗爲漆園吏。

楚威王聞莊子賢，遣使厚幣聘之，請其爲相。莊子笑謂楚使者曰：「千金，重利；卿相，尊位也。子獨不見郊廟之犧牛乎？養食之數歲，衣以文繡，以入太廟。當此之時，雖欲爲孤犢，豈可得乎？子亟去，毋污我，我寧游戲於污瀆之中以自快！無爲有國者所羈，終身不仕，以快吾志焉。」（此據史記老莊申韓列傳）（秋水篇、列禦寇篇均另有一記）

「昔者，莊周夢爲胡蝶，栩栩然胡蝶也，自喻適志與？不知周也。俄然覺，則蘧蘧然周也。不知周之夢爲胡蝶與？胡蝶之夢爲周與？周與胡蝶，則必有分矣，此之謂物化。」（齊物論）

「莊子妻死，惠子弔之，莊子則方箕踞，鼓盆而歌。惠子曰：與人居，長子；老，身死，不哭，亦足矣；又鼓盆而歌，不亦甚乎？莊子曰：不然。是其始死也，我獨何能無慨然！察其始而本無生，非徒無生也，而本無形；非徒無形也，而本無氣。雜乎芒芴之間，變而有氣；氣變而有形；形變而有生。今又變而之死，是相與爲春秋冬夏四時行也。人且偃然寢於巨室，而我噭噭然，隨而哭之，自以爲不通乎命，故止也。」（至樂篇）

「莊子與惠子，遊於濠梁之上，莊子曰：『儵魚出游從容，是魚之樂也。』惠子曰：『子非魚，焉知魚之樂？』莊子曰：『子非我，安知我不知魚之樂……』」（秋水篇）

莊子之行事，大率類此；且多能卽事卽物而說理！

二、道家

莊子，對於自己的道術，自許的是：「芴漠無形，變化無常，死與生與，天地并與？神明往與，芒乎何之？忽乎何適？萬物畢羅，莫足以歸，古之道術有在於是者，莊周聞其風而悅之！……獨與天地精神往來，而不傲倪於萬物，不譴是非，以與世俗處。……上與造物者游，而下與外死生、無終始者爲友，其於本也，宏大而辟，深閎而肆；其於宗也，可謂稠適而上遂矣。……」（天下篇）

道家之名，始見於史記；道家者流之目，始於劉向班固。太史公讚道家曰：「道家使人精神專一，動合無形，贍足萬物。其爲術也，因陰陽之大順，采儒墨之善，撮名法之要，與時遷移，應物變化，立俗施事，無所不宜。指約而易操，事少而功多……道家無爲，又曰無不爲。其實易行，其辭難知。其術以虛無爲本，以因循爲用，無成事，無常形，故能究萬物之情，不爲物先，不爲物後，故能爲萬物主。有法無法，因時爲業；有度無度，因物與合，故曰：聖人不朽，時變是守。虛者，道之常也；因者，君之綱也。羣臣幷至，使各自明也。……乃合大道，混混冥冥，光耀天下，復返無名。」（史記自序）

似此，美好的道家讚辭，過去多歸老子，如金公亮中國哲學史；然而，今天「老子新繹」的作者，卻把它遠遠地推開了，他說：「今觀其所謂道家，則皆莊子之道，而非老子之道也。太史公讚道家之要曰：道家使人精神專一……則知所謂道家者，即莊子之道而已！」

我亦有同感，認爲太史公所讚如此美妙之道，亦惟莊子足以當之。

三、玄學

魏晉玄學之內容，有三：一爲王弼注周易，二爲王弼注老子，三爲向（秀）郭（象）注莊子。南朝宋文帝立四學，首爲玄學，其次爲史學、文學與儒學。

王弼以老子之義，通於周易；何晏以易老之義，通於論語。都是援道入儒，陽儒陰道。阮籍作達莊論，始絀六經而尊莊子，其言曰：「彼六經之言，分處之教也；莊周所云，致意之辭也。」嵇康更進而說：「老子莊周，是吾師也。」又說：「寧如老明之清靜微妙，守玄抱一乎？將如莊周之齊物變化，洞達而放逸乎？」

其後，向秀郭象，均注莊子，而揚棄了老子。但向郭並未眞知莊子，誠如錢穆教授所云：「莊子理想境界在逍遙遊，不得已而始有人間世，郭象則只想不離人間世，而求爲逍遙。」（莊老通釋）

玄學，始於魏，王（弼）何（晏）開其端；至南朝宋文帝始立玄學；至梁，始以老子、莊子、周易，合稱三玄。唐興，雖爲佛禪的黃金時代，但唐天子姓李，高祖尊老子李耼爲太上玄元皇帝，令王公以上皆誦道德經，又下詔以道德經，列爲科舉必考之書。玄宗親注道德經，又立崇玄館，置玄學博士。「天寶元年，詔號莊子爲南華眞經。」（見唐書藝文志）

四、結語

莊子有「養生主」篇，此外，養生、長生之說，亦散見於各篇。漢文帝尊之於前，竇太后復張之於後。方士誘惑秦皇漢武之求長生不老之藥，亦多假借莊老之言。因而其後之道教，亦多援引莊老之說。莊老思想學說，影響了中國朝野二千年，亦形成了中華文化類型之一。

同時，莊子的隱逸思想，如「孰弊弊焉以天下爲事」；「孰肯以物爲事」；「無所可用，安所困苦哉？」（均逍遙遊）以及「遺物離人而立於獨」（田子方）「外天地遺萬物」（天道篇）「神未嘗有所困也」（同上）等，下啓了中國的隱士，以及田園詩。田園詩從陶淵明起，經宋齊梁陳，以迄今日，千餘年來，未曾中斷。

這一些影響，都是普通而又悠久的。中華文化，如無莊子一書，似乎不是今天的類型？談中華文化復興運動，此書是不可忽略的！

㈥荀子的禮論樂論

一、荀子

荀子（約西元前三三五—前二三五年）名況，字卿。青年時，曾遊燕國；五十歲，始遊齊國，當襄王時，他「最爲老師」。後又遊秦國、趙國，末了遊楚國，春申君當國，使他作蘭陵令。春申君爲李園所殺，他被廢，遂家蘭陵，從事著述與教育，李斯韓非爲大弟子。

史記有「孟荀列傳」，原文云：「荀卿趙人，年五十始來遊學於齊。……齊襄王時，而荀卿最爲老師。齊尙修列大夫之缺，而荀卿三爲祭酒焉。齊人或讒荀卿，荀卿乃適楚；而春申君以爲蘭陵令。春申君死，而荀卿廢，因家蘭陵。李斯嘗爲弟子，已而相秦。……於是推儒墨道德之行事興壞，序列著數萬言而卒。因葬蘭陵。」

二、荀子書

劉向校書敘錄說：「孫卿書凡三百二十二篇，以相校除復重二百九十篇，定著三十二篇。」題名爲「新書」。漢書藝文志，儒家孫卿子三十二篇，又賦家孫卿賦十篇。唐書藝文志，另有楊倞注荀子二十卷，是爲荀注之始。

清末，王先謙作荀子集解一書，爲研究荀子最精善的本子。汪中作荀卿子通論，考見荀子對於易、禮、毛詩、魯詩、韓詩、左氏春秋、公羊春秋、穀梁春秋，不是有授受，便是有關係。因此說：「蓋荀卿於諸經無不通，而古籍缺亡，其授受不可盡知矣。」

荀子所治之學，盡是儒家經籍，而其所得，又既廣且博，因此他所著的書，自然歸之於儒家了。司馬遷作史記，標題爲「孟荀列傳」，不僅是有所據，亦是有所得的。同時，他的弟子李斯、韓非，一是著名的政治家，一是集法家大成的政論家，又有浮丘伯同張蒼，一個是受詩的，一個是受左氏春秋的。簡直可以說：漢代學術都淵源於他了！是一位承先啓後的大師，爲儒學放一異彩。尤其是禮樂之論，使儒家有禮教之稱；富國、強國、法行諸篇，亦有下啓法家之說。

三、禮論樂論

荀子先在勸學篇中說：

「學惡乎始，惡乎終？曰：其數始於誦經，終乎讀禮。其義，則始乎爲士，終乎爲聖人。」

至於經，他說：

「書者，政事之紀也；詩者，中聲之所止也；禮者，法之大分，羣類之綱紀也，故學至乎禮而止矣，夫是之謂道德之極。禮之敬文也，樂之中和也，詩書之博也，春秋之微也，在天地之間者畢矣。」這裡只提到人道之五經，未及天道之易經。其後，在禮論篇，發揮禮之義曰：

「禮，起於何也？曰：人生而有欲，欲而不得則不能無求；求而無度量分界，則不能不爭。爭則亂，亂則窮。先王惡其亂也，故制禮義以分之。以養人之欲，給人之求。使欲必不窮乎物，物必不屈於欲，兩者相持而長，是禮之所起也。」

「……故禮者，養也。君子既得其養，又好其別。曷謂別？曰：貴賤有等，長幼有差，貧富輕重皆有稱者也。……孰知夫禮義文理之所以養情也。……故人一之於禮義，則兩得矣；一之於情性，則兩喪之矣。故儒者將使人兩得之者也；墨者將使人兩喪之者也。是儒墨之分也。」

「禮有三本：天地者，生之本也；先祖者，類之本也；君師者，治之本也。無天地惡生？無先祖惡出？無君師惡治？三者偏亡焉，無安人。故禮上事天，下事地，尊先祖而隆君師，是禮之三本也。」

這一段關係中國文化、風俗習慣最巨。因為其後家家戶戶，均有一個牌位，上書「天地君親師之位」，等於每一家、每一人的宗教，只將先祖改為「親」字，並調其位於君之下。此或為君主自尊，而自居於「親」之上而已！其後，荀子又說：

「禮者，人道之極也……聖人者，道之極也。……禮者，謹於治生死者也。生，人之始也；死，人之終也。終始俱善，人道畢矣。……故曰：性者，本始材朴也；偽者，文理隆盛也。無性，則偽之無所加；無偽，則性不能自美。性偽合，然後成聖人之名，一天下之功，於是就也。故曰：天地合而萬物生，陰陽接而變化起，性僞合而天下治。」

至於樂，一說樂本無經；一說火於秦，故今無傳。幸而荀子有一篇樂論，可以補其缺憾！樂論曰：

「夫樂者，樂也，人情之所必不免也，故人不能無樂。樂則必發於聲音，形於動靜，人之道也。……故樂在宗廟之中，君臣上下同聽之，則莫不和敬；閨門之內，父子兄弟同聽之，則莫不和親；鄉里族長之中長少同聽之，則莫不和順。故樂者，審一以定和者也；比物以飾節者也；合奏以成文者也。足以率一道，是先王立樂之術也。」

「樂者，聖人之所樂也，而可以善民心。……故樂行而志清；禮修而行成……君子樂得其道，小人樂得其欲。以道制欲，則樂而不亂；以欲忘道，則惑而不樂。……故樂者，治人之盛者也。……且樂也者，和之不可變者也；禮也者，理之不可易者也。樂合同，禮別異，禮樂之統，管乎人心矣。」

四、結語

荀子一書，義理豐富，這裡只取其禮樂論，以補秦火後樂之不足，以明秦漢後禮教之所由來。民初，西化派反對禮教，而打倒孔子。其實，禮教與孔子無關，荀子啓之也。何況，禮教並不是壞事呢？只是其人淺陋，習而不察而已！

二千年來之禮教，其影響中國習俗者，普遍而又悠久！但天地間的大文章——禮論樂論，似已被人忘懷了！特表而出之，以顯禮樂之論，而復禮義之邦！以救國，以救世！

㈦韓非子的定法篇

一、韓非

韓非（約西元前二六五—前二三五年），韓之諸公子。喜刑名法術之學，而歸其本於黃老。與李斯俱事荀卿，李斯自以為不如。非初以書干韓王，不見用，故作說難，孤憤等五十五篇。人或傳其書至秦，秦王見之曰：嗟乎！寡人得見此人與遊，死不憾矣！李斯曰：此韓非之所著書，因急攻韓。韓王乃遣韓非使秦。秦王悅之，未任用，李斯害之。韓非傳，初見於史記，其後亦數見，略之如上。

二、韓非子

韓非所著書，漢書藝文志，作法家韓子五十五篇。清末王先愼，作韓非子集解，為韓非子一書之善本。其從兄王先謙為之序曰：「主道以下，蓋非平日所為書。初見秦諸篇，則後來附入者。」韓非子集解，今已由商務印書館，將之列入人人文庫，或可風行矣。

集解內容，分為二十卷，五十五篇。不僅為一善本，且為一全本，是可喜者。

三、法術與勢

韓子，不僅稱爲法家，且視之爲法家之集大成者。金公亮教授曰：「法家，成爲一學派，時代頗晚；但所謂法治思想，淵源却很古。……在春秋時代，有管仲、子產、范蠡；在戰國時代，有李悝、吳起、申不害、商鞅等人，都以法治而成功的。他們的事業與言論，對於社會人心，很發生了一點影響。在野學者如鄧析、計然等，亦時時議法文，談法術。到戰國末年，有愼到、尹文輩，更是精研法理。等到韓非出世以後，集各家學說，採長去短，提鍊一番，於是法家成爲一大學派。

「法家著作現存的，有管子、商君書、愼子、尹文子、韓非子。……諸書除了韓非子可以相信是眞的以外，其餘大多出於依託。韓非集法家之大成，可以作爲法家代表。」（中國哲學史）

韓子法家思想，散見於各篇，惟定法篇較著，亦較詳，其言曰：

「申不害言術，而公孫鞅爲法。術者，因任而授官，循名而責實，操殺生之柄，課羣臣之能者也，此人主之所執也。法者，憲令著於官府，刑罰必於民心，賞存乎愼法，而罰加乎姦令者也。此臣之所師也。君無術，則弊於上；臣無法，則亂於下。此不可無，皆帝王之具也。」

用人篇，合法術而言之曰：

「釋法術而任心治，堯不能正一國。」

法術善矣，但仍須有其「勢」。功名篇曰：

「夫有材而無勢，雖賢不能制不肖。……桀爲天子，能制天下，非賢也，勢重也。堯爲匹夫，不能正三家，非不肖也，位卑也。千鈞得船則浮，錙銖失船則沉……有勢之與無勢也。故短之臨高也以位，不肖之制賢也以勢。」

此外，關於法術之論，重要的尚有：

「聖王之立法也，其賞足以勸善，其威足以勝暴，其備足以完法。」（守道篇）

「國無常強，無常弱，奉法者強，則國強；奉法者弱，則國弱。」（有度篇）

「人主使人臣，雖有智能，不得背法而專制；雖有賢行，不得踰功而先勞，雖有忠信，不得釋法而不禁，此之謂明法。」（南面篇）

「明主之所導制其臣者，二柄而已矣。二柄者，刑德也。何謂刑德？曰：殺戮之謂刑，慶賞之謂德。爲人臣者，畏誅罰而利慶賞，故人主自用其刑德，則羣臣畏其威，而歸其利矣。」（二柄篇）

四、結語

孔子雖重德禮之教，但亦未輕政刑之治。其言曰：「道之以政，齊之以刑，民免而無恥；道之以德，齊之以禮，有恥且格。」（論語爲政）而其從政，首爲司寇，次爲大司寇。所謂大司寇者，秋官也，職掌刑獄。

孟子主仁政，而說仁義；但亦說：「徒善不足以爲政，徒法不能以自行。」（孟子離婁上）政與刑，政與法，亦均儒家所不諱言。只不得已而用刑與法時，主張寬厚而已！不教而殺謂之虐！

春秋戰國之時，謀國富兵強者，多重政法，其史實，金先生已引述之於上。其後，秦爲法家之治，而一天下；以其轉趨暴與虐也，二世而亡！漢初，史記有酷吏傳，後之作吏者，多仿爲之，亦足證酷吏之代不乏人矣！酷吏，只法刑之偏者而已！

諸葛武侯治蜀，論者多謂其陽儒陰法，其後，明張居正，亦有人視之爲有法家的餘韻。總之，大有爲的政治家，如以雷厲風行的手段，推行政令，便有人視之爲法家。其實，政治經濟與社會，甚至教育，如一味的自由散漫，而無法以爲手段，是很難收效的。

不說別的，就是自由平等的三民主義、五權憲法吧？先說四種直接民權，創制權與複決權，都是對法律而言。至於五權憲法，不用說都是法律方面的；就是依據五權憲法，成立的五院政府，其中之立法院與司法院，不依然都是法律方面的事嗎？

民主國家，多數三權分立，立法與司法已佔其二。同時，民主國家，亦稱法治國家。時至今日，眞是無一不依法律，創制複決是法，選擧罷免，何嘗不是先立法，然後依法選擧罷免呢？法律，是維持社會安全，保障個人自由的，也是推行政令必須的。

其立法也，賞足以勸善，罰足以除暴。奉法者強，則國強；奉法者弱，則國弱。在今天，這一些不仍然是合理的大原則嗎？然而法家思想，在中國亦已二千年矣！其影響之大，已與儒道三分歷史與天下。

近來，有人詆議共產政權爲法家者，其實，似是而非。齊桓晉文秦皇，雖均因法而強而霸，但秦之暴政，亦只法之流弊而已！何況今之共黨，所師法的是外國的馬恩列史呢？與中國文化無關；更與中國法家無淵源！他們內而專政獨裁，使人民無人權與自由平等；外而侵略好戰，更使人類無和平幸福！法家有是乎？中國歷史有是乎？

㈧董子的春秋繁露

一、董仲舒

董仲舒（約西元前一七一—前一一〇年）漢廣川人。少治春秋，景帝時爲博士。下幃講授，三年不窺園，學者皆師尊之。武帝時，屢對策，爲帝所重，建元元年以爲江都相，坐事降爲中大夫。復因言災異，下獄論死，尋獲赦。後爲膠西王相，以病免。著有春秋繁露等書。

董子，生當法家主政的秦以後。漢初，反其道而行，主黃老無爲之治。但法家的勢力，已在暗中進行。而陰陽家之說，更盛極一時。司馬遷作史記，自序論六家之要旨，首爲陰陽家，而謂：「竊觀陰陽之術，大祥而衆忌諱，使人拘而多所畏，然其序四時之大順，不可失也。」

漢書藝文志，列之爲古九流之一，而曰：「陰陽家者流，蓋出於義和之官，敬順昊天，曆象日月星辰，敬授民時，此其所長也。」董子治春秋，而爲儒家，但孔子之道晦，道法陰陽三家，互爭雄長。董子處此時代潮流中，不能不受此三家之影響，因而不是一個純儒家；但，亦可說之爲新儒家，吸收了道法與陰陽三家之精義。

二、春秋繁露

春秋繁露一書，凡十七卷。其書發揮之旨，多主公羊，往往及陰陽五行。其要義，約言之應有左列數義：

一、五行之義　「五行之隨，各如其序。五行之官，各致其能。是故：木居東方，而主春氣；火居南方，而主夏氣；金居西方，而主秋氣；水居北方，而主冬氣。是故：木主生而金主殺；火主暑而水主寒。……土居中央，謂之天潤。土者，天之股肱也，其德茂美，不可名一時之事。故五行而四時者，土兼之也。」（繁露五行之義）

二、三綱之說　不但天道運行，由於陰陽五行，就連各種制度道德，亦取諸陰陽之道。他說：

「君臣父子夫婦之義，皆取諸陰陽之道。君爲陽，臣爲陰；父爲陽，子爲陰；夫爲陽，妻爲陰……仁義制度之數，盡取之天。天爲君而覆露之，地爲臣而持載之。陽爲夫而生之，陰爲婦而助之；春爲父而生之，夏爲子而養之……王道之三綱，可求於天。」（基義）

這三綱之說——君爲臣綱，父爲子綱，夫爲妻綱，使中國文化、社會，發生了很大的影響。

三、人副天數　他以爲人身爲一小天地，所以「人副天數」，天人相應。他說：

「人有三百六十節，偶天之數也。形體骨肉，偶地之厚也。上有耳目聰明，日月之象也。體有空竅理脈，川谷之象也。心有哀樂喜怒，神氣之類也。……是故人之身，首妢而圓，象天容也；髮，象星辰也；耳目戾戾，象日月也；鼻口呼吸，象風氣也。胸中達知，象神明也；腹胞實虛，象百物也。……小節三百六十六，副日數也；大節十二分，副月數也。內有五臟，副五行數也；外有四肢，副四時數也。乍視乍瞑，副晝夜也；乍剛乍柔，副冬夏也；乍哀乍樂，副陰

陽也。心有計慮，副度數也；行有倫理，副天地也。」（人副天數）

三、獨尊儒家

董子對於中國文化的影響，本不在於春秋繁露，雖然，他吸收了道法與陰陽家，而充實了儒家，新了儒家。但他的影響與貢獻最大者，厥在獨尊儒家，他一則說：

「師異道，人異論，百家殊分，指意不同：以是上無以持一統。法制數變，下不知所守。」（董傳）

再則說：

「諸不出六藝之科，孔子之術者，皆絕其道，勿使幷進」；「推明孔氏，折黜百家，立學校之官，州郡舉茂材孝廉。」（同上）

雖然有人說：政府有統制學術之必要；挾書之禁，惠帝時已廢止，儒家經籍日趨衆多；儒家學術，亦適宜於太平時的治國。加以好黃老之術的竇太后已死，而當時的宰相武安君田蚡又是一個好儒術的。時機適宜，因緣巧合，遇到了欲有爲的武帝，遂崇儒術而黜百家。但董仲舒能適時而立論，亦是功不可沒！

漢代，如無武帝與董子的尊儒術黜百家，中國文化與社會的型態，亦均將成了另一類型，因此，董子的春秋繁露及其策論，亦都是最有影響於中國文化的典籍了！

(九)慧遠蓮社彌陀經

一、慧遠大師

慧遠（三三四—四一六年）大師，俗姓賈，晉時雁門人，幼學儒，長習老莊。二十一歲出家，以道安上人爲師。晉太元四年（三七九），秦苻堅取襄陽，遠辭師而去荆州，將往羅浮，抵潯陽，愛廬山清幽，住於山陰。時有慧永法師，在西林寺，原爲同門。永勸刺史桓伊興建東林寺，使遠居止。其後，隱士劉遺民、雷次宗（宋文帝時，任散騎常侍，奉命立儒學）及沙門千數從遊。遠又與緇素一百二十三人，結白蓮社，於無量壽佛像前修淨業，六時念佛，求生西方。是爲中國大乘佛教淨土宗之始。

著作有法性論、沙門不敬王者論等，居廬山三十餘年，雖帝召亦不出；送客以虎溪爲界。東晉義熙十二年（四一六）卒，壽八十三。見高僧傳六。後人尊之爲淨土宗初祖。

二、三經二佛

淨土宗，本於三經：1.阿彌陀經。2.無量壽經。3.觀無量壽佛經。

阿彌陀佛，譯曰無量壽佛。此外，尙有十二光佛之別譯。又有三譯，一譯無量壽，二譯無量光，三譯甘露。密教稱阿彌陀佛爲甘露王。

阿彌陀經，一卷，秦羅什譯。此經略說西方淨土依正莊嚴等事。令人執持名號，一心不亂，即得往生。歷代高僧多有注解。唐善導和尙予以簡化，僅有一句「阿彌陀佛」。他說：「若欲學解，從凡夫地，乃至佛地，一切諸法，無不當學。若欲學行，當擇其契理契機之一法，專精致力，方能速證實益，否則經刼至刼，尙難出離。所謂契理契機之法，無過信願持佛名號，求生西方。」（引自印光法師嘉言錄）

無量壽經，二卷，曹魏康僧鎧譯。此經說無量壽佛之因地修行，果滿成佛，國土莊嚴，攝受十方念佛衆生往生彼國等事。

觀無量壽經，佛說觀無量壽佛經之略名，一卷，宋畺良耶舍譯。說佛應韋提希夫人之請，而臨頻婆娑羅王之宮中，分十六觀，而說觀想阿彌陀佛之身相及淨土之相者。又略名「觀經」。

此三經，均釋迦牟尼佛所說。釋迦爲本土、人間之佛；阿彌陀佛，爲西方極樂世界之佛，因而二佛並尊。釋迦佛之脇士，爲文殊與普賢；彌陀佛之脇士爲觀音與勢至。關此，印光和尙釋之曰：「夫釋迦、彌陀，於往刼中，發大誓願，度脫衆生。一則示生穢土，以穢以苦，折伏而發遣；一則安居淨土，以淨以樂，攝受而鈞陶。」

三、念佛三昧詩序

遠公大師，撰念佛三昧詩序曰：

念佛三昧者何？思專想寂之謂也。思專，則志一不分；想寂，則氣虛神朗。氣虛，則智悟其照；

神朗，則無幽不徹。斯二，乃自然之玄符，會一而致用也。又諸三昧，其名甚衆；功高易進，念佛爲先。何者？窮玄極寂，尊號如來；體神合變，應不以方。故令入斯定者，昧然忘知，即所緣以成鑑，鑑明，則內照交映，而萬相生焉。非耳目之所及，而聞見行焉。於是，靈性湛一，精明自然；元音扣心，滯情融朗。夫天下之至妙，孰能與於此哉？所以奉法諸賢，咸思一揆之契，感寸惜之將頹，懼來儲之未積。於是，洗心法堂，整襟西向，夜分忘寢，夙興惟勤。庶夫貞詣之功，以通三乘之志。仰援超步，拔茅之興；俯引弱衰，乘策其後。以此覽衆篇之揮翰，豈徒文詠而已哉？

四、結語

遠公所倡導的念佛蓮宗，是禪淨雙修的。因爲：他既說「念佛爲先」，又說：「入斯定者，昧然忘知。」其後，北魏曇鸞專修淨業；陳隋間，智者大師，由禪淨而開天台宗，更以觀音玄義，觀音義疏，弘傳了淨土宗。經唐宋元明清，千餘年來，日見興盛而不衰。同時，由於專持名號，簡單易行，而普及於窮鄉僻壤、愚夫愚婦，雖一字不識，亦可以口念「阿彌陀佛」，諸惡莫作，衆善奉行，這一個影響，對於中國的教化，該有多麼深遠？在世界各國宗教中，誰能有此，誰能比此？

中國大乘佛教，隋唐時，本有性相台賢禪淨律密的八宗，以及教外別傳的禪宗。但唐武宗滅佛後，只有淨土宗與禪宗，以其簡易，不須要大寺院，多經典，尚可流傳於民間。在歷史的發展上，太虛大師能說：「禪觀行演教而爲禪台賢，禪台賢流歸淨土行。」

民國後，淨土宗出了一位大師。他就是被後人尊稱爲淨土宗十三祖的印光大師。他一則說：

「華嚴法華等諸大乘經，文殊普賢等諸大菩薩，馬鳴龍樹等諸大祖師，悉皆顯闡讚導，普勸往生。」眞是：「九界咸歸，十方共讚，千經並闡，萬論均宣。」

再則說：

「律者佛身，教者佛語，禪者佛心。佛之所以爲佛，唯此三法；佛之所以度生，亦唯此三法。衆生果能依佛之律教禪以修持，則卽衆生之三業，轉而爲諸佛之三業。三業旣轉，則煩惱卽菩提，生死卽涅槃矣。」

「又恐宿業障重，或不易轉，則用陀羅尼三密加持之力，以熏陶之。……又恐根器或劣，未得解脫，而再一受生，難免迷失，於是特開信願念佛，求生淨土一門，俾若聖若凡，同於現生，往生西方。聖則速證無上菩提，凡則永出生死繫縛，以其仗佛慈力，故其功德利益，不可思議。」

因此，中國大陸上，有「家家觀世音，處處彌陀佛」之諺語與事實！

㈩玄奘的般若心經

一、玄奘大師

玄奘大師（五九六—六六四）俗姓陳，名褘。唐偃師人。隋文帝開皇十六年生，唐高宗麟德元年圓寂。世壽六十九。（此依梁啓超之考證，此外尚有數說）人稱三藏法師，或以其住慈恩寺，又稱慈恩大師。

師十三歲，入洛陽淨土寺出家，習大乘經論。二十歲，受具足戒。二十七歲，在成都，又習律部。貞觀元年，師三十二歲，開始西遊；二年至天竺，就學各國；貞觀十九年回國，開譯場於長安弘福寺時，時年五十。廿年，大慈恩寺成，敕師住持。二十三年，太宗崩，高宗即位。顯慶五年，師六十五歲，始譯大般若經，六十八歲譯成。麟德元年，六十九歲，二月五日夜半圓寂。寂前，命嘉尚具錄所譯經論，合七十四部，總一千三百三十五卷。

大師一生，似為譯經大事而生。後人以其學瑜伽論於戒賢論師，歸國後，又撰成唯識論，傳窺基，以開唯識宗，或稱法相宗。因而稱之為相宗開祖。其實，他是反對「各擅宗途」的。因為他的立志西遊，便是為了當時佛教界的各擅宗途。他在天竺時，亦曾作「會宗論」。

我認為：他是志在昌明佛陀本懷的。佛陀當年傳教，亦只講戒定慧三學而已。戒以修身，定以安心。慧即般若，旨在明理以明修身，以明安心，庶免其盲修瞎練。佛陀說慧時，衆生隨類各解，因而有其後的二十部派；又有大小乘之分。奘師均視之為惡見，而作「破惡見論」。

因此，可以說：佛所說的慧學，便是般若學，析論之，可分性與相，空與有，但仍須知其合則為般若學。奘師所譯經論，以大般若經為最巨，有六百卷之多。且費時四年，譯成後，歡喜讚嘆，而曰：「此乃鎮國之典，人天大寶！」

二、般若心經

古德云：「般若為諸佛母，三世諸佛，皆從般若得生。」又有：「上求菩提」的菩提，是「老般若」之說。經上亦云：「五度如盲，般若為導。」佛陀說法四十九年，說般若者二十二年。荊溪為之作頌曰：

　阿含十二方等八，二十二年般若談；

　法華涅槃共八年，華嚴最初三七日。

由此亦足證：佛陀之本懷在般若；而奘師之主旨亦在般若。漢譯諸部般若，總七百四十七卷，而奘師譯傳的大般若，佔了六百卷。大般若經，以四處十六會分類組成。是鎮國大典、寺庵大寶、佛學學者必究之聖典，非一般人所能閱讀。所幸，另有「般若心經」一書，亦奘師所譯。

般若心經，文字簡要，僅有二百六十字；加經題「般若波羅密多心經」，則為二百六十八字；如再加「摩訶」，則為二百七十字。一般人多不讀經題，仍以二百六十字計。略識字的愚夫愚婦，亦多學唱似的朗朗上口，因此，此一心經，亦普及於民間。同時西遊記，更助長了它的普及。因為小說西遊記第十九回，標題為：「浮屠山玄奘受心經」并轉載了全文。民間流通了西遊記，亦流通了心經。唐僧、孫悟空、心經，已成了家喻戶曉、婦孺皆知的人與書了！

心經一文，雖然簡短；但其義至豐。它不僅已得大般若經的要旨，且是它的結晶品。心經，雖不攝於大般若經內，但在大般若經第二會第二分，觀照品第三之二，頗與心經類似，或可說之為，心經的原始型態。（大品般若習應品第三，亦有一段文字類似）

同時，心經一開始，便是觀自在菩薩，觀自在菩薩，本不專指觀世音菩薩，凡除我執、法執，人法二空，悲智齊證的菩薩，觀一切境界，皆得自在。但玄奘西遊時，歷種種險境，途遇梵僧教以「般若心經」，得免種種苦難；而觀世音菩薩，在天竺靈感特多，向有救苦救難之說。因而心經的觀自在菩薩，便成了觀世音菩薩。

淨土宗與天台宗，亦早已弘揚了觀世音菩薩的救苦救難的菩薩道，人們一念到觀自在菩薩，便認爲是觀世音菩薩了！不然，那位菩薩，能「度一切苦厄」呢？

心經的要義，日人保坂君製有表解，略之則爲：

第一項　哲學的理論門

甲、人間觀—正報論

色不異空—因緣滅故空
空不異色—因緣生故有　　（非空非有中道＝現象觀）

色卽是空—卽　空
空卽是色—卽　假　　（空假卽中道＝本體觀）

（現象觀、本體觀）—肉體觀＝廣說

受想行識—亦復如是—精神觀＝略述

（肉體觀＝廣說、精神觀＝略述）—教法

乙、宇宙觀—依報論

一、世界觀

是諸法空相——體
不生不滅不垢不淨不增不減——義　　（諸法空觀＝總論）

是故空中無色無受想行識—五蘊（人體）空觀

無眼耳鼻舌身意—六根（主觀的感官）

無色聲香味融法—六境（客觀的對境）

—十二處空觀

無眼界乃至無意識界—六根六識（主觀）

六境（客觀）

—十八界空觀—三科空觀＝各論

二、人生觀

無無明

亦無無明盡

乃至無老死

亦無老死盡

流轉（凡夫迷界）

還滅（聖者悟界）

—緣覺十二因緣空觀

無苦集—流轉（現實世界）觀

滅道—還滅（理想世界）觀

—聲聞四諦空觀

無智—修道

亦無得—證果

—菩薩六度空觀

—三乘教法

第一項　宗教的實踐門

甲修養法

- 大乘教法
  - 菩薩道
    - 人格
      - 行者 —— 菩提薩埵
    - 教法
      - 原因
        - 修行 —— 以無所得故、依般若波羅密多故
      - 結果
        - 證悟 —— 心無罣礙無罣礙故、無有恐怖遠離一切、顛倒夢想究竟涅槃
  - 佛道（乙理想境）
    - 人格
      - 佛陀 —— 三世諸佛
    - 教法
      - 佛行 —— 依般若波羅密多故
      - 佛果 —— 得阿耨多羅三藐三菩提

三、結語

佛法無邊，不外身心之修。修身爲戒，集之爲律藏；修心爲定，集之爲禪學；在中國另有禪宗。佛語，記之爲經，集之爲經藏。佛語至廣，說之爲四十九年，天台宗分之爲五時八教；賢首宗分之爲五教十宗。流傳至中國，又有小乘二宗，大乘八宗之說。性相台賢，爲教理；禪淨律密，爲行法。佛學亦浩瀚如淵如海。

但，簡化之，結晶之，則爲般若心經。全文五十二句，共三百六十字。如就上表看來，佛教之精

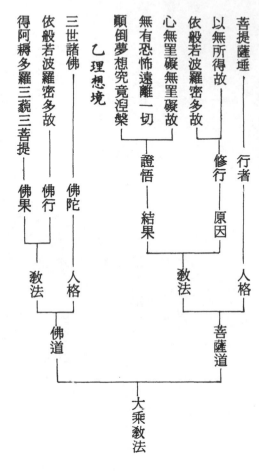

義，眞是無善不備！淨土宗，簡爲「阿彌陀佛」四字；禪宗，簡爲「拈花微笑」一擧手。經論二藏，數百萬言，簡之爲「般若心經」。眞是「佛者覺也」「悟則爲佛」，豈在口念身坐哉？但，未悟者、初學者，仍須以經論驗心，以般若爲前導！

般若心經，簡而要，四觀其全，五乘共敎。包括了性相、空有的二大系統，爲各宗所共讚嘆；亦爲愚夫愚婦所共信行。佛敎在中國，行了一千五百年，影響於中華文化者旣深且巨。如欲擧一經以代表佛敎，豈惟「般若心經」乎？

(十二)禪宗惠能的壇經

一、惠能六祖

惠能六祖（六三八—七一三年）唐時嶺南人。貞觀十二年生，俗姓盧，幼孤貧。長採薪養母，一日入市，聞人讀金剛經，問其所得，知自黃梅，因而走謁五祖弘忍禪師。五祖知其爲異人，使入碓房舂米，稱之爲盧行者。經八月，五祖知傳法時至，使衆各書得法之偈。時上座神秀書偈曰：

身是菩提樹，心如明鏡台，時時勤拂拭，莫使惹塵埃。

行者聞之，曰：「如我所得則不然。」雇一童子，夜於壁間代書一偈曰：

菩提本非樹，明鏡亦非台，本來無一物，何處惹塵埃。

徒衆見之，無不驚異。五祖恐人損害，遂將鞋擦了，曰：亦未見性。衆以爲然。次日，祖潛至碓房，問：米熟未？惠能曰：米熟久矣，猶欠篩在。祖以杖擊碓三下而去。惠能會祖意，三更入室。爲說金剛經，至「應無所住而生其心」，惠能言下大悟。遂啓祖曰：「何期自性本自淸淨，何期自性本不生滅，何期自性本自具足，何期自性本無動搖，何期自性能生萬法？」時年二十四歲。祖傳法及衣鉢云：汝爲第六代祖，衣爲爭端，止汝不傳，並說偈曰：

有情來下種，因地果還生，無情既無種，無性亦無生。

祖送惠能南行，并謂：「汝去三年，吾方逝世。」惠能於四會避難獵人隊中，守網放生，食肉邊菜，凡經一十五年。後至廣州法性寺而剃髮，遂開東山法門，時年三十九。其後說法度生者三十七載，七十六歲圓寂。惠能大師所說之法，由弟子法海記錄，稱「六祖法寶壇經」。

其後，弟子行思傳法江西靑原山，懷讓傳法湖南南嶽。南嶽門下，分出臨濟、潙仰二宗；靑原門下分出曹洞、雲門、法眼三宗。臨濟門下，又分楊岐、黃龍二派，過長江，逾黃河，席捲全中國。韓國、日本、越南，亦均有了分燈。法席之盛，比之淨土宗，難分甲乙，同爲中華大乘佛法之兩大主流。

二、法寶壇經

法寶壇經，近來有二版本，一爲法海記錄的流行本；一爲燉煌出土六祖壇經。前者分爲十品；後者分爲五十七品。由於版本之不同，有人爲神會爭座位，此係閒言，且說壇經內容。

般若第二云：「凡夫卽佛，煩惱卽菩提。前念迷卽凡夫，後念悟卽佛。前念著境卽煩惱，後念離境卽菩提。」因作一「無相頌」，其中名句有：「佛法在世間，不離世間覺；離世覓菩提，恰如求兔角」；「正見名出世，邪見是世間，邪正盡打却，菩提性宛然」。近人有爲注解者，可取閱。

定慧第四云：「我此法門，以定慧爲本。……定慧一體：定是慧體，慧是定用。」

坐禪第五云：「此門坐禪，原不著心，亦不著淨，亦不是不動。……心念不起，名爲坐；內見自性不動，名爲禪。……外離相卽禪，內不亂卽定。外禪內定，是爲禪定。」

懺悔第六云：「歸依自性三寶：佛者覺也，法者正也，僧者淨也。」

頓漸第八云：「法卽一種，見有遲疾；何名頓漸？法無頓漸，人有利鈍，故名頓漸。……師曰：住心觀靜，是病非禪；長坐拘身，於理何益？……偈曰：

心地無非自性戒；心地無礙自性慧；心地無亂自性定；

不增不減自金剛；身去身來本三昧。」

宣詔第九曰：「但一切善惡，都莫思量，自然得入清淨心體，湛然常寂，妙用恒沙。」

咐囑第十曰：「若於一切處而不住相，於彼相中不生憎愛，亦無取捨，不念利益成壞等事，安閒恬靜，虛融淡泊，此名一相三昧。若於一切處，行住坐臥，純一直心，不動道場，直成淨土，此名一行三昧。若人具此二種三昧，如地有種，含藏長養，成熟其實。」

圓寂前，留一自性眞佛偈曰：

眞如自性是眞佛，邪見三毒是魔王。邪迷之時魔在舍，正見之時佛在堂。……

若向性中能自見，卽是成佛菩提因。……若欲修行覓作佛，不知何處擬求眞。

若能心中自見眞，有眞卽是成佛因；不見自性外覓佛，起心總是大痴人。……

三、結語

禪，或曰定，戒定慧爲原始佛教三學之一。在中國，初爲禪觀行；與淨律密，爲大乘佛教四大佛法，主旨在行。又與性相台賢，合稱大乘八宗。禪宗一說，未詳始於何時何人？但照史實說，似應始於六祖惠能後，因爲其前均爲單傳直指，談不上宗，也談不上派。六祖後，分爲五宗七派，法席之盛，幾遍全中國，論者爲此一事實，安立名號，始稱之爲禪宗，以別其前之禪定與禪觀行。

或又以其信徒衆多，宗派分岐，幾乎代替了佛教，因此說之爲教外別傳。大乘八宗的禪位，仍留給禪觀行。俾使四行與四學，平衡着佛教的內容。唐末以迄北宋，禪宗亦確乎是別傳了；也幸而有此簡易的禪宗，以延續佛陀的慧命，否則佛教於武宗滅佛後，眞是不堪設想。

佛陀一音說法，衆生隨類各解，因而有部派佛教的二十派；及其後小乘大乘之分。禪宗亦然，開初禪宗，應如壇經所說。五宗七派以後，迄於今日，禪宗已失本來面目，怎樣返本開新？這是禪宗宗徒之事。但在中華文化的大立場上，禪宗對中華文化，是有其貢獻與影響的。怎樣促使其復興，中華學人，亦有其重責大任。

（十二）韓愈的原道原性

一、韓愈

韓愈（七六八—八二四年）字退之，鄧州南陽人，其先世居昌黎，故又自稱昌黎人。德宗時，擢進士第，累官吏部侍郎。德宗時，上疏論宮市；憲宗時，諫迎佛骨，皆坐貶。在外有惠政。卒謚文。退之以爲文章，自魏以來，多作對偶，而經誥之指歸，遷雄之氣格，不復振起；故其所爲文，反近體，學古文，因而自成一家。同時代人柳宗元和之，後人稱之爲韓柳。其徒李漢、李翺、皇甫湜、孫樵等，亦有文名。宋興，歐陽修提倡韓文，蘇軾父子與曾鞏、王安石等和之。明人稱之爲唐宋古文八大家。

二、原道

退之，本以文著；但其原道原性，亦是唐代僅有的大文章，在道統上說，却具有承先啓後，關鍵性之地位。雖然，他未能開宗立派，然其影響，却是不可否認的。

原道曰：

「博愛之謂仁，行而宜之之謂義；由是而之焉，之謂道；足乎己無待於外，之謂德。……凡吾所謂道德云者，合仁與義言之也。……

「古之時，人之害多矣。有聖人者立，然後敎之以相生相養之道，爲之君，爲之師。……如古之無聖人，人之類滅久矣。……

「帝之與王，其號雖殊，其所以爲聖一也。……傳曰：『古之欲明明德於天下者，先治其國；欲治其國者，先齊其家；欲齊其家者，先修其身；欲修其身者，先正其心；欲正其心者，先誠其意。』然後古之所謂正心誠意者，將以有爲也。……

「夫所謂先王之教者何也？博愛之謂仁，行而宜之之謂義；由是而之焉，之謂道；足乎己無待於外，之謂德。其文，詩書易春秋；其法，禮樂刑政；其民，士農工賈；其位，君臣父子師友賓主昆弟夫婦……其爲道易明，其爲教易行也。……堯以是傳之舜，舜以是傳之禹，禹以是傳之湯，湯以是傳之文武周公，文武周公傳之孔子，孔子傳之孟軻，軻死不得其傳焉。……」

原道一文，提示了幾個要義：一、大學篇之昌明；二、道統之建立。唐書稱其「奧衍宏深，與孟軻相表裏，而佐佑六經。」明人歸有光讚之曰：「神鬼萬狀，出有入無，震盪天地，則自孔孟後大文章矣！」

三、原性

心性之論辯，始於孟子。其後，佛老興，亦各以心性之說教人。唐興，佛老之言盈天下，大有孟子時代之形勢，天下之言，不入佛，卽入於老。孟子言距楊墨，而謂：「楊墨之道不息，孔子之道不著。」韓退之亦以孟子自許，言距佛老，原道之外，又繼之以原性。其言曰：

「性也者，與生俱生也；情也者，接於物而生也。性之品有三，而其所以爲性者五；情之品有三，而其所以爲情者七。曰：何謂也？

「曰：性之品有上中下三：上焉者，善焉而已矣；中焉者，可導而上下也；下焉者，惡焉而已矣。其所以爲性者五：曰仁、曰禮、曰信、曰義、曰智。上焉者之於五也，主於一而行於四；中焉者之於五也，一不少有焉，則少反焉；其於四也混。下焉者之於五也，反於一而悖於四。性之與情，視其品。

「情之品，有上中下三，其所以爲情者七：曰喜、曰怒、曰哀、曰懼、曰愛、曰惡、曰欲。上焉者之於七也，動而處於中；中焉者之於七也，有所甚，有所亡，然而求合其中者也；下焉者之於七也，亡與甚，直情而行者也。情之與性，視其品。

「孟子言性，曰人之性善；荀子言性，曰人之性惡；楊子言性，曰人之性善惡混。夫始善而進惡，與始惡而進善，與始也混，而今也善惡，皆舉其中而遺其上下者也，得其一，而失其二者也。

「叔魚之生也，其母視之，知其必以賄死。楊食我之生也，叔向之母聞其號也，知必滅其宗。越椒之生也，子文以爲大戚，知若敖氏之鬼不食也。人之性果善乎？

「后稷之生也，其母無災，其始匍匐也，則岐岐然嶷嶷然。文王之在母也，母不憂；既生也，傅不勤；既學也，師不煩。人之性果惡乎？

「堯之朱，舜之均，文王之管蔡，習非不善也，而卒爲姦。瞽叟之舜，鯀之禹，習非不惡也，而卒爲聖。人之性善惡混乎？

「故曰：三子之言性也，舉其中而遺其上下者也；得其一而失其二者也。曰：然則性之上下者，其終不可移乎？曰：上之性，猶學而愈明；下之性畏威而寡罪，是故上者可教；而下者可制也。其品，則孔子謂不移也。曰：今之言性者，異於此何也？曰：今之言性者，雜佛老而言也。雜佛老而言者，奚言而不異。」

四、結語

韓退之的原道論性，人多謂之疏淺。其實，作始也簡，這是必然的；但其道統之說，大學孔孟之提倡，不僅大有功於中國文化，亦大有功於宋學。何況，他那個時代，是佛老的時代，老子是帝王之祖先，佛家高僧亦多爲帝王之師呢？敢於冒大逆不道之罪，排斥佛老，昌明儒家，眞是難得而可貴，眞豪傑之士也！

㈩㈢李習之的復性書

一、李翺

李翺（約七七五—八三六年）字習之，趙郡人，亦作成紀人。貞元進士，元和初爲國子博士，史館修撰，再遷考功員外郎。以面折宰相李逢吉之過，出爲廬州刺史，後拜中書舍人，歷山南東道節度使卒。

習之曾從韓愈爲文章，辭致渾厚，見推當時，故亦謚曰文。有論語筆解、李文公集等傳世。其所作復性書三篇，爲孟韓後論性之大文章。

二、復性書上

復性書上曰：

「人之所以爲聖人者，性也；人之所以惑其性者，情也。……情不作，性始充矣。……情不自情，因性而情；性不自性，因情以明。性者，天之命也，聖人得之而不惑者也。情者，性之動也……聖人者，豈其無情耶？……是故誠者，聖人之性也。寂然不動，廣大清明，照乎天地，感而遂通天下之務，行止語默，無不處於極也。復其性者，賢人循之而不已者也。不已，則能歸其源矣。…

「聖人知人之性皆善，可以循之不息，而至於聖也，故制禮以節之，作樂以和之。……視聽言行，循禮而動，所以教人忘嗜欲而歸性命之道也。

「道者，至誠也。誠而不息則虛；虛而不息則明；明而不息，則照天地而無遺，非他也，此盡性命之道也。……

「子思，仲尼之孫，得其祖之道，述中庸四十七篇，以傳於孟軻。……遭秦滅書，中庸之不焚者一篇存焉。於是，此道廢缺……道之極於剝也必復，吾其復之時耶？……嗚乎！性命之書雖存，學者莫能明，是故皆入莊列老釋。不知者，謂夫子之徒，不足以窮性命之道，信之者皆是也。有問於我，我以吾之所知以傳焉，遂書於書，以開明誠明之源，而缺絕廢棄不揚之道，庶幾可以傳於世，命曰復性書，以理其心，以傳乎其人。烏戲！夫子復生，不廢吾言矣。

三、復性書中

「……曰：敢問致知在格物，何謂也？

「曰：物者，萬物也；格者，來也，至也。物至之時，其心昭昭然，明辨焉。而不應於物者，是致知也，是知之至也。知至故意誠，意誠故心正，心正故身修，身修而家齊，家齊而國理，國理而天下平；此所以能參天地者也。……」

「問曰：昔之註解中庸者，與生之言皆不同，何也？

「曰：彼以事解者也，我以心通者也。……

「問曰：人之性，猶聖人之性；嗜欲愛憎之心，何因而生也？

「曰：情者，妄也，邪也；邪與妄，則無所固矣。妄情息滅，本性清明，周流六虛，所以謂之能復其性也。易曰：『乾道變化，各正性命』；論語曰：『朝聞道，夕死可也』，能正性命故也。……」

四、復性書下

「……人之不力於道者，昏不思也；天地之間，萬物生焉，人之於萬物，一物也；其所以異於禽獸蟲魚者，豈非道德之性乎？受一氣而成其形，一為物而一為人，得之甚難也。生乎世，又非深長之年也。以非深長之年，行甚難得之身，而不專專於大道，肆其心之所為，則其所以自異於禽獸蟲魚者亡幾矣。昏而不思，其昏也終不明矣。……」

復性書下，旨在勉人：人身難得，大道難聞。既聞大道，應思力行，以成其人之所以為人，人之所以異於禽獸者。此文，儲在文評之曰：「危言刺骨，似勝荀子勸學篇。」姚氏古文辭類纂，亦錄此文。

五、結語

李氏復性書上，首論性與情之不同。性善，情邪，情惑性；故教人循禮而動，節嗜欲而復其性。又勉人以誠盡人之性，盡物之性，贊天地之化育。中庸一書，爲性命之書，能窮性命之道，特表而出之。

復性書中，多講大學之道，幷說及易傳、論語與孟子，以其均能正性命也。於此，中庸、大學、論語、孟子四書，無不俱引，且屢引易傳。此五書，便是宋人理學之所本。能說：宋人理學不是李氏啓發的嗎？不過，在學統上，他們自成一派，不惟不要唐代的韓李，即宋初的胡安定、邵康節、王安石等，他們亦拒之於理學門外！

唐代是佛老的時代，儒家僅太宗時，勅撰了一部五經正義，他無聞矣！而韓李能於此一大潮流中，奮然興起，論道而又論性，儼然有與佛老對抗，公開論道論性之形勢，雖稍嫌粗疏而未精，亦堪稱可貴矣！有唐三百年間，有此二人，作中國道統，中國文化一線之續，延續而不絕，亦云幸矣！

㈩周程張與近思錄

一、周程張

周，是周濂溪；程，是程明道與程伊川兄弟；張，是張橫渠。

周敦頤（一〇一七—一〇七二年）字茂叔，道州營道人。原名敦實，避英宗舊諱改。少孤，養於舅父龍圖閣大學士鄭向家。景佑三年，向奏授洪州分寧縣主簿。部使者薦為南安軍司理參軍。旋知郴州桂陽縣。用薦，改大理寺丞。知南昌縣。以太子中舍簽書合州判官事，遷國子博士，通判虔州。權知邵州，轉虞部郎中，廣東轉運判官，提點本路刑獄；以疾乞知南康軍，因家廬山，名所居曰「濂溪」。卒年五十七歲。

程顥（一〇三二—一〇八五年）字伯淳，學者稱明道先生。中進士後，主簿鄠縣。移晉城令，秩滿，為太子中允。出簽書鎮寧軍判官，遷太常丞，知扶溝縣。哲宗立，召為宗正丞，未行而卒，年五十四。

程頤（一〇三三—一一〇七年）字正叔。大臣屢薦，皆不起。哲宗立，擢崇正殿說書，後出管句西京國子監，屢乞致仕。紹聖間，黨論削籍，竄涪州。徽宗卽位，移峽州，復其官。五年，復宣議郎，致仕。大觀元年卒，年七十五。淳祐元年，封伊川伯。後學者稱伊川先生。

張載（一〇二〇—一〇七七年）字子厚，以僑寓為鳳翔郿縣橫渠鎮人。舉進士，仕為雲岩令。後歸橫渠，終日危坐，志道精思。熙寧九年，召同知太常禮院，告歸抵臨潼而卒，時年五十八。學者稱之為橫渠先生。

此四人，後人稱之為理學之正宗。且分主三派，所謂濂（周）洛（二程）關（張）是也。後合朱熹的閩，則為四派。此四人，各有專集與專書。朱熹編近思錄時，所依據的書籍，為：

一、濂溪先生的太極圖說與通書。
二、明道先生文集、伊川先生文集、周易程氏傳、程氏經說、程氏遺書、程氏外書。
三、橫渠先生正蒙、文集、易說、禮樂說、論語說、孟子說、語說。

二、近思錄

近思錄一書，初由東萊呂伯恭與朱子共編；後由朱子專力手定之，因稱朱子編。此書，僅取周子濂溪、程子明道、程子伊川、張子橫渠四子之書，擇其「關於大體而切於日用者，以爲此編。」「總六百二十二條，分十四卷，蓋凡學者所以求端用力，處己治人，與夫所以辨異端，觀聖賢之大略，皆粗見其梗概。」（皆朱子近思錄前引語）

其後，理宗時葉采平岩序曰：「近思錄，規模之大，而進修有序；綱領之要，而節目詳明。體用兼賅，本末殫擧。至於闢邪說，明正宗，罔不精覈洞盡，是則我宋之一經，將與四子並列，詔後學而垂無窮者也。嘗聞朱子曰：四子，六經之階梯；近思錄，四子之階梯。」

周程張之學統，是朱子建立的。當時情形，誠如錢穆教授所云：「二程講學，並不自承出於周敦頤；他們對並世學人，推尊的是胡瑗與王安石。熹纔把周張和二程幷尊，確認敦頤是二程所師承，特爲太極圖說、通書、西銘作解義。至編近思錄，專采此四家。後人連熹稱爲濂洛關閩，奉爲宋學之正統。」（宋明理學概述）

葉平岩尊近思錄爲宋代之一經，與四子、六經平列，此亦正符近思錄四子階梯之說。至錢先生所說的，亦分析精微，甚合情理。近思錄，近來已入商務印書館人人文庫，理應人手一編，惜乎未能；我爲此曾撰一文，題爲「希賢希聖之道」，刋出於東方雜誌復刊第十四卷第二期，旨在廣而傳之。其目較簡，錄之如次：

道體、爲學、致知、存養、克治、家道、出處、治體、治法、政事、教學、警戒、辨異端、觀聖賢。

世人多謂：「宋儒袖手談心性」，讀近思錄後，應知其大謬不然。諸如治體、治法、政事、教學等，豈不盡是外王之大道。不僅周程張如是說，卽朱子亦有此說，他說：

「天佑下民，作之君，作之師。……如堯舜之時，眞個是寵綏四方，只是世間不好底人，不定疊的事，才遇堯舜都安貼平定了！所以謂之克相上帝，蓋助上帝之不及也。」（朱子語類輯略卷二）

「自秦漢以來，講學不明，世之人君，固有因其才智，做得功業，然無人知明德新民之事。君道間有得其一二，而師道則絕無矣。」（同上）

「聖人無有不可爲之事，只恐權柄不入手；若得權柄在手，則兵隨印轉，將逐符行。……聖人無不可爲之時，若時節變了，聖人又自處之不同。」（同上）

基此，我認爲：儒學之全，應爲六經、四書、近思錄與朱子語類，這是止於朱子而說，此後，當更有聖賢，自應另論。

㈩五朱熹的四書集註

一、朱子

朱熹（一一三〇—一二〇〇年）字元晦，婺源人，學者稱晦庵先生。十四歲，父松卒，以熹屬劉勉之、胡憲、劉子翬。勉之，楊時門人，以女嫁熹。子翬從僧遊，能入定，謂儒書與佛經合，作聖傳論。胡憲，安國從子，好佛老，熹從游最久。近墨者黑，因自言：某年十五六時，亦曾思學禪。十九登第。年廿四爲同安主簿，始從學於李侗，從游凡十年。

三十三歲時，宋孝宗卽位，詔求直言，熹應召上封事。明年，入對垂拱殿，是年李侗卒。始識張栻。似由閩學轉入湘學。四十歲，又悟先察識後涵養之非，更定中和舊說。似又轉回閩學。

三十歲，核定上蔡語錄，開始著述。四十三歲後，大事著述；四十六歲，近思錄編成；四十八，周易本義成；六十一，四子書成。七一，三月改大學誠意章，是月卒。綜其一生之著述，約三四十種。其年代，主爲四十到五十之間。他自己亦說：「學庸語孟諸文字，皆是五十以前做了；五十以後，長進得甚不多。」

二、集儒學之大成——四書集註

朱子對於中國學術之大貢獻，主要有二：一爲集孔子後儒學之大成；二爲集北宋理學之大成。

儒家傳統，學者各有所尊。朱子始確定：論語、大學、中庸、孟子爲四子書，特爲之作集註與章句，此下直接周張二程。不僅排除了揚雄、王通、韓愈，連董仲舒亦不得與於儒道之大傳統。他對四書之尊崇與提倡，曾有下列數段言論，他說：

論孟工夫少，得效多。

某於論孟，四十餘年理會，中間逐字稱等，不教偏些子。

中庸難說，緣前輩諸公說得多了，其間儘有差舛處，又不欲盡駁難他底，所以難下手。

子程子曰：「大學，孔氏之遺書，而初學入德之門也。」於今可見古人為學次第者，獨賴此篇之存，而論孟次之。學者必由是而學焉，則庶乎其不差矣。

自孔子以後，得孔子之心者，惟曾子、子思、孟子而已。後來非無能言之士，如楊子雲法言，模倣論語；王仲淹中說，亦模倣論語，言愈似而去道愈遠。直至程子，方略明得。

四子書，六經之階梯也。

因而於四子書特下工夫，著述亦多，如集註、章句、精義、或問等書。以前儒學是散漫的，各自為說。四書集註出，始百川匯海，統而一之。其後，政府用之以考士子，成為國定之書。一千年來，傳承不輟，影響之大，今仍無比者。

三、集宋儒之大成——近思錄與朱子語類

近思錄一書，為集周程張四子理學大成之書。其目錄與要義，已詳「周程張與近思錄」一文，不贅。

至於朱子語類一書，亦朱子學之大成也。編者為清人張伯行孝先。其編輯旨趣，見之於原序，曰

「……宋文公朱夫子出，上接孔孟之眞傳，於四子之書，有集註，有章句，有精義或問等書，剖抉精蘊，無復遺憾！即以上班顏曾之列，其深契妙道，不過如是。

「至於平生言有教，動有法；聲爲律，身爲度，則又莫備於語類一書。蓋當時與諸門人問答之辭，淺深互發，無所不盡，是亦猶孔門之有論語也。

「夫道一而已矣，士生千載之下，不及見孔子，見朱子如見孔子焉。孔子性與天道，所未易聞；聞朱子之言，則可知孔子之言矣。然則語類也者，其誠爲大道之航筏，而聖之階梯也。……

「今試與讀朱子語類之書，理無微而不析；道無往而不貫，學無弊而不究。開卷如耳提面命，循循善誘，各極其量。然後知聖學之規模，至大至正；孔孟之指趣，有本有原；所謂見知，知此而已；所謂聞知，聞此而已！是何也？夫道一而已矣！」

朱子語類，分爲八卷。卷一，講「理氣」與性情等；卷二，論爲學論知行等；卷三，說孔孟與周程張；卷四，說邵子書與張南軒等；卷五，論爲學工夫，論治道等；卷六，訓門人；卷七，論諸儒與諸子等；卷八，論漢唐諸與本朝人物等。眞是部廣博之書，但其文甚簡，其義甚精，是其可貴處。眞是一部不可不讀之書。

四、結語

近人錢穆教授，對於朱子最爲推崇，他在「宋明理學概述」中說：

「他一部近思錄，一部論孟集註，與學庸章句，算把儒家道統，在他手裏重新整頓，重新奠定，那眞是萬古莫儔的大事業。」

又在「宋子學提綱」中說：

「孔子集前古學術思想之大成，開創儒學，成爲中國文化傳統中一主要骨幹。北宋理學興起，乃儒學之重光。朱子崛起南宋，不僅能集北宋以來理學之大成，並亦可謂其乃集孔子以下學術思想之大成。……自有朱子，而後孔子以下之儒學，乃重獲新生機，發揮新精神，直迄於今。」

我個人亦認爲：四書集註一書，可上比六經，影響中國文化、學術與思想者，旣深且巨。中國文化學術史二千五百年來，前半爲周孔時代，後半爲孔孟時代。孔孟時代，由四書成之，而朱子啓之！承先啓後，厥功甚偉！惜乎！近思錄與朱子語類，不僅未能普及民間，連今天的大專學生，亦未能普遍接受，殊爲憾事！甚盼今之教育當局、學術機構，能予以大力之提倡！如能使之家喻戶曉，中華文化復興矣！

㈩㈥王陽明的陽明學

一、陽明先生

王守仁（一四七三—一五二八年）餘姚人，字伯安。學者稱陽明先生。登弘治己未進士第。授刑部主事。正德間，以論救言官戴詵等，忤宦官劉瑾，貶貴州龍場驛丞。瑾誅，知廬陵縣，屢升至左僉都御史，巡撫南贛。未幾，平漳南、橫水、桶岡、大帽、浰頭諸寇。宸濠反，三戰俘之。命兼江西巡撫，後升南京兵部尚書，封新建伯。丁憂後，起征思田，回師南安卒，時年五十七。

先生之學，由詞章而程朱，而佛老。居夷處困後，始悟聖人之道，格物致知之旨。此後，以默坐澄心爲學；江右以後，專提致良知三字。居越以後，所得益化。先生以聖人之學，心學也。心，卽理也。其學，誠如姚江學案云：

「心卽理也，故於致知格物之訓，不得不言致吾心良知之天理於事事物物，則事事物物皆得其理。夫以知識爲知，則輕浮而不實，故必以力行爲功夫。良知感應神速，無有等待，本心之明卽知，不欺本心之明卽行也，不得不言知行合一。此其立言之大旨不出於是。」

二、陽明學

研究陽明學最專一，最精微的，我認爲應是　蔣公中正。他在十八歲，便已喜讀陽明傳習錄（見三十年講哲學與教育對於青年的關係）；民國十三年（三十八歲）以前，便已對陽明學的研究，有了心得。其心得，撰成一聯曰：

窮理於事物始生之處；

研幾於心意初動之時。

請敎總理，當時，總理除了嘉許以外，立卽爲之書寫，送給他以示獎勵！

民國二十一年，　蔣公講「自述研究革命哲學的階段」時，予以引述。數日後，又講「革命哲學的重要」。二講，均比論了「知行合一」與「知難行易」，一則認爲：「都淵源於大學之道」；再則亦認爲：「知行合一」與「知難行易」，就作用方面說，統是注重在「行的哲學」。二十八年，始專講「行的哲學」。三十九年，又講「知難行易與知行合一哲學之綜合研究」，認爲：

陽明所講「良知」的知，是良心的知覺，不待外求；而　總理所講「知難」的知，是指一切學問知識之知，是不易強求的。而且這種知，亦不必人人去求，只要人人去行—不知亦能行。「知行合一」之知，乃良知之「知」。

將「知行合一」與「致良知」合併研究，則與「知難行易」學說的精義，完全相同。詳細處，他又分論了陽明學的四大要點。他說：

首先，我們研究陽明哲學的脈絡，就要知道他「致良知」的學說，乃是導源於孟子「人之所不學而能者，其良能也；所不慮而知者，其良知也」上面來的。陽明根據這一個啓導，所以認爲：「性無不善，故知無不良」，「良知卽是天理」，又說：「良知是個是非之心，是非卽是好惡，只好惡就盡了是非，只是非就盡了萬事萬變」，「是非兩字，是個大規模」。所以良知就是要別個是非，所謂「有不善，未嘗不知，知之未嘗復行」，就是一個別是非的知行工夫。……到這裏，良知是體會了，但如果不去致這良知，那却是得兔後，不知守兔，兔將復失之矣。如何致良知呢？王陽明說：「只在此心去人欲，存天理上用功便是。」「中心眞切，見善卽遷，有過卽改。如此，則人欲自消，天理自明。」

但這樣的「致良知」，還只是「克其私，去其蔽，以復其心體之同然」，使固有的天理發露而已。

至於如何使這個心體復而常存，不復爲人欲所蔽，那就要看力行如何了！所以王陽明又特別指出：「知是行的主意，行是知的工夫，知是行之始，行是知之成。」又說：「若會得時，只說一個知，已自有行在；只說一個行，已自有知在」；「未有知而不行者，知而不行，只是未知。」……

根據以上這個觀念，所以王陽明要再說個「知行合一」。……「知之眞切篤實處卽是行，行之明覺精察處卽是知，知行工夫，本不可離，只爲後世學者，分作兩截用功，失却知行本體，故有合一幷進之說。眞知卽所以爲行，不行不足謂之知。」由此可知：陽明不但要勉人知行合一，尤其是要勉人卽知卽行，非謂有等今日知之，而明日再行也。

現在，要再同大家探討一下王陽明的「究竟話頭」；這也就是他敎人致良知的着力點。他說：「以後講學，切不可失了我的宗旨『無善無惡心之體，有善有惡意之動，知善知惡是良知，爲善去惡是格物』。只要依我這話頭，隨人指點，自沒病痛，此原是徹上徹下工夫。」陽明定這幾句話爲「究竟話頭」，實在就是敎人實行他「致良知」哲學的訣竅。……

大家固知：良知的發露，自然知善知惡，但必須認定這個良知，才是眞知。又必須眞能爲善去惡，才是格物，才是修身，亦就才是致良知。大家還要明白：這裏陽明所講的格物，不再是格亭前竹子之物，乃是格「此心之非」的物，所以，也就是：去人慾，存天理，這實在就是他爲學的大頭腦處，亦就是研究致良知哲學的一個訣竅。……

以上，我只是就陽明學說中的「良知」、「致良知」、「知行合一」，以及「究竟話頭」，幾個脈絡流行的地方，給大家一個研究革命哲學，和做學問的頭腦工夫而已！……

三、結語

陽明全集及明儒學案的姚江學案，都是大部頭的著述。陽明後，學著各有所取，我閱讀了多種，認爲　蔣公最深入，亦最正確。

陽明學，據說明末朱之瑜舜水傳之日本，日人尊之爲國師。時約西元一六四五至一六七五的三十年。其後日本明治維新時（一八五二—一九一二）假陽明學，力行實踐而富強。中國理學史作者曾說：「陽明學說，甚爲豐富……確是有明一代大理學家，可惜吾國學者，從來未能切實奉行，反被日本利用王學致明治維新，大功告成。」

蔣先生關此，說的更詳盡，他說：

「日本從明治維新到現在……居然在世界上稱爲五強之一。要知道日本所以致強的原因，不是得力於歐美的科學，而是得力於中國的哲學。他們日本自立國以來，舉國上下，普遍學我們中國的是什麼？就是中國的儒道，而儒道中最得力的，就是中國王陽明知行合一的「致良知」的哲學。他們竊取「致良知」哲學的唾餘，便改造了衰弱萎靡的日本，統一了支離破碎的封建國家，竟成功了一個今日稱霸的民族。」（二十一年講研究革命哲學的經過）

民國三十九年，　蔣公復行視事後，迅即成立「革命實踐研究院」；並改草山，爲陽明山，以及其他種種革新措施，都是旨在以陽明學之精神，復興中國，反攻復國也。此是事功方面，陽明學對於中日之影響。

至於學術與思想方面，陽明學於明代已遍了大江南北。明儒學案作者黃梨洲，曾以地理上分布，析之爲六派：1.浙中 2.江右 3.南中 4.楚中 5.北方 6.粤閩。其後，不僅遍中國，亦遠及朝鮮、日本、越南諸國，其影響之大，直可上追六經四書矣！

(十七)國父的三民主義

一、中山先生

中山先生（西一八六六—一九二五年）諱文別署中山，廣東香山人。幼讀六經四書，十四歲，去檀香山，依兄讀英文。十八歲，回香港學醫。二十歲，致力國民革命。三十九歲，去檀香山，創立興中會；其後屢次起義，顛覆清廷，亦屢敗屢起。一九〇五年，在日本會合數革命團體，組織中國革命同盟會。并發刊民報，明示三民主義之要義。辛亥武昌起義，民國肇造，先生被舉爲臨時大總統。時同盟會改組爲國民黨。民國二年，改名爲中華革命黨。六年，組軍政府於廣州，被推爲大元帥，以護法自任。七年，軍政府改組，先生被選爲總裁，不就任。八年，在滬發表建國方略，創知難行易學說。同年，改組黨，稱中國國民黨，十三年，演講三民主義。十四年三月十二日逝世於北平。

二、三民主義

三民主義，分爲民族、民權、民生。在歐美進化史中，是一個歷史的發展。民報發刊詞曰：

「予維歐美之進化，凡以三大主義；曰民族、曰民權、曰民生。羅馬之亡，民族主義興；而歐美各國以獨立。洎自帝其國，威行專制，在下者不堪其苦；則民權主義起。十八世紀之末，十九世紀之初，專制仆而立憲政體殖焉。世界開化，人智益蒸，物質發舒，百年銳於千載，經濟問題，繼政治問題之後，則民生主義躍躍然動，二十世紀不得不爲民生主義之擅揚時代也。」（民元前七年撰）

但在中國，則須一次革命，畢其功於一役，因而他接着說：

「今者，中國以千年專制之毒而不解，異種殘之，外邦逼之，民族主義、民權主義，殆不可以須臾緩；而民生主義歐美所慮積重難返者，中國獨受病未深而去之易。是故：或於人爲既往之陳迹，或於我爲方來之大患，要爲繕吾羣所有事，則不可不並時而弛張之。……誠可舉政治革命、社會革命，畢其功於一役。」（同上）

後之論者，莫不重視此文，並譽之爲「一次革命論」。

三民主義，是一個漸進的，有進化的主義。在民族主義上，他說：

「要濟弱扶傾，才是盡我們民族的天職。對於弱小民族要扶持他；對於世界的列強要抵抗他。……成一個大同之治。」（民族第六講）

在民權主義上，他說：

「人民要怎麼樣管理政府，就是實行選舉權、罷免權、創制權和複決權；政府要怎麼樣替人民做工夫，就是實行行政權、立法權、司法權、考試權和監察權。有了這九個權，彼此保持平衡，民

權問題才算是眞解決，政治才算是有軌道。」這樣始是孔子主張的「民權的大同世界」。（民權第六講）

在民生主義上，首先，他批判了馬克斯主義，他說：「馬克斯以物質爲歷史的重心，是不對的」；正確的，則是：「歷史的重心，是民生，不是物質」。馬克斯主張「階級戰爭」，是錯誤的；正確的，則是「人類求生存」，「社會上大多數的經濟利益相調和」，才是社會進化的原因。總之，「馬克斯只可說是一個社會病理家，不能說是一個社會生理家。」（均見民生第一講）

在民生主義的建設方面，他主張：平均地權，節制私人資本，發達國家資本。而歸結說：「眞正的民生主義，就是孔子所希望的大同世界。」（民生第二講）

總之，誠如 國父遺訓所說的：「三民主義，以建民國，以進大同。」是一個有現實，有理想；有理論，能實踐；有今天的政策，又有明日的高級發展的好主義！

三、孫文學說

先生計劃著作之書，爲心理建設、物質建設、社會建設與國家建設。國家建設內涵八冊，即民族主義、民權主義、民生主義、五權憲法、地方政府、中央政府、外交政策、國防計劃等。以十一年陳烱明之叛變，砲擊觀音山，竟將各種草稿，并參考西籍數百種，悉數毀去。旋以同志亟需三民主義與五權憲法之要旨，始於民國十三年，開會演講三民主義。幸而其前之三書，亦已出版。詳見三民主義演講自序。

心理建設一書，又稱孫文學說。要旨在破「知易行難」舊說，而立「知難行易」新說，以改造國人之心理，故名心理建設。其內容，列舉十大例證，以說明「知難行易」的道理；建立力行的正確觀念。其後，總統　蔣公演之爲「力行哲學」，容當另論。

至其主旨，　先生自序說之詳，其言曰：

「夫國者，人之積也。人者，心之器也。而國事者，一人羣心理之現象也。是故政治之隆汚，係乎人心之振靡。吾心信其可行，則移山塡海之難，終有成功之日；吾心信其不可行，則反掌折枝之易，亦無收效之期也。心之爲用大矣哉？

「夫心也者，萬事之本源也。滿清之顚覆者，此心成之也；民國之建設者，此心敗之也。夫革命黨之心理，於成功之始，則被「知之非難，行之維難」之說所奴，而視吾策爲空言，遂放棄建設之責任。……故先作學說，以破此心理之大敵，而出國人之思想於迷津，庶幾吾之建國方略，或不致再被國人視爲理想空談也。」

四、結語

三民主義一書，於十三年發刊以來，迄今已五十七年（止於六十九年）；國民黨，於十七年統一全國，迄今亦已近五十三年。三民主義一書，已家喻戶曉。中國現代史，最近七十五年以來（算自一九〇五年的民報發刊詞）的革命，也可以說是三民主義的革命。

今天，反共抗俄的革命戰爭，亦可以說是三民主義與共產主義的戰爭，是思想的亦是文化的之爭，是人類善與惡、是與非、民主與專政、共和與獨裁、人權與奴役制度、自由平等與暴政之爭，更是人類存在或毀滅之爭。似此，可以救中國，又可以救世界、救人類的三民主義，不僅中國人應人手一冊，且應譯成各國文字，俾世人亦各人手一冊。

西方有一部耶穌聖經，回教有一部可蘭經；今後，三民主義應是新聖經，是中國人的，也是全世界、全人類的。怎樣使它弘傳於中國，宏揚於世界，是中國人，都肩負着此一神聖使命！

㈩八蔣公的革命聖典

一、蔣公中正

蔣公中正（一八八七—一九七五年）字介石，浙江奉化人。十八歲，讀於保定軍官學校，旋去日本習軍事，加入同盟會，隨　國父從事革命。辛亥之役，光復浙江上海，嶄露頭角。民國十三年，任黃埔軍官學校校長，以學生軍完成東征，統一兩廣。十五年，任國民革命軍總司令，率軍北伐，十七年，統一全中國，組織國民政府，任主席。二十六年，抗日戰起，時任軍事委員會委員長，率領全國軍民，進行全面抗戰。旋兼國民黨總裁，並組織青年團。三十四年勝利，翌年還都。三十六年，國府公佈國民大會制定之中華民國憲法，實行民主憲政。翌年，被選舉為總統（三月十九日），五月廿六日就職。

三十八年十月一日，朱毛幫共黨在蘇俄扶植下，在北平成立僞政府。時　蔣公在野。翌年三月一日，始應各方勸請復行視事，並發表文告，揭示反共抗俄國策，從此進入第三期國民革命，旨在恢復中華民國，消滅共產國際，重奠世界和平。六十四年四月五日，　蔣公逝世，世壽八十九歲。遺著甚多，玆分兩類述之：

甲理論方面

1. 民生主義育樂兩篇補述，使三民主義成完整體系。
2. 總理遺教概要，民生哲學要義之提出。
3. 由知難行易到力行哲學。

乙實踐方面

1. 反共抗俄基本論（四十一年）
2. 解決共產主義思想與方法的根本問題（四十四年）
3. 蘇俄在中國（四十五年）

以上六書，不僅是　蔣公的重要著述，且是影響今日中國文化，改變明日中國型態的要籍。如此六書，一一見諸行事，普遍於中國，則中國仍是堯舜孔孟傳統的中國；否則便是不堪設想的紅禍，馬恩列史的中國，共產國際的附庸。

孔子以刪述六經，而使中國定型為忠孝仁愛信義和平的中國；今以共產的邪說暴行，或將改變中國文化學術與社會的型態，幸而有　孫先生的三民主義　，蔣公的六書，如能見諸事行，必可挽救此一浩刼，本此，略說如次：

二、理論三書

三民主義的詳說，已見於補述的三民主義全書。其本質，　蔣公又於四十一年，說之為倫理、民主與科學。是一個最合乎時代潮流的主義。

民生哲學，見之於總理遺敎六講的有：

總理的哲學，就是民生哲學。

民生，為宇宙大德的表現，仁愛為民生哲學的基礎。

行的哲學，講於二十八年。他說：

行的哲學，為惟一的人生哲學。

行的本義，就是人生。要效法天行健自強不息的精神。

行的哲學，無分於動靜，行是恒久的、不輟的，宇宙皆為行的範圍。

行為性之表，與生俱來。

行的目的，在「增進人類生命，羣衆生命，民族生存，國民生計。

行的要素，是智仁勇；行的原動力是誠。

三、實踐三書

反共抗俄基本論，分爲八章，先分析了反共抗俄的形勢，進而解說了國民革命的本質與方略。第五章，三民主義的哲學觀點——三民主義的新認識中，特別提出了民生史觀，他說：

「民生，爲社會進化的重心，社會進化又爲歷史的重心，歸結到歷史的重心，是民生，不是物質。」這是民生史觀建立的基礎。

「惟有以民生哲學爲基礎的民生史觀，或以民生史觀爲出發點的民生哲學，不偏於精神，亦不偏於物質。惟有精神與物質並存，纔能說明人生的全部與歷史的眞實意義。」

解決共產主義思想與方法的根本問題。在批判方面，說的是：「唯物辯證法」的根本弱點，及其「應用的荒謬」。在建立方面，認爲「天人合一」的哲理，爲「心物一體」論的根源。最後，他作結論曰：

如果「唯物辯證法」的「矛盾律」，所謂對立物，是始終衝突的詭辯，要來與我們「中和位育」的眞理相抗衡，相鬥爭，那他眞是不堪一擊的東西。

而且我們中國哲學思想，根據精神不死，和眞理永恒不變的原理，那「唯物辯證法」的「否定律」，其荒謬詭辯的破綻，必將暴露淨盡。……古訓所說：「人必自侮，而後人侮之」；「物必自腐，而後蟲生之」。因之無論人與物，除非你自己否定自己，否則決無他人他物所能否定你的。

關於這一點，就是他們唯物論者，亦不敢不承認了。故其「唯物辯證法」的「質變律」，只是一個無稽的謬說。……

因此，他結論曰：

深信：我們三民主義的傳統哲學，是永久不滅的眞理；而共匪的「唯物辯證法」，不過是一時的邪說。……由此乃可斷定其共產主義必然滅絕，而我們三民主義，必戰勝的一切道理，更可確信不惑了！

蘇俄在中國一書，是一部大書，字字重要，句句中肯。爲了實踐，配合前面五篇短論，可以合釘一書起見，我想裁取其中的一章，那就是第三編第二章，俄共戰爭思想的來源及其基本原則。至於中共的戰爭思想，誠如　蔣公所說的：「不過是俄共的一些餘瀝，更沒有什麼特別加以分析的必要。」（同章三一一頁）

反共抗俄基本論，是一個全面的檢討。解決共產主義思想與方法的根本問題，是一個思想與方法的鬥爭；蘇俄在中國，俄共戰爭思想章，始是一個總體戰，一個眞正的決戰。從前方到後方，從政治戰到軍事戰，是一個流血的、死亡的戰爭。而且，它主要的，是警告了民主各國，如果不願淪國土於共產，必須起來戰爭，且須從此章所提示的各方面進行戰爭，千萬不可幻想作第三者，置身事外。因爲：他們的目的是「世界革命」，奴役全人類。什麼「和平談判」、「和平共存」等，都是過渡期間的手段！

這一章，分爲九節，主要在說明：戰爭的絕對性，戰爭與革命的互變，戰爭的曲折路線，一切爲了決戰。盡是要義，無法摘錄，不得已，錄　蔣公綜合俄共戰爭思想體系中的四項原則於次：

甲、絕對性，卽毁滅性的無限戰爭之最後決戰；
乙、總體性的政治與軍事，綜合作戰之迂迴戰略；
丙、階級性的「革命民軍」之全民武裝戰爭；
丁、國際性的「世界革命」之終極目標。

四、結語

總統　蔣公，致力國民革命，凡七十年。第一期任務，東征北伐，完成國家統一；第二期任務，爲外抗日本侵略，內建國家，頒佈憲法，實行民主；第三期任務，本爲民生主義之實現，國家之開發與現代化。無如俄帝與毛共勾結，致使大陸赤化，不得已，始改爲反共抗俄，恢復中華民國，消滅共產國際，重奠世界和平。　蔣公逝世時，第三任務尚未完成；但是，他已留下了戰勝共產的六大寶典。因此，我曾撰一文，爲其上尊號爲「世聖」。因爲：反共抗俄，並不僅是中國人的責任；民主國家，甚至全人類，都有其神聖之使命。

此六篇文字，甚盼有關當局，能爲集印成書，名之曰：「革命聖典」，俾使中國人，人手一册；更進而譯成各國文字，使全人類人手一册。有此，始能早日救中國、救世界，而救人類出此空前之浩刼！這樣的書，始是改變中國的書，改變世界的書，改變歷史的書！馨香祝之，願卽集印此書。

附錄：

一、中華文化復興運動的有關文告

中華民國五十五年十一月十二日，國父中山先生百年晉一誕辰紀念，先總統蔣公發表紀念文，可以說是中華文化復興運動的第一個文告，轉述如次：

我中華民族文化，垂二千五百有餘歲，至孔子始集其大成，故曰：「天不生仲尼，萬古如長夜。」而此堯、舜、禹、湯、文、武、周公、孔子，聖聖相傳之道統，屢為邪說誣民所毀傷，降至今日，赤禍滔天，民族不幸竟遭此空前絕後之浩刼！而我五千年來，傳統優秀之文化，幾乎瀕於熄滅而中絕，幸我國父誕生，乃有三民主義之發明，而道統文化，又一次集其「充實而有光輝之謂大，大而化之之謂聖」之大成。此不惟使我中華民族，於長夜漫漫中，啓明復旦！亦使人類履道坦坦，共躋於三民主義之新時代也！

我中華文化之基礎，一為倫理：故曰「孝弟也者，其為仁之本歟。」其始也，「固在人人親其親，長其長」；其終也，「不獨親其親，不獨子其子」；且使「老有所終，壯有所用，幼有所長，鰥寡孤獨廢疾者，皆有所養」矣。

二為民主：故曰「民為貴」，又曰「民惟邦本，本固邦寧」。是以聖人之於內也，則選賢與能，講信修睦；於外則繼絕舉廢，治亂持危；且以為「天下遠近、大小若一」，乃曰「大道之行也，天下為公。」

三為科學：此即「正德、利用、厚生」之道。故孔子以為政之急者，莫大於使民富且壽。而致富且壽之道，則均無貧，和無寡，安無傾耳。語其極致，斯「貨惡其棄於地也，不必藏於己；力惡其不出於身也，不必為己。」「衣養萬物而不為主」者也。

國父發明三民主義，以繼承我中華民族之道統為己任，乃使我五千年民族文化歷久而彌新，蓋我中華文化之精華，盡擷於此也。是以　國父謂：「有道德始有國家，有道德始成世界。」此即民族、倫理、道德「一是皆以修身為本」之秉彝也。又謂「余之民權主義，第一決定者為民主。」此即民為邦本思想之發皇也。又謂「凡事皆要憑科學道理，才可以解決，才可以達到圓滿目的。」此乃「建設之首要在民生」；而民生所日用必需不可或缺者，莫過於食、衣、住、行、育、樂六者，故　國父特以此六者科學化之建設，為使民富且壽之張本也。且以語於中華文化「盡己之性」之義，非倫理與道德歟？以語於「盡人之性」之義，非民主與自由歟？以語於「盡物之性」之義，非科學與建設歟？故余篤信倫理、民主、科學，乃三民主義思想之本質，亦即為中華民族傳統文化之基石也。蓋　國父建國之道，乃以倫理為誠正修齊之本；以民主為福國淑世之則；以科學為正德、利用、厚生之實。是以三民主義之思想，乃以天地萬物一體之仁為中心，則所謂性之德也，合外內之道也，故時措之宜也。

我中華民族文化，歷五千年而業益光，道益盛，不惟無人能予以搖撼摧夷，亦且愈經搖撼摧夷，愈見其剛健煥發，而可大可久！故　國父三民主義之思想，不惟爲中華民族文化之匯歸；而三民主義之國民革命，乃益爲中華民族文化之保衛者也。今日復興基地之台灣省，實爲匯集我中華文物精華唯一之寶庫；且又爲發揚我中華民族文化使民富且壽之式範也。所惜者，台灣省久經割讓之痛，雖已光復踰二十年，既霑既足，而居室之陋，建築之隘，無以見我中華侖奐之美，與文化之盛！今者國際人士之來台觀光者，與日俱增，嘗以其僅見中華文物之豐富，而未能一睹我中華文化傳統建築之宏規，引爲莫大遺憾！去歲　國父百年誕辰，政府請於陽明山啓樓建堂，且乞以樓顏之曰「中山樓」，以堂顏之曰「中華文化堂」，意在紀念　國父手創民國之德澤，亦以發揚中華文化之矞皇。議其堂廡之制，則咸以爲自節用愛人而言，卽土階石室，猶以爲大；但自表彰中華文化之博大悠久而言，雖重簷藻棁，猶以爲小；中正謹如衆議，許崇其堂廡，經營興作，蓋誠不可以棲棲者，以儉於　國父，亦不可以吝此區區者，使無以見我中華文化之久而且大也。

經歲而堂成，今以　國父一百晉一誕辰，敬啓管鑰。惟此一堂廡，僅略具我傳統建築範疇之一二，自不足以言代表中華文化之全貌！凡我國人，來瞻於此堂此樓之下，顧其名而思其義，應念　國父之遺志未竟，願相與一心戮力以竟之。又當思三民主義，乃我民族之所託命，亦爲我文化之所凝聚，願相與實踐而振德之！

嗟呼！隔水西望，滿目瘡痍，渡頭落日，青山一髮者，莫非中原！淚枯血乾，死生無告者，莫非吾胞與骨肉焉！是以中正雖歷經艱難險阻，與侮辱橫逆之來，猶予日孳孳，而忘其身之老，責之重也。尤冀我國人操危慮患，莊敬自強，毋徒以遊目此璀璨瑰瑋紀念　國父之建築，而樂以忘憂！須知此爲復興基地重建民族文化之標幟，當益堅其消滅赤禍，重光大陸之信念，惟我青天白日之光輝，普被於大陸之疆土；倫理、民主、科學三民主義之福祉，均霑於大陸全體之同胞，一如今日自由基地之台灣者然；而後始無愧於屋漏，無愧於　國父與先民之遺規，且以此爲復興我中華文化明德新民之契機，則庶幾乎！

×　×　×

是日，與會人士，於恭讀此紀念文後，遂一致發起中華文化復興運動，并請政府明令：定　國父誕辰同時爲中華文化復興節。旋由　總統據行政院呈，明令公佈施行。從此展開了中華文化復興運動

二、中華文化復興運動的理論與實踐

甲、理論部份

中華文化範疇甚廣，因此，理論部份亦至爲豐富，爲了易於瞭解起見，擬綜之爲五點，分述如次：

㈠人的文化　中華文化，既不偏於唯心，亦不偏於唯物，而是一個「唯人」的，包括心物的文化。所以孔子說：「天地之性，人爲貴。」（孝經第九）圍繞這一個「人爲貴」，而有人道論、人性論以及人倫論等，展開了蓬蓬勃勃的「人的文化」。

㈡人道文化　周易繫辭傳：「易之爲書也，廣大悉備；有天道焉，有人道焉，有地道焉。」天道與地道，在易經上說之爲乾坤二卦，彖曰：「大哉乾元，萬物資始。……至哉坤元，萬物資生。」合起來說：「天地之道，貞觀者也……天地之大德曰生。」（易傳下）中庸亦說：「天地之道，可一言而盡也。其爲物不貳，則其生物不測。」

人，居於天地之中，亦取法乎天地。天覆物，地載物，而人亦「發育萬物，峻極於天。」（中庸）人道敏政，因而特長於政治，尤其是政治哲學。

「大學中所說的『格物、致知、誠意、正心、修身、齊家、治國、平天下』那一段話，把一個人從內發揚到外，由一個人的內部做起，推到平天下止。像這樣精微開展的理論，無論外國甚麼政治哲學家，都沒有見到，都沒有說出，這就是我們的政治哲學。」（民族第六講）

中庸上更說：「凡爲天下國家有九經，曰：修身也，尊賢也，親親也，敬大臣也，體羣臣也，子庶民也，來百工也，柔遠人也，懷諸侯也。」尊賢以次，便接近政治實務了。這一些，都是人所應該走的人道。但在修身以前，則須發揮人性。

㈢人性文化　中庸上說：「天命之謂性，率性之謂道，修道之謂教。」又說：「自誠明，謂之性；自明誠，謂之教。誠則明矣，明則誠矣。」其關鍵在「誠」。因爲「誠，自成也；而道，自道也。……誠者，非自成己而已也，所以成物也。成己，仁也；成物，知也，性之德也，合外內之道也，故時措之宜也。」誠之用，更大。中庸有云：「唯天下至誠，爲能盡其性；能盡其性，則能盡人之性；能盡人之性，則能盡物之性；能盡物之性，則可以贊天地之化育；可以贊天地之化育，則可以與天地三矣。」

格致誠正修，可以盡其性，盡其性，便是盡己之性，以成己；但仍須齊治平，以盡人之性。至於盡物之性，過去中國僅以農業，盡了地利；以生活必需品之製造，盡了一部份的物性，今後，更需要以科學的方法與技術，盡更多的物性。

先總統　蔣公說：「總理的哲學思想，在原則上，絕對符合這個科學最新的理論，因爲我們一貫的本體論，既不偏於唯心，亦不偏於唯物，而着重於人性論，就是論人類的性能。」（總理學說與陽明哲學之綜合研究）又說：「科學是民生主義的本質。」這一些，亦都是中華文化的必然發展。

㈣人倫文化　倫者，理也。昌明人與人之間的關係，便是倫理學，也便是人倫。人倫，在中國，從堯舜起便已講求了。孟子說：「聖人有憂之，使契爲司徒，敎以人倫，父子有親，君臣有義，夫婦有別，長幼有序，朋友有信。」其後，夏商周三代，設爲學校以敎之，因此孟子又說：「學則三代共之，皆所以明人倫也。人倫明於上，小民親於下。」人倫之至，便是聖人。

㈤人類文化　中國文化，不僅是人的文化，且是人類的文化。中國人，一向有「天下爲一家，中國爲一人」的抱負，最早的主張，便是孔子的天下爲公、世界大同（禮記大同篇）。論語上有「興滅國，繼絕世，舉逸民，天下之民歸心焉；」中庸上亦有：「繼絕世、舉廢國，治亂持危」的話。孟子更主張：「上下與天地同流」，天無不覆，地無不載，還分什麼人種？王陽明上承諸聖，因而說：「聖人之心，以天地萬物爲一體，其視天下之人，無內外遠近，凡有血氣，皆其昆弟赤子之心，莫不欲安全而敎養之，以遂其萬物一體之念。」（拔本塞源論）

國父雖然提倡民族主義，但是，他一則「先決定一種政策，要濟弱扶傾」；再則，「將來到了強盛的時候……便要把那些帝國主義來消滅，那才算是治國平天下。」總之，「我們對於弱小民族要扶持他，對於世界的列強要抵抗他，如果全國人民都立定這個志願，中國民族才可以發達；若是不立定這個志願，中國民族便沒有希望。」（民族第六講）所以他說：「三民主義，吾黨所宗，以建民國，以進大同。」

這一個世界大同主張，便是中國文化特質的人類文化。從人的文化到人類的文化，其中又有人道文化、人性文化、人倫文化等。這一個文化，始是豐富的、健全的。三民主義，便是這一個文化傳統的現代化。

乙、實踐部份

中華文化復興運動，既然是「運動」，便需要活動與實踐。文化範圍至廣，這一個運動，更是千頭萬緒。舉其要者，亦可分爲如次的四項：

㈠組織機構　像這樣一個龐大的運動，亦應有一個經常的、專門的機構在主持。初步可成立文化局，俟工作開展後，應改稱文化部，俾與教育部，分負國家的文化與教育工作。文化局（部）內，首應成立禮樂處，以制禮作樂，重振中華文化。比如國家大典的服裝，與禮節、音樂、儀式等，以及人民婚喪喜慶的禮樂等等。次之，爲宗教處，　先總統在民生主義育樂兩篇補述中，已經提示了宗教的重要，它是人們精神的安定力；但是，民間的宗教，無人管理。輔導各宗教，向正當的途徑上發展，這大概是宗教自由之所需吧？三爲文化運動處，主持文化復興運動，另附設「國學館」，遵照　先總統「整理文化遺產」那篇訓示，整理國學，使之科學化、現代化。四爲文化傳譯處，主持文化傳播與翻譯，另附設「傳譯館」，倣照唐代譯經館之例辦理，不僅要把歐美的新知識、新科學，迅速譯成中文；且須把中國文化遺產整理過的，譯成西文。五爲文藝活動處，主持文學藝術等之發展與活動。

㈡整理學術　中國學術，舊分經史子集四庫；時至今日，我認爲應分爲：

⑴儒學系　以四書五經爲主，以荀子、漢儒、宋儒、明儒、清儒等爲副。

⑵道學系　以老莊道家爲主，魏晉玄學爲副。

(3)佛學系　內分法性學、唯識學、天台學、華嚴學、禪宗學、人生佛學六科。
(4)史學系　以二十五史爲主，以九通等爲副。
(5)文學系　內分詩詞、小說、戲劇、散文、駢文五科。
(6)藝術系　內分書法、繪畫、音樂、舞蹈、雕刻、建築、演劇、電影八科。
(7)教育學系　中國教育，另成系統，且歷史悠久，胎教、家教尤具特色。
(8)醫藥學系　中國醫藥，亦別具特色，尤其是針灸與傷科。
(9)農學系　中國的農耕隊，已經紛紛外流，農政與農技諸書，亦應有現代化之整理。
(10)工商系　中國的手工業，如陶瓷、織錦等，均應予以改良之研究與整理。

㈢道德重整　國際間，有一個世界道德重整運動，中華文化復興運動亟應與之配合，以開展中國道德的重整。

㈣生活維新　抗戰時，中國有一個新生活運動；今天，亟應使之恢復，并須加強。生活方式，最足以表示文化程度，因而最爲重要。

總之，中國文化，是人道的，但以其法天也，能春生，亦能秋殺，能和平，亦能戰鬥！上古時代，戰勝了南方的苗黎，北方的葷粥，而有黃帝的開國。其後，五胡亂華，亦皆同化於中國，統一於隋唐。蒙古武功之盛，甲於當時的天下，但不百年，而亦同化；滿清雖有三百年，然亦未能逃過此一公例：中華文化具有高度的同化作用。

今天，中國面臨着西方文化，一方面，主張唯心，一方面，主張唯物。一方面，主張個人主義與資本主義；另一方面，便主張全體主義與共產主義，這一個西潮冲擊了中國，學於個人主義的，主張「全盤西化」；學於共產主義的，主張「全盤俄化」。這一股洪水，且湮沒了大陸，沉淪了神州，中國人惶惶不可終日，過去，「杞人憂天」的寓言，想不到成了今天中國人普遍的心情，眞的會天塌下來嗎？不，這只是一個颱風而已！風雨過後，是會天晴的。中國文化好像太陽一樣，是會重照大地，亦永照人間的！

三、以政治進軍展開文化復興運動

㈠前言

五十六年三月二十九日青年節，總統發表告全國青年書，除了四大號召以外，更有兩句名言，不僅可作反攻復國義戰的指導原則，且可作政治進軍、軍事反攻，以展開文化復興運動的最高原理。這兩句名言，怎樣說的呢？便是：

「以政治打開全局，以武力決定勝利。」

基此，以論「以政治打開全局」，並進而談到「以政治進軍展開文化復興運動。」

㈡以政治打開全局

怎樣「以政治打開全局」呢？關此，總統亦有明確的指示，在「告全國青年書」中，說到：第一，成立「討毛救國聯合陣線」。聯合所有反毛的、個人的、集體的勢力和組織，……不論種族、黨派、成分，亦不論以往一切是非恩怨，只要其能實踐「不是敵人就是同志」的信約，翻然改圖，抗暴反毛的，就都是討毛救國聯合陣線的盟友鬥士！………

第二，擴大「討毛救國的青年運動」，……以反攻內應來救國，以動員戰鬥來報國，……只要是這樣，大家就都是中國青年反共救國團「精神加盟」的團員，都是討毛救國的急先鋒。………

第一點，包括了各種族，各黨各派，「不是敵人就是同志」；第二點，包括了所有的青年，只要能「以反攻內應來救國，以動員戰鬥來報國」，都是中國青年反共救國團「精神加盟」的團員。前者，號召了海內外的各黨各派人士；後者，號召了大陸上所有反毛反共的青年，這樣，軍事雖沒有眞正反攻，但政治進軍却已開始了。有好的開始，便成功了一半，謹以此意禱祝這一個政治進軍。

㈢打開以後怎麼辦？

上一節，是以政治上的二大號召，打開了反毛反共，以及反攻復國的悶局，沉悶了十八年的全局。打開以後怎樣辦？如果沒有更進一步的辦法，這局勢仍是可慮的，因爲：

第一，共軍或有割據的局面，共黨或有地下潛存，繼續活動的殷憂；果爾，餘毒未盡，這一個殘局的收拾，仍是可慮的。

第二，共匪已將大陸上的政治組織、土地制度，以及婚姻與家庭制度等，澈底破壞了。反攻後，承認共幫的所作所爲，不對；把共幫的所作所爲，澈底反過來，亦不妥。對於這些問題，處置稍一不愼，便會引起新的衝突與糾紛。

關此，中國國民黨於三十九年，曾有一個「本黨現階段政治主張」的小册子，那上面列舉了：

一、恢復我中華民國領土主權的完整；

二、實行民生主義的經濟措施；

三、完成三民主義的民主政體；

此外，尚有反攻收復時期的主張，是：

（1）對奸匪的處理：

甲、「對於奸匪的元凶首惡，殘暴的重要匪幹，以及為虎作倀的無恥敗類，決不寬赦。

乙、「對於一般匪黨份子，許他們帶罪立功。

丙、「對於脅從民衆，概予寬宥。」

（2）對政治的處理：

甲、「只要收復地區軍事情勢穩定，就應實行軍民分治，推行地方自治，以民主法治代替共匪極權主義暴政；」

乙、「重建中華民國為民有、民治、民享的國家。」

以上這些，都是反攻時期的政治設施，亦都是治標的。怎麼樣治本，而為國家樹立政治上的百年大計呢？下面，擬分別說明之。

(四)優良的政治傳統

在優良的政治傳統中， 國父首先提出了大學，他說：「中國有一段最有系統的政治哲學，在外國的大政治家還沒有見到，還沒有說到那樣清楚的，就是大學中所說的『格物、致知、誠意、正心、修身、齊家、治國、平天下』那一段的話，把一個人從內發揚到外，由一個人的內部做起，推到平天下止。」（見民族第六講）

接着，他說民族主義，「用固有的道德和平做基礎，去統一世界，成一個大同之治。」「孔子說：『大道之行也，天下爲公』，便是主張民權的大同世界。」又說：「眞正的民生主義，就是孔子所希望之大同世界。」

因此， 先總統 蔣公說：「大學中庸與禮運大同篇，爲中國政治哲學寶典，而中庸哀公問政二章，尤爲政治的原理。」接着，又分段闡明哀公問政章的要義爲：

（1）政治以人爲本，以修養人格和推己及人爲推行的根本。

（2）政治應該由個人對家庭、社會和國家，完滿負責做起，應篤行五達道與三達德，而以「誠」字貫徹到底。

（3）列舉九經之功用和要義，說明爲政之道，在乎由內及外，使天下人由親及疏，各得其所，以達和平安樂之治。

然後，又與大學之道，大同之治諸學說相會通，而歸結爲：中國政治哲學與倫理哲學相合一——政治以倫理爲基礎。政治的理想，在提高人的品格，發揮人的價值和功用，修明人與人的關係。

(五)光輝的三民主義

國父繼承這一個優良的政治傳統，又參酌了歐美的進化史與各國的政治制度，加以自己的獨見卓識，而創造了三民主義與五權憲法。 先總統 蔣公繼之，制訂了建國目的與建國運動。

一、建國目的

（1）要實現民族獨立：集中全民族各階級的力量，把國家和民族的地位扶植起來，排除一切的侵略，造成完全自由獨立的國家。

（2）要實現民權平等：要使中國國民都能享受充分的民權，先要由國民全體解決民生需要和民族問題，來奠定民權基礎，才能得到眞正的平等。

（3）要實現民生自由：人民一切的生活需要，都能得到均等普遍的滿足，不受任何的限制，不感到任何的缺陷。

二、建國運動

（1）精神方面，要推行新生活運動。

（2）物質方面，要推行國民經濟建設運動。

（3）行動方面，要推行勞動服務運動。

以上，是三十年前的文獻，時代雖有進步，但建國目的不會變，而建國運動，雖可由三加到四、五、六，甚至七、八、九，其大原則，應該仍是一致的、一貫的。太陽只有一個，每天從東方昇起，都是光明的，也都是新鮮的。

㈥結論

政治在過去是治人、牧民的；今天，則是管理衆人之事。在大的方面說，各欲以其道易天下。彼民主主義者，所欲推行的，便是人民選舉與議會政治。彼共產主義者，所欲推行的，便是階級鬥爭與無產階級專政。但，均跳不出三民主義的範圍。

至於五權憲法，外國政治學者，都沒有說出，是　國父的創見，但，今日憲法所制定的，是因應各黨派意見而雜揉的，並不是眞正的五權憲法；今後怎麼樣使此一卓越的五權憲法，實行於光復後的新中國，這是今天國人的重大責任。

政治進軍，闡揚了「以人爲本」的中國政治哲學，便可戰勝毛匪以物爲宗的政治邪說，邪說不存，毛匪便無所遁形了。如果國人皆曰：毛匪邪說，毛匪可殺，毛匪還能苟延殘喘嗎？

共黨在政治上的倒行逆施，都是反倫理的；今我以「倫理爲基礎」的政治，進軍大陸，不單可以破他的「文化大革命」，立我的「文化復興運動」；且可戰勝他的「破四舊立四新」，保護我中華五千年文化的優良傳統！

更進而以民權主義的民主，民生主義的科學，進軍大陸，誰還相信他那反民主的階級鬥爭，無產階級專政呢？誰還相信他那反科學的土法煉鋼，「毛澤東思想」諸符咒呢？

政治進軍，雖然沒有天空的飛機聲，地面上的炮火聲，但這一個無聲之聲，却可先聲奪人。兵法云：上兵伐謀，政治進軍，豈上兵伐謀之類歟？

國父說：「國家之治亂，發於國民之心理。」今天，這一個政治進軍，一方面，是政治戰；另一方面，便是心理戰。海內外的青年們的心理，以及海內外的志士仁人們的心理，無不歸向於倫理、民主、科學爲基礎的三民主義；亦無不贊助中華文化復興運動，行見毀滅我民族文化的惡魔毛賊，即將失敗而崩潰，我們怎麼能不爲之歡欣鼓舞呢？

（五十六年九月四日刊出於香港天文臺報）

中華語文叢書
中華文化論集

作　　者／褚柏思　著
主　　編／劉郁君
美術編輯／鍾　玟

出 版 者／中華書局
發 行 人／張敏君
行銷經理／王新君
地　　址／11494 台北市內湖區舊宗路二段181巷8號5樓
客服專線／02-8797-8396　　傳　真／02-8797-8909
網　　址／www.chunghwabook.com.tw
匯款帳號／兆豐國際商業銀行　東內湖分行
　　　　　067-09-036932　中華書局股份有限公司

法律顧問／安侯法律事務所
印刷公司／維中科技有限公司　海瑞印刷品有限公司
出版日期／2017年9月再版
版本備註／據1981年3月初版復刻重製
定　　價／NTD 450

國家圖書館出版品預行編目（CIP）資料

中華文化史論集 / 褚柏思著. — 再版. — 臺北市 : 中華書局, 2017.09
面 ; 公分. — (中華語文叢書)
ISBN 978-986-95252-1-3(平裝)

1.文化史 2.中國史 3.文集

630.7　　106013178

NO.H2004
ISBN 978-986-95252-1-3（平裝）

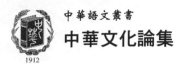